NomosStudium

Dr. Achim Zimmermann
Rechtsanwalt

Derya Aksoy, Ass. jur.
Referentin im Geschäftsbereich des BMI

Kompetenztrainer
Rechtsdidaktik

Juristisches Lehren und Lernen gestalten

2. Auflage

Die Deutsche Nationalbibliothek verzeichnet diese Publikation in
der Deutschen Nationalbibliografie; detaillierte bibliografische
Daten sind im Internet über http://dnb.d-nb.de abrufbar.

ISBN 978-3-8487-7654-2 (Print)
ISBN 978-3-7489-1032-9 (ePDF)

2. Auflage 2023
© Nomos Verlagsgesellschaft, Baden-Baden 2023. Gesamtverantwortung für Druck
und Herstellung bei der Nomos Verlagsgesellschaft mbH & Co. KG. Alle Rechte, auch die
des Nachdrucks von Auszügen, der fotomechanischen Wiedergabe und der Übersetzung,
vorbehalten.

Vorwort zur 2. Auflage

Die zweite Auflage dieses Werks entstand mit der Zielsetzung, den Dozenten in der Rechtswissenschaft konkrete Werkzeuge vorzustellen, die sie im Rahmen digitaler Lehrformate umsetzen können.

Die Digitalisierung der Hochschullehre ist ein Thema, das sowohl die Dozenten als auch die Studierenden in den nächsten zehn bis 20 Jahren vor neue Herausforderungen stellen wird. Aus Sicht des Lehrpersonals werden neue Methoden und Techniken eingeführt (werden), die zwar einerseits die Lehre bereichern werden, andererseits aber auch von ihm fordern, dass es sich nicht nur mit didaktischen, sondern auch mit technischen Fragen auseinandersetzen muss.

Für die Teilnehmer bedeutet diese „Umstellung" eine deutlich stärkere Einbindung in die Lehrveranstaltung. Wurde anfangs im wahrsten Sinne des Wortes noch vorgelesen, setzt sich die Entwicklung zur Einbindung der Hörer immer mehr fort. Digitale Werkzeuge, die mittlerweile auch die Einbindung mehrerer 100 Teilnehmer zulassen, ermöglichen mit ihnen eine Interaktion, die bisher nur sehr eingeschränkt umsetzbar war.

In Zukunft werden Präsenzveranstaltungen immer mehr in Frage gestellt werden. Die Forderung nach Online-Formaten – wie auch immer diese gestaltet sein werden – werden zunehmen. Das ist eine Entwicklung, die unumkehrbar ist. Deshalb bietet sich eine frühzeitige Auseinandersetzung mit diesen Aspekten an, um auf dem aktuellsten Stand zu bleiben.

Hannover/Nürnberg, im September 2022

Inhalt

Literaturverzeichnis		13
Tool 1:	**Begriff „Rechtsdidaktik"**	15
	A. Begriffsklärung – Was ist Rechtsdidaktik?	15
	1. Rechtsdidaktik	15
	2. Methodenlehre	15
	3. Rechtspädagogik	15
	B. Entwicklung, Stand und Perspektiven der Rechtsdidaktik	15
	1. Rechtsdidaktik von untergeordneter Bedeutung	16
	2. Rechtsdidaktik im Ausland	17
	C. Zukünftige Entwicklungen in der (Rechts-)Didaktik	18
	1. Digitalisierung der Lehre	18
	2. Digitalisierung der Jurisprudenz	19
	D. Herausforderungen an den Rechtsdidaktiker	20
	E. Vom Studenten zum Referendar – Das Ende der Didaktik?	21
Tool 2:	**Kriterien guter Lehre**	23
	A. Sichtweise der Lernpsychologie	23
	B. Sichtweise der Hochschuldidaktik	24
	C. Sichtweise der Lehrenden	24
	D. Sichtweise der Studenten	25
Tool 3:	**Planung von Lehrveranstaltungen**	27
	A. Wozu soll gelehrt werden? – Lernziele	27
	1. Kategorisierung von Lernzielen	27
	2. Lernziele im Jurastudium	27
	B. Was soll gelehrt werden?	29
	1. Bestimmung der Lehrinhalte	29
	2. Didaktische Reduktion	30
	C. Wie soll gelehrt werden?	32
	1. Autoritär	33
	2. Kollegial	34
	3. Laissez-faire	34
	4. Anwendungs- und Kombinationsmöglichkeiten in der juristischen Lehrpraxis	34
	a) Äußere Rahmenbedingungen	35
	b) Persönlichkeit der Lehrperson	35
	c) Juristische Lehrpraxis	35
	5. Kommunikation mit den Studierenden	36
	a) Sach- und Beziehungsebene	37
	b) Verbale und nonverbale Kommunikation	37
	c) Kommunikationsstörungen	39
	d) Feedback	39
	D. Wer arbeitet mit wem zusammen?	41
	1. Lehrmethoden	41
	a) Lehrvortrag/Präsentation	42
	aa) Ziel und Vorgehen	42

	bb) Vor- und Nachteile	43
	cc) Anforderungen an die verständliche Vermittlung von Inhalten	43
b)	Lehrgespräch	44
	aa) Ziel und Vorgehen	45
	bb) Vor- und Nachteile	45
c)	Diskussion	46
	aa) Ziel und Vorgehen	46
	bb) Vor- und Nachteile	47
d)	Partner-/Gruppenarbeit	47
	aa) Ziel und Vorgehen	47
	bb) Vor- und Nachteile	48
e)	Einzelarbeit	49
	aa) Ziel und Vorgehen	49
	bb) Vor- und Nachteile	49
f)	Rollenspiel	50
	aa) Ziel und Vorgehen	50
	bb) Vor- und Nachteile	51
g)	Exkursion	51
	aa) Ziel und Vorgehen	51
	bb) Vor- und Nachteile	51
h)	Einbeziehen von Experten	52
	aa) Ziel und Vorgehen	52
	bb) Vor- und Nachteile	52
2. Einsatz von aktivierenden Methoden		52
E. In welchem Kontext soll gelehrt werden? – Arten von Lehrveranstaltungen		53
1. Allgemeines		53
2. Vorlesungen		54
a) Herausforderungen in der Vorlesung		54
b) Möglichkeiten der Interaktion		55
	aa) Interaktion mit den Teilnehmern	55
	bb) Interaktion mit dem Dozenten	57
3. Propädeutische Übungen		58
4. Tutorien		59
5. Proseminar		60
6. Examenskurs		60
7. E-Learning/Blended Learning		61
F. Womit soll gelehrt werden?		62
1. Wandtafel/Whiteboard		62
2. Overheadprojektor		64
3. Beamer		65
4. Visualizer		67
5. Flipchart/Pinnwand		67
6. Interaktives Whiteboard		68
G. Im Besonderen: Fernunterricht mittels Bildübertragung		69
1. Videokonferenzsoftware als Alternative		69

Inhalt

	2.	Videokonferenzsoftware im Überblick	70
		a) Bildtelefonie-Software	70
		b) Videokonferenzsoftware	71
		c) Webinar-Software	71
	3.	Kriterien zur Auswahl einer Anwendung	71
		a) Installation	71
		b) Zugang zum virtuellen Veranstaltungsraum	72
		c) Video- und Audiofunktionen	73
		d) Chat-/Fragenfunktion	74
		e) Übermittlung von Dateien	75
		f) Freigabefunktionen	76
		g) Breakout-Sitzungen	77
		h) Aufnahmefunktion	78
		i) Bedienbarkeit für den Dozenten	79
		j) Datenschutz	79
		k) Kosten	80
	4.	Durchführung von Veranstaltungen mit Videokonferenzsystemen	81
		a) Probesitzung sinnvoll	81
		b) Andere Form der Präsenz	81
H.	Wann soll gelehrt werden?		83

Tool 4: Durchführung und Nachbereitung von Lehrveranstaltungen — 87

- A. Aufbau einer Lehrveranstaltung – Phasen und Funktionen einer Lehrveranstaltung — 87
  - 1. Phase Warm up — 87
    - a) Geistiges Ankommen — 88
    - b) Kennenlernen — 88
  - 2. Transparenzphase — 89
  - 3. Phase der Hinführung zum Thema — 90
  - 4. Informationsphase — 90
  - 5. Informationsverarbeitungsphase — 91
  - 6. Phase Cool down — 91
  - 7. Übertragung des Phasenmodells auf juristische Lehrveranstaltungen — 91
    - a) Propädeutische Übungen — 92
    - b) Proseminare/Wissenschaftliches Arbeiten — 93
  - 8. Förderung von Lernprozessen — 93
- B. Schwierige Situationen in der juristischen Lehrpraxis — 95
- C. Richtig präsentieren — 98
  - 1. Veranstaltungsraum — 98
    - a) Wahl des Veranstaltungsraums — 98
    - b) Positionierung im Raum — 99
    - c) Interaktion mit den Teilnehmern — 101
    - d) Bewegung im Veranstaltungsraum — 102
  - 2. Gestik — 104
  - 3. Mimik — 105
  - 4. Sprache — 105
    - a) Lautstärke — 105
      - aa) Handmikrofon — 106

			bb) Ansteck- und Bügelmikrofone	106

                    bb) Ansteck- und Bügelmikrofone   106
            b) Sprechgeschwindigkeit   107
            c) Betonung   108
        5. Lernstile und -typen   109
        6. Visualisierung   110
            a) Visualisierung zur Ergänzung   110
            b) Darstellung von Leistungsbeziehungen   111
            c) Zeitstrahl   112
            d) Struktur-Diagramm   113
            e) Visualisierung am Gesetzestext   114
    D. Nachbereitung der Veranstaltung   115

Tool 5: Aktivierende Methoden für Veranstaltungen   117
    A. Methoden zum Kennenlernen und zur Erwartungsabfrage   117
        1. Vorstellung mit Leitfragen   117
        2. Geografische Reihe   118
        3. Partnerinterview   119
        4. Aufzeigen von Gemeinsamkeiten   119
        5. Zuruffrage   119
        6. Visitenkarte   119
    B. Methoden für eine Hinführung zum Thema   120
        1. Vorwissensaustausch   120
        2. Stichwort-Picker   121
        3. Bronze – Silber – Gold   122
        4. Brainstorming   123
        5. Brainwriting   124
        6. Mind-Map   124
        7. Impulsbegriffe   125
        8. Schriftliches Gespräch   125
        9. Schätzen   126
        10. Losglück   127
        11. Gruppenpuzzle   127
        12. Jura-Alphabet   128
        13. Kreuzwörter   128
        14. Pro und Contra-Debatte   129
    C. Methoden zur Erschließung von Inhalten   130
        1. Entscheidungsraum   130
        2. Fishbowl   131
        3. Lawinengespräch   132
        4. Lernstationen   132
        5. Murmelgruppe   133
        6. Schwärzen   134
        7. Think-Pair-Share   134
        8. Wandzeitung   135
        9. PQ4R-Methode   137
        10. Pro und Contra-Debatte   138
    D. Methoden zur Ergebnissicherung und Ergebnisvermittlung   138
        1. Fishbowl   138
        2. Lern-/Inputstopp   138

	3. Losglück	139
	4. Wandzeitung	139
	5. Zettelbox	139
E.	Methoden zur Wiederholung und Vertiefung	140
	1. Eins weiter nach rechts	140
	2. Erfinden von Prüfungsfragen	140
	3. Stichwort-Bingo	141
	4. Thesen-Ergänzung	143
	5. Einspruch	143
	6. Selbstkontrolle	144
	7. Gruppenlösung	145
	8. Resümee	145
	9. Lückentext	147
	10. Faktenpräsentation	148
	11. Gruppenpuzzle	149
	12. Losglück	149
	13. Murmelgruppe	149
	14. Pro und Contra-Debatte	149
	15. Strukturen finden	149
	16. Probeklausur	150
	17. Spickzettel	150
	18. Wandzeitung	151
	19. Zettelbox	151
F.	Methoden für Rückmeldungen zur Veranstaltung und eigenem Lernfortschritt	151
	1. Blitzlicht	151
	2. Brainstorming	151
	3. Lern-/Inputstopp	151
	4. Stimmungsbild	151
	5. Vierschritt	152
	6. Zettelbox	152
G.	Digital unterstützte Methoden in der Veranstaltung	153
	1. Werkzeuge für digitale Abfragen	153
	2. Werkzeuge für die digitale Zusammenarbeit	154
	3. Werkzeuge für die digitale kollaborative Visualisierung	155
	4. Werkzeuge für das digitale kollaborative Schreiben	156

Tool 6: Klausuren — 158
- A. Erstellen von Klausuren – Vom Gelehrten zum Geprüften — 158
- B. Korrektur und Bewertung von Klausuren — 160
  - 1. Funktion der Klausurenkorrektur — 160
  - 2. Durchführung der Korrektur — 161
    - a) Korrekturanmerkungen — 161
    - b) Anfertigung eines Besprechungsblattes — 162
    - c) Organisation der Korrektur — 163
  - 3. Besprechung von Klausuren — 165

Tool 7:	**Digitale Hochschullehre**	167
	A. Begriffsklärung und (aktuelle) Entwicklungen in der digitalen (juristischen) Hochschullehre	167
	1. Der Begriff der „digitalen Hochschullehre"	167
	2. (Aktuelle) Entwicklungen in der digitalen (juristischen) Hochschullehre	167
	B. Vor- und Nachteile der Digitalisierung	168
	1. Die Vorteile	168
	2. Mögliche Nachteile	169
	C. Die juristischen Lehrveranstaltungen und ihre Digitalisierung	171
	1. Lernziele und Rahmenbedingungen	171
	a) Lernziele	171
	b) Rahmenbedingungen	171
	2. Medien und technische Voraussetzungen	172
	3. Mögliche digitale Lehr-Lernformate	172
	4. Juristische Lehrveranstaltungen im Konkreten	173
	a) Vorlesungen	173
	b) Propädeutische Übungen, Tutorien, Examensklausurenkurse	174
	c) Proseminare	175
Stichwortverzeichnis		**177**

Literaturverzeichnis

Böss-Ostendorf, Andreas/Senft Holger, Einführung in die Hochschul-Lehre. Ein Didaktik-Coach, Stuttgart 2010.
Bergmans, Bernhard, Grundlagen der Rechtsdidaktik an Hochschulen, Bd. 1., Rechtsdidaktik als Wissenschaft und Praxis, Berlin 2014.
Brockmann, Judith/Dietrich, Jan-Hendrik/Pilniok, Arne, Von der Lehr- zur Lernorientierung – auf dem Weg zu einer rechtswissenschaftlichen Fachdidaktik, in: Forschendes Lehren im eigenen Fach, Bielefeld 2014, S. 37 ff.
Coriand, Rotraud, Allgemeine Didaktik, Stuttgart 2015.
Deckenbrock, Christian, Law Clinics als Rechtsdienstleister, AnwBl. 2017, 937 ff.
Dux, Borbála/Prügel, Jan-Willem, Studentische Rechtsberatung in Deutschland, in: Juristische Schulung 2015, 1148 ff.
Dyrchs, Peter, Didaktikkunde für Juristen. Eine Annäherung an die Kunst des juristischen Lehrens, Bielefeld 2013.
Griebel, Jörn/Sabanogullari, Levent, Moot courts, Baden-Baden, 2011.
Haft, Fritjof, Einführung in das juristische Lernen. Unternehmen Jurastudium, 7. Auflage, Bielefeld 2015.
Hasseln, Sigrun von, Rechtspädagogik, in: Jugend, Gesellschaft und Recht im neuen Jahrtausend, Möchengladbach 2003, S. 608 ff.
Knoll, Jörg, Kurs- und Seminarmethoden. Ein Trainingsbuch zur Gestaltung von Kursen und Seminaren, Arbeits- und Gesprächskreisen, 10. Auflage, Weinheim, Basel, Berlin 2003.
Möllers, Thomas M.J., Juristische Methodenlehre, München 2017.
Nehls, Thomas, Baustein 4: Aspekte guter Seminargestaltung. Was tun bei viel Stoff und passiven Studierenden? in: Rummler, Monika (Hrsg.), Crashkurs Hochschuldidaktik. Grundlagen und Methoden guter Lehre, Weinheim und Basel 2011, S. 77 ff.
Schulz von Thun, Friedemann, Miteinander reden. Störungen und Klärungen. Allgemeine Psychologie der Kommunikation, Band 1, 48. Auflage, Reinbek bei Hamburg 2010.
Simon, Walter, GABALs großer Methodenkoffer. Grundlagen der Kommunikation, Offenbach 2004.
Watzlawick, Paul, Man kann nicht nicht kommunizieren. Das Lesebuch, 2. unveränderte Auflage, Bern 2016.
Wendorff, Jörg A., Das LEHRbuch. Trainerwissen auf den Punkt gebracht, Bonn 2009.
Winteler, Adi, Professionell lehren und lernen. Ein Praxisbuch, 3. Auflage, Darmstadt 2008.

Weiterführende Literatur

Arnold, Rolf, Wie man lehrt, ohne zu belehren, 29 Regeln für eine kluge Lehre, Das LENA-Modell, Heidelberg 2012.
Auferkorte-Michaelis, Nicole/Ladwig, Annette/Stahr, Ingeborg (Hrsg.), Hochschuldidaktik für die Lehrpraxis: Interaktion und Innovation für Studium und Lehre an der Hochschule, Opladen 2010.
Birkenbihl, Michael, „Train the trainer", Arbeitshandbuch für Ausbilder und Dozenten, 20. Auflage, München 2011.
Eickelberg, Jan M./Krätzschel, Holger, Digitale Lehre, Studium – Referendariat – Weiterbildung, München 2021.
Grötzebach, Claudia, Spielend Wissen festigen: effektiv und nachhaltig, 66 Lern- und Wissensspiele für Training und Unterricht, Weinheim und Basel 2010.
Handke, Jürgen, Patient Hochschullehre, Vorschläge für eine zeitgemäße Lehre im 21. Jahrhundert, Marburg 2014.
Handke, Jürgen, Handbuch Hochschullehre Digital, Leitfaden für eine moderne und mediengerechte Lehre, 3. Auflage, Baden-Baden 2020.
Hanstein, Thomas/Lanig, Andreas Ken, Digital lehren, Das Homeschooling-Methodenbuch, Baden-Baden 2020.

Literaturverzeichnis

Jahnke, Isa/Wildt, Johannes (Hrsg.), Fachbezogene und fachübergreifende Hochschuldidaktik, Bielefeld 2011.
Kergel, David/Heidkamp-Kergel, Birte, E-Learning, E-Didaktik und digitales Lernen, Wiesbaden 2020.
Kramer Urs/Kuhn, Tomas/Putzke, Holm (Hrsg.), Fehler im Jurastudium – Ausbildung und Prüfung, Tagung vom 13. -14. September 2011 an der Universität Passau, Stuttgart 2012.
Lehner, Martin, Viel Stoff – wenig Zeit: Wege aus der Vollständigkeitsfalle, 2. Auflage, Bern 2009.
Martin, Pierre-Yves/Nicolaisen, Torsten (Hrsg.), Lernstrategien fördern, Modelle und Praxisszenarien, Weinheim 2015.
Ritter-Mamczek, Bettina, Stoff reduzieren: Methoden für die Lehrpraxis, Stuttgart 2011.
Rohr, Dirk/den Ouden, Hendrik/Rottlaender, Eva-Maria, Hochschuldidaktik im Fokus von Peer Learning und Beratung, Weinheim und Basel 2016.
Rummler, Monika (Hrsg.), Crashkurs Hochschuldidaktik, Grundlagen und Methoden guter Lehre, Weinheim und Basel 2011.
Scharlau, Christine/Rossié, Michael, Gesprächstechniken, Freiburg 2012.
Schäfer, Markus, Lehren und Lernen mit digitalen Medien und Technologien, Ein Lehrbuch für die Organisation der Lehre in der digitalen Welt, Opladen 2020.
Schumacher, Eva-Maria, Schwierige Situationen in der Lehre: Methoden der Kommunikation und Didaktik für die Lehrpraxis, Stuttgart 2011.
Standl, Bernhard (Hrsg.), Digitale Lehre nachhaltig gestalten, Münster 2022.
Steffahn, Volker, Methodik und Didaktik der juristischen Problemlösung, Erlangen-Nürnberg 2014.
Svantesson, Ingemar, Mind Mapping und Gedächtnistraining, Übersichtlich strukturieren, kreativ arbeiten, sich mehr merken, 9. Auflage, Offenbach 2013.
Terhart, Ewald, Didaktik, Eine Einführung, Stuttgart 2012.
Waldherr, Franz/Walter, Claudia/Kurz, Alexander, didaktisch und praktisch: Ideen und Methoden für die Hochschullehre, Stuttgart 2009.
Wipper, Anja/Schulz, Alexandra, Digitale Lehre an der Hochschule, Vom Einsatz digitaler Tools bis zum Blended-Learning-Konzept, Opladen und Toronto 2021.
Zumbach, Jörg, Digitales Lehren und Lernen, Stuttgart 2021.
Zwickel, Martin/Lohse, Eva Julia/Schmid, Matthias, Kompetenztraining Jura, Leitfaden für eine juristische Kompetenz- und Fehlerlehre, Berlin/Boston 2014.

Tool 1: Begriff „Rechtsdidaktik"

A. Begriffsklärung – Was ist Rechtsdidaktik?

Um diese wichtigen Fragen geht es in diesem Abschnitt:

- Was verbirgt sich hinter dem Begriff der Rechtsdidaktik?
- Welche weiteren Themen grenzen an die Rechtsdidaktik an?

1. Rechtsdidaktik

Davon ausgehend, dass unter dem Begriff der Didaktik die Wissenschaft vom Lehren und Lernen zu verstehen ist,[1] bezieht sich die Rechtsdidaktik somit auf das Lehren und Lernen im juristischen Kontext.[2] Damit ist ihr Gegenstand dadurch gekennzeichnet, sich mit der Vermittlung von Wissen bei der Ausbildung von Juristen zu befassen.

Demnach ist die Rechtsdidaktik gleichzeitig ein Unterfall der (allgemeinen) Hochschuldidaktik. Letztere hat die Aufgabe, fächerübergreifend dem Lehrpersonal Wissen zu vermitteln, das für die Durchführung der Lehre erforderlich ist.[3]

2. Methodenlehre

Nicht mit der Rechtsdidaktik zu verwechseln ist die juristische Methodenlehre. Sie setzt sich mit der Frage auseinander, wie das Recht entsteht, angewendet und weiterentwickelt wird.[4] Ihre Aufgabe ist es nicht, juristische Inhalte an Lernende zu vermitteln. Stattdessen bildet die Methodenlehre ein Element, das im Rahmen der Rechtsdidaktik berücksichtigt werden muss, damit den Studenten die handwerklichen Mittel zur Verfügung gestellt werden, die für die Rechtswissenschaft erforderlich sind.

3. Rechtspädagogik

Die Rechtspädagogik befasst sich mit der Frage, wie dem Bürger rechtmäßiges Verhalten vermittelt und er dazu motiviert werden kann, sich entsprechend den rechtlichen Vorgaben anzupassen und zu verhalten. Insofern wird dieser Komplex auch als „Erziehung zum Recht" bezeichnet.[5] Im Gegensatz dazu wendet sich die Rechtsdidaktik an die Lehrenden insbesondere im Hochschulbereich, die mit der Ausbildung des juristischen Nachwuchses betraut sind.

B. Entwicklung, Stand und Perspektiven der Rechtsdidaktik

Um diese wichtigen Fragen geht es in diesem Abschnitt:

- Welche Überlegungen und Ansätze zur Rechtsdidaktik gibt es?
- Wie ist der Stand der Rechtsdidaktik im Ausland?
- Mit welchen Herausforderungen werden die (Rechts-)Didaktiker in der Zukunft konfrontiert?

---

1 Coriand, S. 14; Terhart, S. 13.
2 Bergmanns, S. 32 f.
3 Brockmann/Dietrich/Pilniok, S. 39.
4 Möllers, S. 2.
5 Von Hasseln, Jugend, Gesellschaft und Recht, S. 609.

1 Tool 1: Begriff „Rechtsdidaktik"

1. Rechtsdidaktik von untergeordneter Bedeutung

7 Eine wissenschaftliche Auseinandersetzung mit dem Gebiet der Rechtsdidaktik findet bisher nur punktuell statt.[6] Sie keimte meist dann auf, wenn eine Reform der Juristenausbildung angedacht war. Dabei gingen die Ansätze in erster Linie um den Aufbau des Studiums und des praktischen Teils. Didaktische Überlegungen wurden lediglich dort angestellt, wo es um die Inhalte der Ausbildung ging. Allerdings wurden diese gegenüber inhaltlichen Fragen in den Hintergrund gedrängt. So wurde es bereits als aus didaktischer Sicht ausreichend empfunden, wenn Studenten an studienbegleitenden Praktika bei Gerichten, Behörden oder Rechtsanwälten teilnehmen.

8 Nur vereinzelt finden sich Anstrengungen, zumindest punktuell didaktische Konzepte im Studium zu verorten. Hierbei fallen zunächst die an einzelnen Universitäten oder auf Bundesebene stattfindenden Moot Courts ein. Sie bieten den Studenten die Möglichkeit, auf theoretischer Ebene erworbenes Wissen in die Praxis umzusetzen.[7] So muss ein Fall nicht nur aus wissenschaftlicher Perspektive bearbeitet werden. Sondern seine Lösung hat sich an praktischen Erwägungen zu orientieren. Daneben erfordert die Teilnahme an diesen simulierten Gerichtsverhandlungen, dass der zugrundeliegende Fall nicht nur anhand einzelner Aspekte bearbeitet wird, sondern ganzheitlich unter Einbeziehung prozessualer Überlegungen. Dadurch entsteht ein vertieftes Verständnis vom Zusammenhang zwischen materiellem und Prozessrecht, das in dieser Form an den Universitäten selten vermittelt wird.

9 Zusätzlich wurden in den letzten Jahren an den Universitäten sog Legal Clinics eingerichtet. Dort können Studenten der Rechtswissenschaft ihr Wissen an echten Fällen erproben.[8] Zunehmend werden sogar sog Tax Clinics gegründet, die eine steuerliche Beratung sowohl durch juristische wie auch wirtschaftswissenschaftliche Studenten anbieten.[9] Diese Einrichtungen bieten gezielt die Möglichkeit, dass vor allem Universitätsangehörige in rechtlichen Fragen beraten werden. Dabei beziehen sich die Sachverhalte eher auf einen kleineren wirtschaftlichen Umfang. Dort geht es meist um Fragen aus dem Miet- und Vertragsrecht: In der Heizperiode fällt die Warmwasserversorgung aus oder der abgeschlossene Handyvertrag kommt nun doch teurer als der Verkäufer versprach. Diese Legal Clinics haben allerdings den Nachteil, dass sie zwingend gewisse Strukturen einhalten müssen. Die Anforderung hierzu gibt das Rechtsdienstleistungsgesetz (RDG) vor. Zwar darf die Rechtsberatung in diesem Kontext unentgeltlich erbracht werden, muss aber von einer Person mit Befähigung zum Richteramt angeleitet werden. Damit wird bereits aus personeller Sicht eine Hürde geschaffen.

10 Dagegen sind andere wissenschaftliche Disziplinen dazu gezwungen, sich mit der Didaktik ihres Faches auseinanderzusetzen, bilden sie doch (zugleich) Lehrkräfte für die allgemeinbildenden Schulen aus. Deshalb verwundert es nicht, wenn sich in diesen Fachbereichen spezielle Institute finden, die sich mit der jeweiligen Fachdidaktik befassen. Diesen Zwang verspüren die Juristen nicht, hat die Rechtswissenschaft doch nur marginal Einzug in die schulischen Lehrpläne gefunden und wird dort lediglich im Bereich einer auf das Wirtschaftsleben ausgerichteten Ausbildung als sog Rechtskunde berücksichtigt. Bei diesem Themenkomplex handelt es sich lediglich um die punktuelle Vermittlung von Rechtskenntnissen mit dem Ziel, für ein grundlegendes rechtliches

---

6 Brockmann/Dietrich/Pilniok, S. 38.
7 Griebel/Sabanogullari, S. 19.
8 Dux/Prügel, JuS 2015, 1148.
9 Deckenbrock, AnwBl. 2017, 943.

B. Entwicklung, Stand und Perspektiven der Rechtsdidaktik

Wissen für den Alltag und das Berufsleben zu sorgen. Aus diesem Grund befassen sich – wenn überhaupt – Didaktiker der Ökonomie mit der Frage, wie juristische Inhalte in den allgemeinbildenden Schulen unterrichtet werden können.

In den letzten Jahren haben sich an den Universitäten wie auch den Fachhochschulen Einrichtungen etabliert, die sich mit allgemeinen hochschuldidaktischen Fragen auseinandersetzen. Sie haben die Aufgabe, fächerübergreifend die Dozenten an ihre Tätigkeit in der Lehre zielgerichtet heranzuführen. Dazu zählen Inhalte, die sich auf die Planung von Veranstaltungen, Durchführung von Prüfungen, Rhetorik oder gar Stimmtraining beziehen. Wegen des dortigen interdisziplinären Ansatzes finden sich allerdings nur selten Angebote, die sich rein an das juristische wissenschaftliche Personal wenden. Der Grund hierfür liegt auch in der personellen Ausstattung dieser hochschuldidaktischen Zentren, die überwiegend mit Pädagogen besetzt sind. Damit lassen sich rechtsdidaktische Fragestellungen schwieriger darstellen, da die Erfahrung in der juristischen Ausbildung fehlt. Dem steht gegenüber, dass teilweise bei den juristischen Dozenten die Auffassung vertreten wird, nur ein Jurist könne nachvollziehen, wie die entsprechenden Inhalte vermittelt werden (sollen).

Etwaige Diskussionen zur Rechtsdidaktik wurden ausschließlich in die Ausbildungszeitschriften verlagert. Nur vereinzelt fanden sich Beiträge in anderen Publikationen. Mit der Auflage der Zeitschrift für Didaktik der Rechtswissenschaft (ZDRW) im Jahre 2013 wurde eine Plattform geschaffen, die es sowohl Wissenschaftlern als auch interessierten Dozenten ermöglicht, sich mit dem aktuellen Stand der Diskussion auseinanderzusetzen und auch Anregungen für eine praktische Umsetzung didaktischer Modelle in den eigenen Veranstaltungen zu finden.

Erst in den letzten Jahren wurden an einzelnen Universitäten Institute eingerichtet, die sich mit einer rechtsdidaktischen Forschung befassen. Gleichzeitig finden sich vermehrt wissenschaftliche Tagungen, die die Rechtsdidaktik im Blick haben. Beides verfolgt einerseits das Ziel, den wissenschaftlichen Diskurs zur Rechtsdidaktik zu bestärken. Andererseits dienen sie dazu, Ansätze, die bereits im Lehralltag umgesetzt werden, an andere Dozenten zu multiplizieren.

2. Rechtsdidaktik im Ausland

Im Ausland hingegen finden sich deutlich mehr Ansätze zur didaktischen Prägung einer juristischen Ausbildung.[10] Das mag mehrere Gründe haben: Vor allem im US-amerikanischen Raum sind die dortigen Privatuniversitäten interessiert, die zu vermittelnden Inhalte didaktisch aufbereitet darzubieten. Letztlich werben diese Einrichtungen damit, hoch qualifizierte Juristen auszubilden und wollen ihrem Ruf entsprechend gerecht werden. Gleichzeitig müssen die dortigen Studenten mit erheblichen Gebühren ihr Studium finanzieren. Deshalb wächst der Druck auf das Lehrpersonal, die Ausbildung sowohl inhaltlich wie auch didaktisch auf hohem Niveau zu halten. Daneben ist im Ausland vielfach kein einheitlicher Rahmen für die Ausbildung vorgegeben. Das erleichtert den dortigen Universitäten erheblich, sich von strukturellen Fragen zu lösen und die Vermittlung des Inhaltes in den Vordergrund zu rücken. Zusätzlich kommt hinzu, dass der (anwaltliche) Beratungsmarkt im Ausland deutlich umkämpfter ist als in Deutschland. Das führt dazu, dass Juristen einem höheren Innovationsdruck ausgesetzt sind, was zB Fragen im Bereich des Marketing und der Kanzleiführung

---

10 Brockmann/Dietrich/Pilniok, S. 38.

betrifft. Dieser Druck erstreckt sich in der Folge auf die Ausbildungseinrichtungen, die aufgrunddessen selbst daran interessiert sind, innovative Ansätze in ihre Veranstaltungen einzuführen.

C. Zukünftige Entwicklungen in der (Rechts-)Didaktik

15   Um diese wichtigen Fragen geht es in diesem Abschnitt:

- Welche Entwicklungen bringt die Digitalisierung mit sich?
- Welchen Herausforderungen muss sich die (Rechts-)Didaktik in der Zukunft stellen?

Bei der Frage, wie sich die Rechtsdidaktik in der Zukunft entwickeln wird, sind zwei Aspekte zu berücksichtigen: Einerseits ist ein Blick auf die allgemeinen Entwicklungen im Bereich der Hochschulen zu werfen, die unabhängig von einzelnen Fächern sind. Andererseits korrelieren die zukünftigen Tendenzen in der Rechtsdidaktik mit den Anforderungen, die in den nächsten Jahrzehnten an die Juristen gestellt werden.

1. Digitalisierung der Lehre

16   Die Digitalisierung wird für den Hochschulbereich bedeuten, dass die heutigen Veranstaltungsformate als überholt gelten werden. Präsenzveranstaltungen mit teilweise mehreren hundert Teilnehmern werden der Vergangenheit angehören. Lehrinhalte werden in – digitaler Form aufbereitet – den Studenten jederzeit zur Verfügung gestellt werden. Denkbar ist entweder, dass herkömmliche Veranstaltungen auf Video aufgezeichnet und zum Abruf bereitgestellt werden. Alternativ könnte ganz auf Veranstaltungen im herkömmlichen Format verzichtet und die Inhalte lediglich auf einer Plattform – ähnlich dem programmierten Lernen – dargestellt werden. So können die Studenten orts- und zeitungebunden auf die Inhalte zugreifen. Diese Abkopplung von einem bestimmten Lehrort führt zu neuen Herausforderungen. Konnten bisher Fragen eines Studenten direkt in der Veranstaltung beantwortet werden, so werden in Zukunft andere Wissensquellen angezapft werden. Die direkte Frage an den Dozenten wird zwar weiterhin noch vorkommen, sie wird aber lediglich eine von verschiedenen Varianten darstellen.

17   Dabei handelt es sich allerdings gar nicht um einen wesentlichen Wandel. Der Fernunterricht ist kein neuer Ansatz, sondern wird bereits seit Jahrzehnten erfolgreich betrieben. Die Fernuniversität Hagen ist hierfür ein gutes Beispiel. Auch private Anbieter nutzen diese Form der Unterrichtsgestaltung und Wissensvermittlung. Deren Erfahrungen werden die Grundlage bilden, auf der sich ein digitalisierter Hochschulbetrieb entwickeln kann. Setzen die Veranstalter von Fernkursen allerdings noch voraus, dass sich ihre Teilnehmer in gewissen Abständen zumindest für einige Tage treffen, um an einem Präsenz-Unterricht teilzunehmen, so wird in Zukunft davon auszugehen sein, dass jede Form der örtlichen Anwesenheit obsolet werden wird. Letztlich werden nur noch die Prüfungen vor Ort abgehalten werden. Allerdings ist selbst diese Überlegung in Frage zu stellen, wenn eine (digitale) Infrastruktur zur Verfügung steht, die die Identität von Prüfungsteilnehmern und die Manipulationssicherheit von Systemen auch am heimischen Rechner sicherstellt.

18   Diese Entwicklung setzt somit voraus, dass Lehr- und Lernstrukturen entwickelt werden, die unabhängig von einer Präsenz des Studenten umgesetzt werden können. Er-

forderlich ist dabei einerseits, dass die Vermittlung der Inhalte sichergestellt ist und anderseits, dass der Student die Möglichkeit hat, etwaige Fragen zu stellen. Ob diese Fragen dann von dem Dozenten – oder dem übergeordneten Anbieter des Kurses – beantwortet werden, oder ob der Student auf andere Strukturen wie zB eine Wissensdatenbank zurückgreift, stellt lediglich eine organisatorische Frage dar.

Eine rein digitale Aufbereitung der Inhalte – ohne jede Präsenz der Studenten – erfordert eine völlig neue Herangehensweise im Vergleich zu den bisherigen Veranstaltungen. Dabei werden Aspekte wie Visualisierung der Inhalte, Einbindung der Teilnehmer beim Lernfortschritt – „Kapitel 2 kann nur dann bearbeitet werden, wenn Kapitel 1 erfolgreich abgeschlossen wurde" – und regelmäßige Lernkontrollen eine deutlich größere Rolle spielen.

Letztlich wird das Format, in dem ein Dozent vor einer Vielzahl von Studenten steht und Inhalte vermittelt, sich in den nächsten Jahrzehnten überholen. Stattdessen werden sich Strukturen durchsetzen, die unabhängig von Zeit und Ort eine Wissensvermittlung zulassen. Diese erfordern einen neuen Ansatz in der – juristischen – Hochschullehre.

2. Digitalisierung der Jurisprudenz

Neben dem Hochschulbereich befindet sich auch die Rechtsberatung und -findung im Umbruch. Immer mehr Anbieter drängen auf den Markt, die zumindest Teile im Prozess der juristischen Bearbeitung vom ausgebildeten Juristen auf computergestützte Systeme verlagern. So muss ein Rechtsanwalt sich nicht mehr durch Hunderte von Seiten arbeiten, um den Sachverhalt erfassen zu können. Stattdessen reicht es, die einzelnen Dokumente einzuscannen. Ein Auswerte-Algorithmus prüft die Unterlagen und erstellt eine chronologische Darstellung der Geschehnisse. Weiterhin werden (einfache) Verträge mittlerweile EDV-gestützt generiert: Der „Mandant" wird durch ein Fragenschema geführt und gibt dabei alle wichtigen Aspekte in das System ein. Daraufhin erzeugt der Rechner ein individuelles Vertragsmuster.

Nicht nur in der Rechtsberatung werden sich durch die Digitalisierung neue Fragestellungen ergeben. Solche Systeme lassen sich ebenso bei Gerichten und Behörden einsetzen. Sie bieten den dortigen Juristen die Möglichkeit, sich verschiedene Arbeitsschritte zu ersparen und zB die Recherche in der Literatur und Rechtsprechung auf die EDV zu verlagern.

Damit stellt sich für die Ausbildung der Juristen die Frage, was gelehrt werden muss, damit umfassend auf den beruflichen Alltag vorbereitet wird. Sicherlich wird von den heutigen Studenten im späteren Berufsleben erwartet werden, dass sie die Subsumtionstechnik beherrschen. Allerdings werden zunehmend EDV-gestützte Systeme sowohl bei den Rechtsanwälten als auch den Gerichten und Behörden Einzug finden. Wenn heutige Juristen die Nutzung solcher Systeme erst im beruflichen Alltag erlernen, wird sich die Ausbildung daran zunehmend in die Phase des Studiums verlagern müssen. Sollte die Arbeit der Juristen in der Zukunft von solchen Strukturen dominiert werden, so wird der Erfolg der Anwender daran gemessen werden, wie geschickt sie damit umgehen können. Das fordert von der Ausbildung ganz neue Ansätze, die in erster Linie mit dem reinen wissenschaftlichen Studium nur noch marginale Verwandtschaft aufweisen werden.

D. Herausforderungen an den Rechtsdidaktiker

24 Um diese wichtigen Fragen geht es in diesem Abschnitt:
- Was wird von einem Rechtsdidaktiker verlangt?
- In welchen einzelnen Bereichen muss der Rechtsdidaktiker über Kenntnisse verfügen?

25 Dozenten in der juristischen Ausbildung sind mit verschiedenen Anforderungen konfrontiert: Sie müssen auf dem aktuellen Stand der wissenschaftlichen Diskussion sein. Dazu gehört, dass sie auch über die neueste Rechtsprechung und Entwicklungen in der Gesetzgebung informiert sind. Dieser Anspruch an den Rechtsdidaktiker kann nur dann bewältigt werden, wenn er sich konstant auf dem Laufenden hält. Und das nicht nur in seinem eigenen Fachgebiet, sondern fächerübergreifend. Die Ausbildung an den rechtswissenschaftlichen Fakultäten ist auf den Einheitsjuristen ausgerichtet. Damit beantwortet sich die Frage von selbst, ob es ausreicht, nur über vertiefte Kenntnisse im eigenen Rechtsgebiet zu verfügen.

26 Weiterhin müssen die Dozenten vertraut mit den didaktischen Methoden und dabei in der Lage sein, diese den Gegebenheiten, insbesondere der Veranstaltungsart anzupassen. Um das bewältigen zu können, benötigen sie eine umfassende Methodenkompetenz, die nicht nur aktivierende Elemente enthält. Sie müssen mit Situationen umgehen können, die sich in einer Veranstaltung spontan entwickeln können. Das erfordert gleichsam ein breites Wissen, wenn zB in einer Propädeutischen Übung zum Erbrecht Fragen aus dem allgemeinen Leistungsstörungsrecht auftreten. Hier kann und muss vom Dozenten erwartet werden können, dass er auf diese Punkte (spontan) eingehen kann. In diesem Zusammenhang steht auch die Verantwortung des Dozenten dafür Sorge zu tragen, dass ihm seine Zuhörer folgen können. Hier „konkurriert" der Lehrende mit der neuesten Kommunikationstechnik: Das Smartphone scheint in vielen Veranstaltungen interessanter zu sein. Allerdings ist das Problem der fehlenden Aufmerksamkeit nichts, was mit der heutigen Technik im Zusammenhang steht. Auch früher konnten sich die Teilnehmer vielfältig ablenken (lassen). Damit stellt das Smartphone lediglich eine Verschiebung der geteilten Aufmerksamkeit dar: Wurde früher in den Reihen gequatscht, ist jetzt das Display die Quelle der Ablenkung.

27 Letztlich muss der Rechtsdidaktiker mit der Medientechnik vertraut sein. Gerade in den letzten Jahren haben sich hier wesentliche Änderungen vollzogen. Lehrmedien wie zB die Wandtafel oder der Overheadprojektor wurden zunehmend in den Hintergrund gedrängt. Stattdessen gewannen der Beamer und die PowerPoint-Präsentation die Oberhand. Hinzu kommen heute der Visualizer und das Smartboard. Die Einführung der neuesten Medientechnik ist sinnlos, wenn nicht das Lehrpersonal zur Verfügung steht, das mit dieser umgehen kann. Gleichzeitig werden der Ruf nach dem Einsatz zusätzlicher Lehrplattformen wie zB im Bereich des E-Learning stärker. Damit muss sich der Dozent nicht nur mit der Hardware „Medientechnik" auseinandersetzen, sondern er muss auch über Kenntnisse im Umgang mit der Software solcher Plattformen verfügen.

28 Die Ansätze in der hochschuldidaktischen Ausbildung können diese Anforderungen nicht gänzlich abdecken. Zwar werden dort Kenntnisse für den Bereich der Entwicklung und Strukturierung von Lehrveranstaltungen angeboten. Gleichzeitig finden sich dort Veranstaltungen, in denen Medienkompetenzen vermittelt werden. Dennoch richten sich diese Angebote meist ohne einen konkreten Bezug zu einem Fachgebiet an

alle universitären Dozenten. Selbst wenn konkrete rechtsdidaktische Fortbildungsveranstaltungen angeboten werden würden, so bleibt doch die Verantwortung für die Weiterentwicklung seines juristischen Wissens beim einzelnen Dozenten.

E. Vom Studenten zum Referendar – Das Ende der Didaktik?

Um diese wichtigen Fragen geht es in diesem Abschnitt:

- Wo liegen die Unterschiede hinsichtlich der Rechtsdidaktik zwischen Studium und Referendariat?
- Wo lässt sich im Referendariat ein rechtsdidaktischer Ansatz anwenden und wo nicht?

Mit Abschluss des Studiums stellt sich die Frage, ob gleichzeitig auch die Rechtsdidaktik keine Bedeutung mehr spielen muss. Jetzt schließt das Referendariat an, dessen Hauptaufgabe in der Vermittlung praktischen Wissens bestehen soll. Allerdings ändert sich lediglich der Inhalt des zu vermittelnden Wissens. Statt des materiellen Rechts tritt nunmehr das Prozessrecht in den Vordergrund. Außerdem geht es in erster Linie nicht mehr um eine wissenschaftliche Auseinandersetzung mit den gesetzlichen Regelungen, sondern um eine praktische Lösung der im Sachverhalt aufgeworfenen Probleme.

Allerdings darf das nicht darüber hinwegtäuschen, dass im Referendariat nach wie vor theoretisches Wissen vermittelt wird. Demgemäß dominiert die Zweite Juristische Staatsprüfung die Ausbildungsinhalte. Höchste Priorität hat für die Rechtsreferendare und ihre Ausbilder damit ein guter Abschluss, um das gewünschte Berufsziel erreichen zu können. Aus diesem Grund muss im Referendariat derselbe Anspruch an eine rechtsdidaktische Orientierung der Ausbildung gelten wie im Studium.

Aber beim Referendariat kommt noch ein weiterer Aspekt hinzu, der im Studium lediglich eine marginale Bedeutung aufweist: die Praxis. Sie stellt an die Ausbilder völlig andere Anforderungen als bei der (reinen) Wissensvermittlung. Ihr Ziel besteht darin, den Referendar auf die späteren Laufbahnen vorzubereiten. Ein Beispiel hierfür ist die Durchführung einer Zeugenvernehmung. Bei ihr soll einerseits gelernt werden, wie nach den gesetzlichen Vorgaben ein bestimmter Beweis erhoben wird. Neben der rein rechtlichen Dimension soll dem Referendar andererseits auch das Gefühl und Verständnis für solch eine Frage-Antwort-Situation gegeben werden, hat er diese doch in den meisten Fällen bisher in dieser Form nicht selbst erfahren.

Diese zweite Dimension, die ein Gespür für eine Zeugenvernehmung erfordert, lässt sich nur schwer im rechtdidaktischen Rahmen erfassen. Denn dabei geht es in erster Linie um Erfahrungen, die sich im Laufe der Zeit nach einer erheblichen Anzahl von Befragungen entwickeln. Zwar kann der Ausbilder dem Referendar gewisse Tipps an die Hand geben, dessen reiner Erfahrungsschatz lässt sich aber dadurch nur sehr beschränkt weitergeben. Hinzu kommt, dass die Intuition hier eine bedeutende Rolle spielt. Der erfahrene Richter hat ein Gespür dafür, wann es sich lohnt, etwas tiefer zu bohren oder ob die Version durch den Zeugen einseitig „optimiert" wurde.

Nichts anderes gilt im Übrigen für die anderen praxisbezogenen Situationen in der Referendarausbildung. Gemeint ist hier zB die Teilnahme an einer Besprechung mit Mandanten oder bei einer Beschuldigtenvernehmung durch die Staatsanwaltschaft. All diese Situationen werden durch langjährige Erfahrung geprägt, über die der Referendar zu dieser Zeit noch nicht verfügen und die ihm nur schwer beigebracht werden kann.

35 Abschließend ist damit festzuhalten, dass im Referendariat dieselben Grundsätze für die Rechtsdidaktik gelten wie im Studium, solange es sich dabei um die Wissensvermittlung handelt. Geht es um praxisbezogene Abschnitte, so muss sich sowohl der Ausbilder als auch der Referendar im Klaren darüber sein, dass deren erfolgreiche Durchführung in erster Linie von einem breiten Erfahrungsschatz abhängt, der nicht ohne Weiteres vermittelt werden kann, sondern eine langjährige Tätigkeit erfordert.

36 Zusammenfassung der wesentlichen Aspekte dieses Abschnitts:

- Eine Aufwertung der Rechtsdidaktik ist sinnvoll und notwendig.
- Durch die Digitalisierung werden sich sowohl die Lehre als auch die in der Ausbildung befindlichen Berufsbilder ändern. Das bringt auch für die Dozenten weitgehende Änderungen mit sich.
- Im Rechtsreferendariat ändert sich hinsichtlich der didaktischen Anforderungen nichts.

Tool 2: Kriterien guter Lehre

Um diese wichtigen Fragen geht es in diesem Abschnitt:

- Nach welchen Kriterien lassen sich Lernziele beurteilen?
- Wie werden Lernziele und damit verknüpfte Anforderungen durch die jeweiligen Akteure wahrgenommen?

A. Sichtweise der Lernpsychologie

Das Ziel einer jeden Lehrveranstaltung ist es, den Teilnehmern Wissen und Fähigkeiten zu vermitteln. Dabei spielt es keine Rolle, ob die Vermittlung rein im „Frontalunterricht" oder anhand von (praktischen) Übungen stattfindet. Letztlich geht es darum, die Hörer in entsprechender Weise für ihren späteren Berufsalltag zu befähigen. Um den Lernenden den Zugang zu den Unterrichtsthemen zu vereinfachen, orientiert sich eine gute Lehre an den Erkenntnissen der Lernpsychologie. Das betrifft zB die Frage, welche didaktischen Methoden am effizientesten den Stoff vermitteln, wie die Studenten hinsichtlich ihrer eigenen Lernpräferenzen am besten angesprochen werden können und wie theoretisches Wissen in praktische Fertigkeiten transferiert werden kann. Im besten Fall fließt bei der Planung und Durchführung einer Veranstaltung der neueste Forschungsstand aus diesem Gebiet ein.

Bei der Auswahl der auf diesen Informationen beruhenden Methoden und Techniken muss das Ziel eine effizientere und gehirn-gerechtere Lehre sein. Nur so lässt sich sicherstellen, dass dem Studenten ein Unterricht angeboten wird, der einerseits für sie ansprechend und andererseits konkurrenzfähig zu anderen (außeruniversitären) Lehrangeboten ist. Das ist ein wichtiger Aspekt auch für die Lehrinstitution an sich, will sie mit den im Internet immer stärker werdenden Alternativen Schritt halten. Ansonsten besteht die Gefahr, dass sie lediglich auf eine reine Prüfungsinstitution reduziert wird.

Hierzu ist es allerdings erforderlich, dass diese Methoden und Techniken regelmäßig an die Lehrenden vermittelt werden. Die vielfältige Forschung in der Psychologie findet allerdings oft nur Einzug in dortige Fachpublikationen. Eine Adaption auf den Lehralltag gerade im Hochschulbereich lässt sich eher selten erkennen. Hier wäre es Aufgabe der Lehrinstitution, die für die Dozenten relevanten Erkenntnisse und Informationen regelmäßig weiterzugeben und daraus ggfs. entsprechende Schulungen zu entwickeln und für alle Lehrpersonen anzubieten. Lediglich über solch eine Multiplikation kann eine Großzahl an Lehrenden erreicht werden, ohne dass diese gleichzeitig sich die Informationen als „Einzelkämpfer" zusammensuchen und erschließen müssen. Die Vermittlung von Erkenntnissen kann zB im Rahmen hochschuldidaktischer Schulungen oder regelmäßiger Gesprächskreise erfolgen. Dabei ist gerade deren praktische Umsetzung ein wichtiges Bindeglied zwischen den neuesten Erkenntnissen und der Anwendung im Unterricht.

Damit im Zusammenhang steht gleichzeitig die Nutzung technischer Hilfsmittel. Sie müssen zunächst von der Institution unter lernpsychologischen Gesichtspunkten bewertet und sodann angeschafft werden. Ihr Einsatz in der Lehre setzt ferner voraus, dass die Dozenten im Umgang mit diesen Hilfsmitteln geschult werden. Nur so haben sie die Möglichkeit, die Technik effizient und gewinnbringend für den Unterricht zu nutzen.

B. Sichtweise der Hochschuldidaktik

42 Die Prämissen der Hochschuldidaktik überschneiden sich nur stellenweise mit denen der Lernpsychologie. Geht Letztere in erster Linie der Frage nach, wie Inhalte am effizientesten so vermittelt werden können, dass sie vom Studenten am einfachsten aufgenommen werden, hat die Hochschuldidaktik einen umfassenderen Blickwinkel. Letztlich stellen lernpsychologische Überlegungen einen Teil dieser Disziplin dar.

43 Die Hochschuldidaktik befasst sich deshalb mit der Frage, wie (universitäre) Lehre gestaltet werden sollte, in welchen Veranstaltungsformaten welche Inhalte vermittelt werden sollten, wie der Unterricht geplant und durchgeführt werden soll und wie die Teilnehmer auf spätere Prüfungen vorbereitet werden können.

44 Hinsichtlich der Veranstaltungsformate ist es Aufgabe der Hochschuldidaktik zunächst zu ermitteln, welche Möglichkeiten der aktuelle Hochschulbetrieb zur Verfügung stellt. Der Ansatz besteht hier darin herauszufinden, ob die verwendeten Formate mit den darin unterrichteten Inhalten übereinstimmen. Dadurch soll vermieden werden, dass Lehrstoff, der eigentlich im Rahmen einer Übung dargeboten werden sollte, Einzug in eine Vorlesung findet. Letztlich geht es bei dieser Frage darum, dass der zu vermittelnde Inhalt mit dem geplanten Veranstaltungsformat übereinstimmt.

45 Weiterhin ist es Aufgabe der Hochschuldidaktik, Möglichkeiten zur Planung von Lehrveranstaltungen zu entwickeln. Hierzu ist zunächst zu analysieren, wie grundsätzlich in der Lehre die Vermittlung von Inhalten geplant und durchgeführt wird. Die Schwierigkeit besteht darin, dass die Herangehensweise abhängig von den einzelnen Fachgebieten ist. Gemein ist allerdings allen, dass sie vorrangig der Weitergabe von Wissen dienen. Aus den Erkenntnissen über die Durchführung und Inhalte lässt sich auf die Prämissen für eine Veranstaltungs-Planung schließen. Darauf aufbauend kann ein – ggfs. fachspezifisches – Konzept zur Planung entwickelt werden. Entsprechendes gilt für die Durchführung des Lehrbetriebs. So ist zB zu analysieren, warum bestimmte Aspekte, die in der Planung verortet wurden, sich im Unterricht nicht umsetzen ließen. Gleichzeitig befasst sich die Hochschuldidaktik im Hinblick auf die Durchführung mit der Frage, wie die Teilnehmer aktiviert werden können, welche Methoden zur Wissensvermittlung zur Verfügung stehen und wie diese in Abhängigkeit vom Fachgebiet, von den Inhalten und der Veranstaltungsform genutzt werden können.

46 Letztlich darf nicht aus den Augen verloren werden, dass die Veranstaltungen zumindest mittelbar auf eine – ggfs. noch in der Ferne liegende – Prüfung vorbereiten sollen. Damit geht die Herausforderung einher, dass die in der Lehre vermittelten Inhalte den Stoff der späteren Wissenskontrolle abdecken. Im Idealfall können die Hörer eine Klausur einzig und allein aus dem Besuch der Veranstaltung erfolgreich bearbeiten. Allerdings kann gerade im Bereich des rechtswissenschaftlichen Studiums diesem Ideal nicht nahegekommen werden: Oft hat hier der Lehrende keine Einflussmöglichkeit auf die Themen der Prüfung. Das kann bereits während des Studiums der Fall sein, ist es aber sicherlich im Rahmen der Ersten und Zweiten Juristischen Staatsprüfung.

C. Sichtweise der Lehrenden

47 Wurden bisher die jeweiligen Prämissen überwiegend aus einer Makroperspektive betrachtet, ergeben sich auf der Ebene der Lehrenden teilweise andere Prioritäten. Diese Gruppe innerhalb des Lehrbetriebs muss sich einerseits mit der Frage auseinandersetzen, wie sie eine ansprechende und effizient das Wissen vermittelnde Veranstaltung

plant und durchführt. Gleichzeitig aber muss sie sich damit auseinandersetzen, wie sie ihre anderen, nicht zwingend mit der Lehre im Zusammenhang stehenden Aufgaben bewältigen kann. Letzteres meint damit ein vielfältiges Spektrum aus der Forschung, insbesondere der Erstellung einer Dissertation, der Durchführung von Prüfungen und deren Bewertung, der Organisation des Lehrstuhl-Betriebs und – was oft ausgeblendet wird – des Privatlebens.

Aus diesen Gründen ist der Lehrende daran interessiert, dass ihm Konzepte und Methoden zur Verfügung gestellt werden, die ihm sowohl die Möglichkeit geben, ansprechende und effiziente Veranstaltungen zu planen und durchzuführen, andererseits ihm aber für seine weiteren Aufgaben genügend Zeit übrig lassen. Der Lehrende, der sich ausschließlich mit der Optimierung seiner Veranstaltung befasst, stellt lediglich ein Idealbild dar, das aber dem realen Hochschulbetrieb nicht gerecht wird.

Deshalb muss aus Sicht der Lehrenden die Auswahl der Konzepte und Methoden nicht nur danach getroffen werden, ob sie zu einer Erhöhung der Lerneffizienz führen. Als ein weiterer Aspekt ist dabei die Vorbereitungs- und Durchführungszeit in der Veranstaltung zu berücksichtigen. Zwar mag es bei der Prioritätensetzung auf Seiten des Lehrpersonals unterschiedliche Gewichtungen geben, allerdings wäre die Annahme utopisch, dass alle über denselben Zeitrahmen und dieselbe Motivation im Hinblick auf die Veranstaltungen verfügen. Jedoch ist festzustellen, dass viele Lehrende gerne Angebote wahrnehmen, die ihnen einerseits aufzeigen, wie sie ihre Lehre ansprechend und effizient durchführen können, andererseits sich dabei aber nicht unter zeitlichen Gesichtspunkten verzetteln. Nicht auszuschließen ist dabei, dass sie aufgrund dieser (neuen) Erkenntnisse ihre Veranstaltung entsprechend verändern, auch wenn dies teilweise nur einen experimentellen Charakter haben kann. Letztendlich muss dieser Spielraum den Lehrenden zugebilligt werden.

D. Sichtweise der Studenten

Wesentlicher Antrieb für die Studenten, sich auf den Lehrbetrieb und einzelne Veranstaltungen einzulassen, besteht in ihrem Interesse, nach einem erfolgreichen Abschluss des Studiums den gewünschten Berufsweg einschlagen zu können. Letztlich besteht deren Ziel darin, (ohne großen Aufwand) die einschlägige Qualifikation zu erwerben. Daneben liegt deren Motivation auch darin, sich für das spätere Erwerbsleben das entsprechende Wissen und die entsprechenden Fertigkeiten und Fähigkeiten anzueignen. Gewissermaßen als Zwischenziel sehen die Studenten die erfolgreiche Teilnahme an den studienbegleitenden Klausuren. Scheitern sie bereits daran, wird der Berufswunsch zur Utopie. Nicht zu vernachlässigen ist ferner der Umstand, dass Studenten auch daran interessiert sind, ansprechende und interessante Veranstaltungen zu besuchen. Zwar besteht mittlerweile ein erheblicher Konkurrenzdruck durch andere Angebote – in den Anfangssemestern bspw. durch soziale Medien, in den höheren Semestern durch das Repertorium. Dennoch scheinen diese „Alternativen" nicht so stark durchzugreifen, was sich an den nach wie vor unveränderten Gruppengrößen zeigt.

Aus inhaltlicher Sicht überwiegt bei den Studenten oft das Interesse an einer prüfungsbezogenen Vorbereitung in der Veranstaltung. Im Idealfall wünschen sie sich eine gezielte Orientierung ausschließlich am Stoff der nachfolgenden Klausur. Dabei übersehen die Hörer allerdings, dass die Feststellung ihres Wissensstandes einen wichtigen Baustein des Studiums ausmacht, nichtsdestotrotz dieses sie in erster Linie auf den späteren Beruf vorbereiten soll. Aus Sicht der Studenten ist deshalb eine ausgewogene

Mischung zwischen einerseits einer (gezielten) Prüfungsvorbereitung und andererseits einer berufsbezogenen – an der Praxis orientierten – Lehre gefragt.

52 Zusammenfassung der wesentlichen Aspekte dieses Abschnitts:

- Eine gute (rechtswissenschaftliche) Lehre zeichnet sich dadurch aus, dass sie die Studenten sowohl im Hinblick auf die zukünftigen Prüfungen als auch auf das Berufsleben umfassend vorbereitet.
- Für die Dozenten kommt hinzu, dass es ihnen möglich sein muss, ihre Veranstaltungen innerhalb eines angemessenen Zeitrahmens vorbereiten zu können.
- Nur ein ausgeglichenes Zeitbudget stellt sicher, dass bei der Prioritätensetzung die Lehre nicht in den Hintergrund rückt.
- Aus Sicht der Studenten besteht – neben den bereits erwähnten Kriterien – das zusätzliche Interesse an einer ansprechenden Wissensvermittlung. Das kann insbesondere dadurch erreicht werden, indem neben dem „Frontalunterricht" aktivierende Methoden in angemessener Dosis genutzt werden. Eine Überfrachtung hiermit ist ebenso wenig sinnvoll wie gar keine Methoden anzuwenden.

Tool 3: Planung von Lehrveranstaltungen

A. Wozu soll gelehrt werden? – Lernziele

Um diese wichtigen Fragen geht es in diesem Abschnitt:

- Welche Aufgaben und Inhalte haben Lernziele?
- Welche Lernziele lassen sich für das Jurastudium ermitteln?

1. Kategorisierung von Lernzielen

Die Aufgabe von Lernzielen besteht darin, so konkret wie möglich festzuhalten, welches Verhalten von den Studenten gefordert werden soll. Letztlich beschreiben sie, wie sich die Hörer in Zukunft nach Absolvierung der Veranstaltung verhalten können sollten. Bei der Formulierung von Lernzielen ist darauf zu achten, dass diese zumindest messbar sind. Allgemein gesprochen beziehen sie sich auf verschiedene Bereiche menschlichen Verhaltens. Einerseits können sie kognitiven Charakter aufweisen. Das ist insbesondere der Fall, wenn es um das Denken oder Wahrnehmen geht. Andererseits können die Lernziele den affektiven Bereich ansprechen. Hier handelt es sich insbesondere um die Ebene der Gefühle, Werte und Interessen. Letztlich können körperliche Fähigkeiten in die Lernziele einbezogen werden. In diesem Bereich haben sie psychomotorischen Charakter.

Neben der gerade beschriebenen horizontalen Verteilung lassen sich die Lernziele zusätzlich im Hinblick auf die Schwierigkeiten des abgefragten Verhaltens gliedern (sog Taxonomie der Lernziele). Auf der einfachsten Stufe geht es lediglich um die Reproduktion von Wissen. Gekennzeichnet ist diese durch das Nennen, Aufzählen oder Wiedergeben von Wissen. Darüber liegt der Bereich, der ein gewisses Verständnis vom Teilnehmer fordert. Gemeint sind hier Aufgaben, die sich durch eine Erklärung, Beschreibung, Definition oder Zusammenfassung erkennen lassen. Die dritte Stufe bezieht sich auf die Anwendung von Wissen. Eine reine Reproduktion des Erlernten ist damit nicht mehr verbunden. Stattdessen geht es um die Verwendung, Übertragung oder Ausführung sowie die Herstellung von Vergleichen. Geht es um die Erstellung von Analysen, so trifft dies auf die nächsthöhere Stufe zu. Sie ist dadurch charakterisiert, dass hier die Studenten Gliederungen und Unterscheidungen vornehmen, Elemente organisieren und kombinieren. Die fünfte Stufe betrifft die Evaluierung. Von den Teilnehmern wird hier erwartet, dass sie Aspekte vorschlagen und entwickeln sowie entsprechende erarbeiten können. Die letzte Stufe ist durch eine Bewertung und Erzeugung gekennzeichnet. Hier müssen die Studenten Sachverhalte beurteilen und Fragen entscheiden können. Gleichzeitig geht es um Aufgaben im Bereich der Planung, Auswahl und Produktion.

2. Lernziele im Jurastudium

Für den rechtswissenschaftlichen Bereich bedeutet das vor allem, dass auf der Ebene der sechsten Stufe viele Aufgaben anzusiedeln sind. So fordert zwar eine Klausur auch ein rein reproduktives Verhalten, wenn zB Definitionen wiedergegeben werden müssen. Aber letztlich verlangt sie vom Prüfling, dass er einen Sachverhalt beurteilt und die darin aufgeworfenen Fragen – ggfs. gutachterlich – beantwortet.

57 Beispielhaft können für den Allgemeinen Teil des BGB folgende Lernziele aufgestellt werden:

58 Zunächst ist festzulegen, welches Wissen überhaupt in diesem Themengebiet den Studenten vermittelt werden soll. Das sind einerseits die Rechtssubjekte und -objekte. Dann zählt die Willenserklärung mit ihrem subjektiven und objektiven Tatbestand sowie dem Wirksamwerden genauso dazu wie die Frage nach dem Zustandekommen von Verträgen und der dahinter stehenden Privatautonomie. Bestandteile des Allgemeinen Teils sind ferner Themen wie Nichtigkeit und Unwirksamkeit mit den damit im Zusammenhang stehenden Fragen wie zB der Sittenwidrigkeit. Hierzu zählen weitere Punkte wie etwa die Anfechtung mit ihren Rechtsfolgen. Gleichzeitig sind Fragen zur Stellvertretung zu erörtern. Daneben sollen die Begriffe der Einwilligung und Genehmigung genauso bekannt sein wie Themen im Zusammenhang mit der Verjährung und der Berechnung von Fristen. Letztendlich wäre noch das Institut der Selbsthilfe mit den korrespondierenden weiteren Regelungen zu erörtern.

59 Mit diesem reinen Wissensbereich sind Fähigkeiten verbunden, die von den Studenten für eine erfolgreiche Absolvierung des Semesters erwartet werden. Dazu zählt zB, dass sie Normen im Gesetzestext finden und in den Kontext mit dem Sachverhalt bringen. Im Sachverhalt sollen sie die daraus folgenden Rechtsfragen erkennen und hierzu entsprechende Argumente für eine juristische Diskussion entwickeln, um sodann Probleme zu erörtern. Weiterhin wird von den Studenten die Anwendung der Subsumtionstechnik gefordert, die gleichzeitig notwendig ist für die weitere Fähigkeit, nämlich die Prüfung einzelner Delikte.

60 Konkret im Kontext einer Klausur müssen die Studenten den Sachverhalt und dabei gleichzeitig die darin befindlichen Schwerpunkte richtig erfassen. Damit im Zusammenhang steht ferner, dass der die Klausur abschließende Bearbeitervermerk verstanden wird. Hier müssen sie zusätzlich Schwerpunkte setzen und entsprechend die Darstellung unter Anwendung des Gutachtenstils richtig gewichten. Daneben zählt dazu, dass die Prüflinge ihre Zeit richtig planen und dies einhalten.

61 Um das Jurastudium zielgerichtet abschließen zu können, zählt zu diesen beiden bereits dargestellten Bereichen ein weiterer Aspekt: Die Studenten müssen den Lernalltag eigenverantwortlich und effizient so gestalten, dass sie sowohl den Vorlesungen folgen als auch an den Klausuren erfolgreich teilnehmen können. Hierzu zählt zB, dass sie eine Lernkultur etablieren, in der sie selbst in der Lage sind, die notwendige Literatur auszuwählen, sich juristisches Hintergrundwissen aneignen und einsetzen sowie sich selbst Argumente erschließen. Daneben sind sowohl „handwerkliche" Fähigkeiten wie zB der Umgang mit Kommentaren, Zeitschriften und juristischen Datenbanken als auch die äußere Gestaltung von Ausarbeitungen in einer Klausur relevant.

62 Im Wissensbereich variieren die Lernziele in Abhängigkeit vom jeweiligen Thema der Veranstaltung. Hinsichtlich der Fähigkeiten ist weiterhin anzumerken, dass diese im Verlauf des Studiums noch erweitert werden. So muss zB eine Seminararbeit angefertigt werden, die weniger die Anwendung der Subsumtionstechnik fordert, sondern eher deskriptive Fähigkeiten anspricht. Hinzu kommt, dass die Thesen aus dieser Arbeit regelmäßig vor dem Plenum dargestellt werden. Dafür sind weitere Fähigkeiten erforderlich. In der Zeit der Vorbereitung auf die Staatsprüfung und dessen Ablegung müssen die Studenten weitere Aspekte hinzu lernen, die neben dem Bereich des Wissens auch „handwerklichen" Charakter aufweisen. Hierzu zählt zB, die richtige Einteilung der Lernzeit oder der Umgang mit der Belastung in der Prüfungssituation.

Verlassen die Studenten die Universität und werden sie zu Rechtsreferendaren, ist wiederum eine Anpassung bzw. Erweiterung der Lernziele erforderlich. Im Wissensbereich sind nunmehr viele prozessuale Aspekte zu ergänzen, die im Studium oft nur untergeordneten Charakter hatten. Zusätzlich werden teilweise neue Rechtsgebiete eingeführt, die während des Studiums lediglich einen Teil der Studenten im Bereich der Wahlfächer bzw. Schwerpunktbereiche betrafen. Zwar nicht für die Zweite Juristische Staatsprüfung von den Prüfungsordnungen als notwendig erachtet, aber dennoch im Referendariat gefordert ist die Durchführung einer Zeugenvernehmung oder die Teilnahme am staatsanwaltlichen Sitzungsdienst. Hierzu sind weitere Fähigkeiten erforderlich, die bisher entweder gar keine oder lediglich eine untergeordnete Rolle spielten. Gemeint sind damit zB das aktive Zuhören in der Vernehmung oder die freie Rede in der Rolle eines Staatsanwalts.

Zusammenfassung der wesentlichen Aspekte dieses Abschnitts:

- Anhand der Lernziele wird definiert, welche konkreten Handlungen später von den Studenten erwartet werden können.
- Die Lernziele können insbesondere in sechs Stufen eingeteilt werden, die nach der Schwierigkeit der dahinter stehenden Aufgabe charakterisiert sind.
- Die Definition der Lernziele ist im Bereich des Wissens überwiegend abhängig vom jeweiligen Themengebiet, im Bereich der Fähigkeiten zusätzlich von den an den Studenten gestellten Aufgaben.
- Es besteht insbesondere ein signifikanter Unterschied zwischen dem Studium und dem Referendariat.

B. Was soll gelehrt werden?

Um diese wichtigen Fragen geht es in diesem Abschnitt:

- Anhand welcher Kriterien lassen sich die Lehrinhalte bestimmen?
- Inwiefern kann Stoff (didaktisch) reduziert werden?

1. Bestimmung der Lehrinhalte

Die jeweiligen Prüfungs- und Studienordnungen der Universitäten bzw. Bundesländer geben konkret vor, welche Inhalte in welchem Semester unterrichtet werden müssen. Allerdings sind die darin enthaltenen Festlegungen eher allgemein gehalten. Eine Frage auf die Antwort, welche Themen konkret gelehrt werden sollen, ergibt sich aus diesen Regelungen nicht. Deshalb bleibt es bis zu einem gewissen Punkt dem Dozenten selbst überlassen, was er in seinen Veranstaltungen bespricht. Doch lassen sich für jedes Rechtsgebiet grundlegende Aspekte schon anhand des Gesetzestextes ausmachen. Letztendlich wird in der Praxis der Dozent in den seltensten Fällen vor die Frage gestellt sein, welche Inhalte er unterrichten soll. Probleme können sich dort ergeben, wo zwar im Gesetz bestimmte Bereiche geregelt, diese allerdings thematisch nicht zwingend dem Rechtsgebiet zuzuordnen sind. Als Beispiel dient hier das Vereinsrecht: Seine Regelungen finden sich im Allgemeinen Teil des BGB, aus thematischer Sicht lässt es sich allerdings genauso gut einer gesellschaftsrechtlichen Vorlesung zuordnen. Ein weiteres Beispiel sind die Regelungen zum Recht der Allgemeinen Geschäftsbedingungen. Trotz ihrer Verortung im Allgemeinen Schuldrecht ist genauso gut eine Erörterung im Rahmen des Allgemeinen Teils des BGB möglich. Hier dürfte in den meisten Fällen eine pragmatische Herangehensweise sinnvoll sein: Ein Hinweis darauf, dass im Allgemeinen Teil zwar Regelungen zum Verein enthalten sind, dieses Gebiet allerdings aus systematischer Sicht beim Gesellschaftsrecht darzustellen besser sei.

67 Deutlich mehr Schwierigkeiten stellt eine sinnvolle Schwerpunktsetzung dar. Hier gibt das Gesetz nicht zwingend den richtigen Hinweis. Als Beispiele kann der Extremfall herangezogen werden: Das Bienenrecht macht im Sachenrecht mehrere Paragrafen aus, hat aber weder in der Praxis noch in der Theorie die ihm vom Gesetzgeber zugebilligte Relevanz. Auch Darstellungen in der Literatur können teilweise trügerisch sein und beim Studenten den Eindruck erwecken, anhand einer seitenfüllenden Darstellung in einem Lehrbuch lasse sich zugleich auf die Prüfungsrelevanz schließen. So nehmen zB in der Lehrbuchliteratur Ausführungen zum Eingriff in den eingerichteten und ausgeübten Gewerbebetrieb regelmäßig mehrere Seiten ein. Die Bedeutung sowohl in der Praxis als auch in den Prüfungen ist dabei im Verhältnis dazu geringer.

68 Einen guten Überblick für die Auswahl der Themen für eine Veranstaltung gibt der Gesetzestext selbst. Soll eine Veranstaltung zum Allgemeinen Teil des BGB geplant werden, so lässt es sich dadurch schon grob eingrenzen, welche Themen grundlegend für diesen Bereich sind. So werden sicherlich Grundlagen wie die Rechtsobjekte und -subjekte, die Rechtsgeschäftslehre und die Verjährung unabdingbar für eine Veranstaltung in diesem Gebiet sein. Als nächstes stellt sich die Frage, welche Aspekte zwingend zu behandeln sind bzw. weggelassen werden können. Hinsichtlich der Willenserklärungen wird sich eine Erörterung deren Elemente nicht vermeiden lassen. Hinsichtlich des Ersatzes des Zugehens durch Zustellung lohnt sich der Mut zur Lücke. Ausreichend wäre hier zB, lediglich in einem Satz anzusprechen, dass es diese Regelung gibt.

69 Würde der Dozent schlichtweg alle Themen eines Rechtsgebiets ausführlich ansprechen wollen, so wird er mit den zeitlichen Vorgaben in Konflikt geraten. Er läuft Gefahr, dass er am Ende des Semesters noch nicht einmal den zwingend notwendigen Stoff behandelt hat. Deshalb sollte gerade am Anfang des Semesters der Lehrplan nicht zu sehr überfrachtet, stattdessen „Spielräume" eingeplant werden. Daneben bieten „überschüssige" Themen gleichzeitig den Vorteil, dass sie dann eingestreut werden können, wenn mehr Zeit zur Verfügung steht als vorgesehen war. Dennoch muss die Priorität darauf gelegt werden, die zwingend notwendigen Begriffe und Themengebiete den Teilnehmern darzustellen.

2. Didaktische Reduktion

70 Nachdem sozusagen auf der Makroebene festgelegt wurde, welche Inhalte während des Semesters zu vermitteln sind, ist nun zu entscheiden, was in einer konkreten Veranstaltungseinheit durchgenommen werden soll. Dabei ist letztlich der Semesterplan auf die einzelnen Wochen zu verteilen. Im Rahmen der Vorbereitung muss der Dozent somit eine Auswahl hinsichtlich des Themas und der darin enthaltenen Probleme treffen. Dabei stellt sich die Frage, wie ausführlich und tiefgehend die Erörterung in der Veranstaltung sein soll oder muss. So können zB bei der Anfechtung die einzelnen Voraussetzungen erklärt werden. Diese können durch auf die Tatbestandsmerkmale zugeschnittene Beispiele ergänzt werden. Zusätzlich kann der Dozent den Stoff mit (aktuellen) Entscheidungen anreichern. Daneben besteht die weitere Möglichkeit, neben den gängigen Literaturmeinungen auch lediglich stellenweise vertretene Ansichten darzustellen. All diese Überlegungen mögen dazu beitragen, dass das Thema „Anfechtung" umfassend und tiefgehend veranschaulicht wird. Dahinter steht aber die Frage,

B. Was soll gelehrt werden?

ob damit einerseits die Studenten nicht überfordert und andererseits die Vorbereitungszeit des Dozenten unangemessen lange wird.

Dieses Problem der Stofffülle lässt sich durch eine Reduktion auf das Wesentliche zumindest stark begrenzen. Eine didaktische Reduktion stellt die Dozenten vor ein Dilemma: Einerseits sollen und wollen sie die Teilnehmer umfassend unterrichten und ihr Wissen vermitteln, andererseits sollen die Teilnehmer nicht überfordert und das Zeitbudget nicht überschritten werden. Gerade der erste Aspekt, dass so gut wie möglich alle „Ecken und Kanten" des Themas angesprochen werden, hält den einen oder anderen Vortragenden von einer Begrenzung des Stoffumfangs ab. Allerdings ist es nicht erforderlich, in einer Lehrveranstaltung jedes noch so kleine Problem zu erörtern.

71

Deshalb empfiehlt sich die Priorisierung der einzelnen Themen. So kann die Wichtigkeit anhand von drei Kategorien festgelegt werden. In der ersten befindet sich das Wissen, das essenziell für das jeweilige Gebiet ist. Es stellt somit die Pflicht-Kenntnisse dar, ohne die bereits grundlegende Überlegungen zu einzelnen Aspekten nicht angestellt werden können. Gemeint sind damit insbesondere die Einordnung einer bestimmten Regelung in die gesetzliche Systematik, das Verständnis zum Inhalt der einzelnen Tatbestandsmerkmale und die mit der Rechtsfolge zusammenhängenden Konsequenzen. Als Faustregel handelt es sich dabei zB um die (Unter-) Überschriften in einem Lehrbuch oder die fett gedruckten Passagen in einem Kommentar.

72

Die zweite Kategorie umfasst das Wissen, dass zwar nicht zwingend erforderlich ist, über das die Studenten dennoch verfügen sollten. Hierbei kann es sich zB um einzelne juristische Theorien oder um relevante Grundlagenentscheidungen handeln. Diese Kenntnisse sind zwar nicht notwendig, um einen Fall grundlegend lösen zu können, führen aber einerseits zu einem vertieften Verständnis der Regelung und andererseits dazu, eine Falllösung umfassend bearbeiten zu können.

73

Sofern noch Zeit vorhanden ist und die Möglichkeit besteht, dass Thema weiter zu vertiefen, greift die dritte Kategorie. Sie bezieht sich auf das Wissen, über das der Student verfügen soll, um seine Kenntnisse abzurunden. Hierunter fallen zB aktuelle Entscheidungen, weniger relevante Theorien und Regelungen, die weder in der Praxis noch in der Rechtsprechung eine besondere Bedeutung aufweisen. Ohne das Wissen in dieser Kategorie lässt sich eine Klausur problemlos bestehen. Es stellt lediglich die Anreicherung bisheriger Kenntnisse dar.

74

Anhand dieser dreigliedrigen Setzung der Prioritäten hat der Dozent selbst während der laufenden Veranstaltung noch die Möglichkeit, punktuell darüber zu entscheiden, ob er seinen Teilnehmern weiteres Wissen mit auf den Weg gibt oder es bei dem bisher Gesagten belässt. Diese Entscheidung hängt ab von verschiedenen Faktoren, insbesondere – wie bereits dargestellt – das zeitliche Guthaben und die Aufmerksamkeit der Hörer.

75

Scheut der Dozent die Reduktion anhand dieser drei Kategorien und ist es ihm daran gelegen, dennoch so viel wie möglich an Wissen weiterzugeben, so steht ihm die Möglichkeit offen, seinen Teilnehmern weiterführende Hinweise auf entsprechende Literatur und Rechtsprechung zu geben. Damit hat er einerseits für sich das notwendige getan, um seinem eigenen Anspruch gerecht zu werden und nichts „unter den Tisch" fallen zu lassen. Andererseits räumt er seinen Hörern die Gelegenheit ein, selbst darüber zu entscheiden, wie vertieft sie sich mit einem Thema auseinandersetzen wollen.

76

Er entgeht damit dem Problem, die Studenten mit einer Fülle an Wissen zu überhäufen und damit zu überfordern.

77 Sofern solche weiterführenden Hinweise ausgegeben werden, lässt sich dort die Priorisierung fortsetzen. Der Dozent kann bei den einzelnen Fundstellen zur Literatur und Rechtsprechung vermerken, wie relevant die jeweiligen Hinweise in Bezug auf das Thema sind. Damit gibt er zunächst den Studenten selbst die Möglichkeit, über den Umfang der Nacharbeit zu entscheiden. Gleichzeitig fühlen sich diese nicht deshalb überfordert, weil sie den Eindruck gewinnen, sie müssten allen Hinweisen nachgehen. Letztlich ist die Folge einer Priorisierung eine Schwerpunktsetzung, die damit ebenso den Teilnehmern vermittelt wird. Sie lernen damit gleichzeitig in einer späteren Klausur ebenso zwischen Wichtigem und Unwichtigem zu unterscheiden.

78 Zusammenfassung der wesentlichen Aspekte dieses Abschnitts:

- Die Unterscheidung innerhalb der Lehrinhalte anhand von drei Kategorien und deren damit zusammenhängende Reduzierung fordert vom Dozenten den Mut zur Lücke.
- Von den Studenten kann verlangt werden, sich mit relevanten Themen selbst auseinanderzusetzen und nicht jeder Stoff kann umfassend in einer Veranstaltung behandelt werden.
- Sich selbst Wissen anzueignen, Neues zu erschließen und es auf dem aktuellen Stand zu halten, ist eine Fähigkeit, die nicht nur während des Studiums, sondern gerade im Berufsleben verlangt wird.

C. Wie soll gelehrt werden?

79 Um diese wichtigen Fragen geht es in diesem Abschnitt:

- Welche Möglichkeiten habe ich als Lehrperson meine juristischen Lehrveranstaltungen zu leiten?
- Muss ich mich für eine Lehrstilvariante entscheiden?
- Wie kann ich in juristischen Lehrveranstaltungen den Kommunikationsprozess mit den Studierenden fördern?

80 Bereits bei der Planung einer juristischen Lehrveranstaltung sollte sich die Lehrperson die Frage stellen, wie sie gegenüber ihren Studierenden auftreten will bzw. aus ihrer Sicht muss, um sowohl einen reibungslosen Ablauf der Lehrveranstaltung zu gewährleisten als auch die Lernziele der Lehrveranstaltung, wie bspw. die Vermittlung juristischen Wissens und juristischer Kompetenzen durch den sinnvollen Einsatz ihres Leitungsverhaltens, optimal zu erreichen. Denn insbesondere ihrer Hauptaufgabe, ihren Studierenden die von den Studien- und Prüfungsordnungen vorgegebene Stoffmenge in einer bestimmten Zeit zu vermitteln, wird sie nur durch Steuerung ihrer Lehrveranstaltung gerecht werden können.[1]

81 Die Lehrperson muss sich folglich Gedanken über ihren Lehrstil machen. Sie muss sich mit der Frage auseinandersetzen welche Rolle sie im Lehr-Lern-Prozess einnehmen möchte. Wichtig ist hier insbesondere nicht künstlich zu wirken und nur das Leitungsverhalten sich zu eigen zu machen, welches zu der eigenen Persönlichkeit passt.

---

1 Siehe hierzu Dyrchs, S. 25.

C. Wie soll gelehrt werden?

Aufgesetzt autoritär oder aufgesetzt kollegial sein zu wollen, wird die Studierenden nicht überzeugen. Im Gegenteil: Die Studierenden merken schnell, ob der Lehrende authentisch ist oder nicht.[2]

Die allgemeine Hochschuldidaktik differenziert zwischen dem autoritären, kollegialen und dem Laissez-faire-Lehrstil, welche auch in den Rechtswissenschaften, je nach Lehrveranstaltungsart, ihre jeweilige Berechtigung haben. Im Folgenden werden die verschiedenen Lehrstile zunächst allgemein beschrieben und ihre unterschiedlichen Spezifika hervorgehoben, um im darauffolgenden Schritt ihre Anwendung und die Möglichkeit der Kombination darzustellen. Dabei spielt die Kommunikation zwischen dem Lehrenden und den Studierenden eine nicht zu unterschätzende Rolle. Hier gilt es insbesondere den Kommunikationsprozess zu fördern und Kommunikationsstörungen aus dem Weg zu gehen.

1. Autoritär

Die autoritäre Lehrperson bereitet den juristischen Lehrstoff auf und trägt diesen in der Regel in Form eines Lehrvortrages vor.[3] Dabei hat sie die strikte Kontrolle über das Thema, die Studierenden und die Veranstaltung insgesamt.[4] Eine Interaktion zwischen ihr und ihren Studierenden oder den Studierenden untereinander kommt nicht oder kaum zustande. Die Studierenden als Lernende haben in diesem Rahmen nicht die Möglichkeit, sich mit dem Stoff aktiv und intensiv selbst zu beschäftigen, ihnen kommt meist nur das passive Zuhören zu.[5] Dieser Aufgabe müssen sie nach der Veranstaltung eigenverantwortlich und selbstständig nachkommen, anderenfalls besteht die Gefahr eines geringen Lernerfolges durch diese Lehrveranstaltung.[6]

In der Lehrpraxis wird der autoritäre Lehrstil überwiegend in Großveranstaltungen wie Vorlesungen eingesetzt, um den Studierenden in Form des klassischen Frontalunterrichts eine verhältnismäßig große Stofffülle innerhalb kurzer Zeit zu vermitteln. Besonderes Gewicht legt die Lehrperson hier hauptsächlich auf ihre Beziehung zum Thema und nicht darauf, dass die Studierenden eine eigene Beziehung zum Thema aufbauen.[7] Man spricht von dozentenzentriertem Unterricht.[8] Doch auch in Vorlesungen kann durch das Heranziehen diverser Lehrmethoden das aktive Mitarbeiten der Studierenden gefördert werden.[9]

Nicht zu unterschätzen ist dieses Leitungsverhalten aufgrund gruppendynamischer Prozesse auch in Veranstaltungen mit kleinerem Teilnehmerkreis wie bspw. Propädeutische Übungen und Proseminare, aber auch im Examens(klausuren)kurs, je nach persönlicher Präferenz der jeweiligen Lehrperson. Hier bietet es sich an, gerade zu Beginn und am Ende der Lehrveranstaltung, bestimmend aufzutreten. Die Lehrperson muss ihren Studierenden bereits anfangs deutlich machen wer die Veranstaltung führt. Selbstverständlich entbehrt auch ein etwas autoritäres Auftreten nicht einer freundlichen und wertschätzenden Behandlung der Studierenden. Auch ist es die Aufgabe der Lehrperson, die Veranstaltung ordentlich zu beschließen. Sie sollte sich hierbei nicht

---

2 So in etwa Dyrchs, S. 69.
3 Vgl. Haft, S. 286; Wendorff, S. 22.
4 So Dyrchs, S. 67.
5 Siehe Dyrchs, S. 67; Haft, S. 287; Wendorff, S. 22, 24.
6 So Wendorff, S. 22.
7 Siehe Böss-Ostendorf/Senft, S. 125.
8 So Winteler, S. 127.
9 Vgl. Nehls, S. 85.

von einkehrender Unruhe durch vorzeitiges Verlassen ihrer Veranstaltung seitens der Studierenden aus der Ruhe bringen. Der Dozent ist hier diejenige, der die Veranstaltung steuert. Hier kann Ruhe eingefordert und die Veranstaltung bspw. mit einer Kurzzusammenfassung der aktuellen Lehreinheit beendet werden, da sich Wiederholungen als Ausstieg besonders gut dafür eignen, Lehrinhalte effektiv zu verinnerlichen.[10]

2. Kollegial

86 Die kollegiale bzw. kooperative Lehrperson unterstützt die Studierenden dabei sich das Wissen selbstanzueignen. Sie behält allerdings dennoch die Leitung der Lehrveranstaltung. Sie setzt hierzu teilnehmeraktivierende Methoden ein, die die Lernwirksamkeit der Studierenden erhöhen. Auch wenn der zeitliche Aufwand durch den Einsatz aktivierender Methoden höher ist als bei der reinen Stoffvermittlung, sollte man sich als Lehrperson stets vor Augen führen, dass sich selbsterlerntes Wissen stets besser im Gedächtnis festigt als rein passives Zuhören. Eine zwischen der Lehrperson und den Studierenden sowie zwischen den Studierenden untereinander stattfindende Interaktion ist daher für das Lernen und Behalten des vermittelten Wissens unerlässlich.[11] Durch die Förderung der Kreativität und Eigeninitiative motiviert die kollegiale Lehrperson ihre Studierenden. Sie schafft eine gute und angstfreie Lern- und Arbeitsatmosphäre, in der es den Lernenden zusehends einfacher fällt auch Fragen zu stellen bzw. bei Nichtverständnis nachzufragen.[12]

3. Laissez-faire

87 Im Rahmen des Laissez-faire-Lehrstils überträgt die Lehrperson die gesamte Verantwortung ihren Studierenden. In der Regel haben auch junge Erwachsene noch das Bedürfnis nach Orientierung und Sicherheit, so dass bei vollständiger Führungslosigkeit das Risiko besteht, dass die Lernziele nicht erreicht werden oder die Lerninhalte verloren gehen. Es kann zu Cliquenbildungen und Rivalitäten zwischen den Studierenden kommen.[13] Dieses passive Leitungsverhalten bietet sich in der Hochschullehre allenfalls in einer kurzen Lernsequenz an, um bspw. die sozialen Kompetenzen der Studierenden zu beobachten und ggfs. einzugreifen. Auch eine in der Zusammenarbeit erfahrene Arbeitsgruppe braucht meist keine Leitung mehr. Ferner hat sich dieser Stil auch in Beratungssituationen von Studierenden bewährt. Hier ist es hilfreich, die Studierenden bei der Erläuterung ihres Anliegens nicht zu unterbrechen und erst nachdem sie ausreichend informiert worden sind nachzufragen. Man spricht in diesem Rahmen auch von der sog Hebammentechnik.

4. Anwendungs- und Kombinationsmöglichkeiten in der juristischen Lehrpraxis

88 Insgesamt ist in der Praxis eine Kombination bzw. der Wechsel der verschiedenen Lehrstile sinnvoll, abhängig von den äußeren Rahmenbedingungen der Lehrveranstaltung sowie der Persönlichkeit der Lehrperson.

---

10 Vgl. Wendorff, S. 22.
11 Wendorff, S. 22 f.; siehe auch Winteler, S. 171.
12 Dyrchs, S. 68.
13 Ähnlich Dyrchs, S. 67 f.

C. Wie soll gelehrt werden?

a) Äußere Rahmenbedingungen

Äußere Rahmenbedingungen, die das Leitungsverhalten bedingen, sind bspw. die Lehrveranstaltungsform (Vorlesung, Propädeutische Übung, Proseminar, Schwerpunktbereichsseminar, Examens(klausuren)kurs, mündliche oder schriftliche Prüfung usw), die Größe der Teilnehmergruppe (15, 30, 60 oder 300 Studierende?), der Adressatenkreis (Vorwissen der Studierenden, Lerngewohnheiten etc), die Raumausstattung (feste Bestuhlung im Audimax, freiere Handhabung in Seminarräumen, …), die Länge der Lehrveranstaltung und ggfs. etwaige Anweisungen des Dienstvorgesetzten.[14]

b) Persönlichkeit der Lehrperson

Entscheidend beeinflusst jedoch auch die Persönlichkeit der Lehrperson das eigene Auftreten und das Verhältnis zu den Studierenden.[15] Wo in der universitären Hierarchie steht die Lehrperson? Will sie eine gewisse Distanz zu ihren Studierenden bewahren, weil sie glaubt sich dadurch Respekt verschaffen zu können? Will sie sich siezen (zB Professor/Vorlesung) oder duzen (zB wohl eher der Fall bei wissenschaftlichen Mitarbeitern/Proseminar) lassen? Eine Pflicht zu siezen oder zu duzen besteht ohnehin nicht.[16] Diese Entscheidung muss jede Lehrperson für sich selbst treffen, meist abhängig von ihrer Persönlichkeit, der konkreten Stellung im Lehrkörper sowie der jeweiligen Fachkultur, in der es durchaus unterschiedliche Handhabungen geben kann.

c) Juristische Lehrpraxis

Bekanntermaßen ist ein bestimmendes Auftreten in der Vorlesung vor mehreren hundert Studierenden sinnvoll, um die Kontrolle über das Geschehen zu behalten. Nach außen dringende und dadurch von den Studierenden wahrgenommene Unsicherheiten seitens der Lehrperson sind hier fehl am Platz und auch schwer kompensierbar. Insbesondere der erste Eindruck zählt, dieser lässt sich später kaum korrigieren. Doch auch in Vorlesungen der Rechtswissenschaften ist es möglich gut strukturierten Lehrstoff den Studierenden anschaulich zu vermitteln und anschließend bzw. immer wieder das aktive Mitwirken der Studierenden zu unterstützen. Der Einsatz des kollegialen Leitungsstils gelingt der Lehrperson auch in Vorlesungen durch einen Wechsel rezeptiver und aktiver Lehr-Lern-Phasen.[17] Beispielhaft kann nach einer max. 20-minütigen Inputphase der Lehrperson, nach der die Konzentration und Aufnahmekapazität der Studierenden erschöpft sind, eine Schätzfrage oder Verständnisfrage gestellt werden, über die das Plenum in einer sog Murmelgruppe diskutiert. Diese kurze zweiminütige Unterbrechung ermöglicht den Studierenden nicht nur die für das Lernen so wichtige Eigenaktivierung und die eigene Auseinandersetzung mit der inhaltlichen Frage, sie räumt den Studierenden auch eine kurze Verschnaufpause in der 90-minütigen Vorlesung ein. Dadurch wird nicht nur das studentische Lernen effizienter, die Studierenden sind im weiteren Verlauf der Vorlesung wieder (etwas mehr) konzentrierter und aufnahmefähiger.[18]

---

14 Vgl. Dyrchs, S. 70.
15 Dyrchs, S. 71.
16 Angelehnt an Wendorff, S. 71.
17 So ähnlich Wendorff, S. 24 f.
18 Ähnlich Wendorff, S. 24.

92 Auch in Prüfungssituationen (mündlich, schriftlich, Schwerpunktseminar) ist ein bestimmtes, aber höfliches Auftreten zu präferieren, um die Objektivität des Prüfers zu gewährleisten. Hier gilt es, die Leitung nicht aus der Hand zu geben und eine gewisse Distanz zu wahren.[19]

93 Andere Lehrveranstaltungen wie Propädeutische Übungen, Proseminare, jedoch auch Examens(klausuren)kurse uä sollten – wie aus den oben genannten Gründen – zu Beginn und zu Ende der Veranstaltung unter der evident erkennbaren Leitung der Lehrperson („autoritär") stehen. Schwerpunkt dieser Veranstaltungen ist es jedoch den Studierenden nicht nur theoretisches Wissen zu vermitteln, sondern gerade auch zu lernen, dieses Wissen anzuwenden („kollegial"). Die Studierenden müssen üben, wie sie einen Fall rechtlich zu bearbeiten oder wie sie eine wissenschaftliche Arbeit zu schreiben haben. Das Erreichen der Lernziele dieser Veranstaltungen kann nur durch den Einsatz aktivierender Methoden gelingen. Die Lehrperson muss mit ihren Studierenden kommunizieren und ihnen Hilfestellungen geben. Hierzu reicht es nicht aus, dass sie sporadisch nachfragt, ob alles verstanden wurde oder ob noch Fragen offen sind, um dann, nach einem kurzen Innehalten, wieder in den Frontalunterricht zurückzufallen. Diese Art von Veranstaltungen strebt geradezu nach einer Interaktion zwischen Lehrperson und Studierenden und Studierenden untereinander. Hier ist die Lehrperson in der Pflicht, eine angenehme Lernatmosphäre zu schaffen und die Studierenden immer wieder aktiv miteinzubeziehen. Hierzu kann sie sich verschiedenster, auch in juristischen Lehrveranstaltungen einsetzbarer, Lehrmethoden bedienen. Zwar mag es sein, dass Überlegungen zur Auswahl und Einsatz der Methoden in der Vorbereitung der Lehrveranstaltung ein Mehraufwand an Arbeit und Zeit bedeutet. Allerdings werden sehr bald gute Arbeitsergebnisse sowie ein höherer Lerngewinn erzielt und es werden viel mehr motivierte Studierende in der Veranstaltung sitzen, weil die Lehre auf diese Weise viel abwechslungsreicher sein wird als vorher. Zudem kann auch die Lehrperson von dem ein oder anderen neuen Aspekt oder Blickwinkel der Studierenden profitieren.

94 Auch der Einsatz des Laissez-faire-Stils ist in diesen Veranstaltungen für kurze Sequenzen möglich. Hier kann die Lehrperson bspw. in einer Propädeutischen Übung einen kurzen Fall in der Kleingruppe als Gruppenarbeit in einer vorgegebenen Zeit gliedern und ausformulieren lassen. Die Studierenden haben so die Möglichkeit über die Schwerpunkte des Falles und die Ausformulierungen zu diskutieren und zu üben. Danach werden die Ergebnisse im Plenum gesammelt und ggfs. inhaltlich ergänzt. Auch die Lehrperson selbst wird von diesem Austausch profitieren.

5. Kommunikation mit den Studierenden

95 Kommunizieren bedeutet, dass Menschen miteinander in Kontakt treten und sich gegenseitig etwas mitteilen.[20] Der kommunikative Austausch erfolgt in der Lehre auf vielfältige Art und Weise. Dies kann beispielhaft durch Fragen stellen seitens des Lehrenden oder der Lernenden oder durch Gruppenarbeiten, Besprechungen, Diskussionen, Rückmeldungen an die Studierenden geschehen. Weil gute Kommunikation eine positive Arbeitsatmosphäre schafft und den Umgang miteinander erleichtert, Missverständnisse vorbeugt und zu Konfliktlösungen beiträgt, sollte der Lehrende seine Dia-

---

19 Vgl. auch Dyrchs, S. 319.
20 Ähnlich Simon, S. 16.

C. Wie soll gelehrt werden?

logfähigkeit, sein Ausdrucksvermögen sowie seine Fähigkeit zu argumentieren und zu visualisieren jederzeit im Blick haben.[21]

Deshalb geht es im Folgenden um die Förderung des Kommunikationsprozesses zwischen allen Teilnehmenden einer Lehrveranstaltung, wobei es von elementarer Bedeutung ist, Kommunikationsstörungen zu erkennen und diese zu vermeiden. Wie der Lehrende wertschätzend Rückmeldungen an seine Studierenden geben kann, ist Gegenstand des letzten Unterabschnitts.

a) Sach- und Beziehungsebene

Insgesamt sollte sich die Lehrperson vor Augen führen, dass sie immer auf zwei Ebenen mit ihren Studierenden kommuniziert: Auf der einen Seite gibt es die Inhaltsebene, welche die Sachinformationen bzw. den Lernstoff vermittelt und, bildlich gesprochen, die kleine Spitze des Eisbergs darstellt. Auf der anderen Seite läuft auf der Beziehungsebene, dem persönlichen Verhältnis der Lehrperson zu ihren Studierenden, vieles unbewusst ab. Der größere Teil des Eisbergs bleibt hier folglich unter der Wasseroberfläche verborgen (sog Eisbergmodell nach dem Kommunikationswissenschaftler Paul Watzlawick).[22] Nach diesem Modell bedingt ein vernünftiger Austausch auf der Sachebene eine stimmige Arbeitsbeziehung. Aus diesem Grund sollte die Lehrperson immer darauf bedacht sein, auch ihre persönliche Beziehung zu ihren Studierenden und die der Studierenden untereinander zu fördern. Es gehört zu ihren Aufgaben, eine konstruktive Arbeitsatmosphäre zu schaffen.[23]

Doch wie erreicht man dieses Ziel? Ein höfliches, freundliches und wertschätzendes Verhalten gegenüber den Studierenden sollte selbstredend sein. Wenn der Lehrperson Humor liegt, dann sollte sie auch in ihrer Lehrveranstaltung darauf zurückgreifen. Vermeiden sollte sie hier allerdings, Witze auf Kosten ihrer Studierenden zu machen. Wenn es ihr möglich ist, insbesondere in Lehrveranstaltungen mit einem kleineren Teilnehmerkreis, sollte sie sich die Namen der Studierenden merken und sie namentlich ansprechen. Denn das namentliche Ansprechen begünstigt den Aufbau einer guten Beziehung zu den eigenen Studierenden. Zudem ist es dienlich, wenn die Studierenden immer wieder miteinbezogen und diese nach ihren Erfahrungen zu dem jeweiligen Lernstoff befragt werden. Vielleicht erhält dadurch die Lehrperson den ein oder anderen neuen interessanten inhaltlichen Aspekt oder einen Perspektivenwechsel, welcher sie zu neuen Ideen verleitet.[24]

b) Verbale und nonverbale Kommunikation

Überdies gilt es, die Mitteilungsbereitschaft der Studierenden zu aktivieren. Dies kann sowohl durch verbale als auch durch nonverbale Kommunikation erfolgen.

Die Lehrperson hat die Möglichkeit, verbal mit ihren Zuhörern zu kommunizieren, sprich durch gesprochene Worte oder durch schriftliche Informationen. Umsetzen lässt sich dies besonders durch Aktives Zuhören und Fragenstellen. Beide Varianten sind auf unterschiedliche Art und Weise einsetzbar.

---

21 Vgl. Simon, S. 14.
22 Ähnlich Simon, S. 26; Wendorff, S. 68.
23 Vgl. Wendorff, S. 68.
24 Siehe Wendorff, S. 69 f.

101	Aktives Zuhören gelingt der Lehrperson durch den Einsatz von verbalen Gesprächsförderern, indem sie ihr eigenes Zuhören ihren Studierenden mitteilt („Hmm"; „Ja"), nachfragt („Wie meinen Sie das?"), paraphrasiert („Habe ich Sie richtig verstanden, dass …?"), Satzbestandteile der Studierenden wiederholt („Mord ist eine Qualifikation zum Totschlag.") oder die Aussagen ihrer Studierenden zusammenfasst („… Die bedeutenderen Argumente sprechen für die Ansicht der hL").[25] Demgegenüber sollten Gesprächsstörer wie voreilige Bewertungen und gut gemeinte Ratschläge sowie eigene Interpretationen in Gesprächen mit den Studierenden unterlassen werden, um die Kommunikation nicht negativ zu beeinflussen.[26]
102	Der Lehrende als Leitperson der Lehrveranstaltung hat die Aufgabe, die Kommunikation mit seinen Studierenden in Gang zu bringen und in Gang zu halten. Insbesondere durch Fragenstellen kann er das Gespräch zwischen ihm und seinen Lernenden lenken und seine Studierenden zum Mit- und Nachdenken anregen. Durch (Nach)Fragen zeigt die Lehrperson zudem nicht nur ihr Interesse an ihren Studierenden. Durch (Gegen)Fragen gewinnt sie auch als Lehrperson Zeit zum Überlegen.[27]
103	Der Umgang mit verschiedenen Fragearten wie geschlossene Fragen, bei denen die Studierenden lediglich ein sehr eingeschränktes Antwortspektrum haben, und offene Fragen (sog W-Fragen), bei denen die Studierenden mehr als nur mit einem Wort, also mit einem vollständigen Satz, antworten, sollte jeder Lehrperson geläufig sein. Geschlossene Fragen ermöglichen, den Austausch von Informationen zu vereinfachen, Probleme einzugrenzen oder kurz und knapp auf den Punkt zu kommen, während offene Fragen dann Sinn machen, wenn der Lehrende mehr Informationen von den Studierenden erhalten möchte.[28] Darüber hinaus gibt es noch eine Reihe von weiteren Fragetechniken, die eingesetzt werden können, um dem Schweigen auf eine rechtliche Frage oÄ ein Ende zu bereiten.
104	Fragen an die Studierenden sollten möglichst kurz und eindeutig formuliert werden, um Missverständnissen im Kommunikationsprozess vorzubeugen. Bedacht sollte auch werden, den Studierenden immer genügend Zeit zum Nachdenken zu geben. Diese müssen zunächst über eine Antwort nachdenken und diese noch formulieren. Dies mag der Lehrperson selbst sehr lange vorkommen, für die Studierenden ist es genau die Zeit, die sie brauchen, um eine Antwort zu finden.[29]
105	Die Bedeutung der nonverbalen Kommunikation sollte nicht unterschätzt werden. Frei nach dem metakommunikativen Grundsatz von Paul Watzlawick kann man nicht nicht kommunizieren. Daher sollte sich der Lehrende fortdauernd bewusst machen, dass er auch immer in einem nonverbalen Kommunikationsaustausch mit seinen Studierenden steht. Anderenfalls kann dies dazu führen, dass Störungen in der Kommunikation auftauchen, ohne dass das dem Lehrenden bewusst ist. Nonverbal kann man insbesondere durch seine Köpersprache, das bedeutet durch Gestik und Mimik, durch die Stimme, das heißt durch Stimmmelodie, Stimmklang, Lautstärke, Tonfall, Schnelligkeit oder Langsamkeit der Sprache, Sprechpausen oder durch Lachen, Seufzen, also durch Verhalten jeglicher Art, kommunizieren.[30]

---

25 Ähnlich Simon, S. 112 ff.
26 Wendorff, S. 74.
27 Simon, S. 102 f.
28 Simon, S. 104 f.
29 Siehe Wendorff, S. 81.
30 Watzlawick, S. 13.

C. Wie soll gelehrt werden?

Aktives Zuhören auf nonverbaler Art ist möglich durch eine aufgeschlossene Köperhaltung gegenüber dem Plenum, durch Blickkontakt, durch Zunicken und durch den Einsatz von angemessener Mimik. Besonderes Gewicht kommt darüber hinaus dem Aushalten von Gesprächspausen des Redners zu. Vermieden werden sollte hier als Lehrender vorschnell selbst das Wort wieder zu ergreifen.[31]

c) Kommunikationsstörungen

Kommunikation läuft mindestens zwischen zwei Personen ab, dem Sender einer Nachricht (sog Kommunikator) und dem Empfänger dieser Nachricht (sog Kommunikant).[32] Zu Störungen in der Kommunikation kommt es dann, wenn Sender und Empfänger Unterschiedliches meinen und verstehen. Dabei ist das Kommunikationsmittel schlechthin, die Sprache, nicht immer eindeutig. Dies liegt daran, dass der Sender, das was er ausdrücken möchte, in Sätze *codiert* und diese dem Empfänger mitteilt. Dieser muss die Nachricht nun *decodieren*, also entschlüsseln, indem er sich fragt, was der Sender ihm mitteilen wollte. Ob er bei der Entschlüsselung mit seiner Wahrnehmung, Interpretation und sein Fühlen richtig liegt, ist nicht (immer) vorhersehbar.[33] Wenn der Lehrende nicht sicher ist, was der Studierende aussagen wollte, dann können er durch *direktes Rückfragen* („Bevorzugen Sie nun das Tatbestandsmodell?") und *Wiedergabe des Empfangenen* („Ihrer Meinung nach ist also das Tatbestandsmodell aus folgenden Gründen vorzugswürdig: 1. ..., 2. ...") herausfinden, was dieser tatsächlich sagen wollte. Auch die *Metakommunikation*, das bedeutet die Kommunikation über die Kommunikation, hilft Kommunikationsstörungen zu lösen. Dabei müssen sich Lehrperson und Studierende offen gegenüber treten und sich gegenseitig ihre Sichtweisen und Empfindungen kundtun. Dies kann beispielhaft folgendermaßen ablaufen:

Student: „Die Propädeutische Übung ist sehr anstrengend, weil wir in dieser kurzen Zeit viel zu viele Fälle nur in Form von Frontalunterricht besprechen und ich nicht mehr mitkomme!" Dozent: „Leider sind die Anzahl der zu behandelnden Fälle von den Professoren vorgegeben, aber ich werde diese Kritik weitergeben, damit das Konzept gegebenenfalls neu überdacht und überarbeitet werden kann." Selbstverständlich tragen *gegenseitiges Zuhören* und *Ausredenlassen* zusätzlich zu einer störungsfreien Kommunikation bei.[34]

d) Feedback

In den Kommunikationsprozess inbegriffen ist auch das sog Geben von Feedback. Darunter wird die Rückmeldung auf das Verhalten anderer verstanden. Feedback dient dazu, etwaige Diskrepanzen zwischen Selbst- (wie ich mich selbst sehe und was ich sagen möchte) und Fremdwahrnehmung (wie andere mich sehen oder verstehen) zu erkennen und diesen ggfs. entgegenzuwirken. In der Lehre findet man Feedback in der Regel in Form von Anerkennung und Kritik, Lob und Tadel sowie indirekter Kommunikation. Ausführliches Geben von Feedback zu Inhalten und Präsentationsverhalten ist wohl eher Proseminaren oder Schwerpunktseminaren vorbehalten.[35] In der Lehrveranstaltung erhält der Student bspw. eine Rückmeldung auf seine Frage

---

31 Wendorff, S. 73.
32 Simon, S. 16.
33 Wendorff, S. 84 f.
34 Ähnlich Wendorff, S. 86 f.
35 Simon, S. 117 f.

durch einen Hinweis wie er die richtigen Tatbestände prüft. Der Lehrende selbst bekommt durch seine Studierenden bestenfalls signalisiert, ob er verstanden wurde und ob seine Ausführungen hilfreich waren oder nicht und ob er vielleicht das Thema seinen Studierenden noch einmal auf einem anderen Weg erklären muss. Durch regelmäßige Rückmeldungen kann der Lehrende nachvollziehen, aus welchen Gründen die Studierenden nun eine Frage nicht beantworten oder einen Fall nicht lösen können.[36]

110   Die Etablierung einer Feedbackkultur bewirkt ein offenes, ehrliches und positives Arbeitsklima, was das Lernen der Studierenden unterstützt. Zudem kann der Feedback-Nehmer seine Stärken ausbauen und etwaige Fehler vermeiden.[37] Dies gelingt jedoch nur, sofern gewisse Regeln sowohl vom Feedback-Geber als auch vom Feedback-Nehmer beachtet werden. Wichtig ist hier den Studierenden aufzuzeigen, dass es um fachliche Kritik („Sachebene") und nicht um Kritik an der eigenen Person („Beziehungsebene") geht. Der Feedback-Geber sollte sich in einer angemessenen, nützlichen und hilfreichen Weise äußern und den Feedback-Nehmer direkt ansprechen. Insbesondere sollte er seine Wahrnehmung anhand konkreter Einzelheiten („Mir ist aufgefallen, dass ...") und die Wirkung auf ihn („Es hat auf mich ... gewirkt.") genau beschreiben und eine Empfehlung („Ich wünschte mir noch, dass ...") abgeben. Auch sollte gutes Feedback immer mit dem Positiven beginnen und Positives hervorheben, um dadurch die Atmosphäre etwas zu entspannen. In knapper Form kann es auch in der Weise geäußert werden, dass der Feedback-Geber zunächst ausführt, was ihm gut gefallen hat und anschließend, was er sich noch gewünscht hätte (anstelle von „Nicht gefallen hat mir ..."). Der Feedback-Nehmer hingegen sollte erst einmal lediglich zuhören und sich nicht rechtfertigen oder verteidigen. Allenfalls kann er bei Unklarheiten nachfragen, indem er Verständnisfragen stellt. In jedem Falle sollte sich der Feedback-Empfänger bedanken und sich überlegen was an der Rückmeldung zutrifft und was nicht. Ob er das Feedback annehmen möchte, entscheidet er für sich allein in einem Nachdenkprozess.[38]

111   Zusammenfassung der wichtigsten Aspekte dieses Abschnitts:

- Insgesamt gibt es drei Lehrstile.
- Der autoritäre Lehrende bereitet den Lehrstoff zwar anschaulich auf. Allerdings trägt er in der Lehrveranstaltung viel zu viele Informationen innerhalb kurzer Zeit vor, so dass die Wirksamkeit des Lernens nicht gefördert wird.
- Der kollegiale Lehrende bezieht in den Lehr-Lernprozess seine Studierenden mit ein. Es findet stets eine Interaktion in den verschiedensten Varianten statt. Dadurch kann sich Neuerlerntes besser im Gedächtnis der Studierenden festigen.
- Der Laissez-faire-Lehrstil gewährt dem Lehrenden einen phasenweisen Rückzug aus der Veranstaltung. Er überlässt das Geschehen für eine Aufgabe seinen Studierenden und greift nur im Notfall ein. Dadurch können verschiedenste Kompetenzen, wie bspw. die Sozialkompetenz, beobachtet und entsprechend reagiert werden.
- Erfolgversprechend für den Lernerfolg der Studierenden ist das Kombinieren der verschiedenen Lehrvariationen miteinander, was vor allem von den äußeren Rahmenbedingungen der Lehrveranstaltung und von der Persönlichkeit des Lehrenden

---

36 Angelehnt an Böss-Ostendorf/Senft, S. 268.
37 Simon, S. 118.
38 Ähnlich Böss-Ostendorf/Senft, S. 269 f.; Wendorff, S. 91.

abhängig ist. Auch hat der Lehrende auf diese Weise die Möglichkeit seine Lehrveranstaltung abwechslungsreich zu gestalten.
- Basierend auf einer guten Beziehungsebene werden Sachinhalte lernförderlicher vermittelt und ein positiver Kommunikationsprozess in Gang gesetzt.
- Durch Aktives Zuhören und Fragenstellen wird die Mitteilungsbereitschaft der Studierenden aktiviert und unterstützt. Aktives Zuhören und Fragenstellen sind stets gesprächsfördernd und können auch gesprächslenkend eingesetzt werden.
- Missverständnisse im Kommunikationsprozess können durch gezieltes Nachfragen oder Paraphrasieren verhindert werden.
- Im Rahmen von Rückmeldungen gilt es, deren Sinn und Zweck zu verstehen und zu erläutern und die dazugehörigen Regeln einzuhalten. Nur so ist effektives Geben und Nehmen von Feedback möglich.

D. Wer arbeitet mit wem zusammen?

Um diese wichtigen Fragen geht es in diesem Abschnitt:

- Was versteht man unter Lehrmethoden und wie kann von diesen in der juristischen Lehre effektiv Gebrauch gemacht werden?
- Wie können aktivierende Methoden in juristischen Lehrveranstaltungen zielgerichtet eingesetzt werden?

Die Frage „Wer arbeitet mit wem zusammen?" erfasst die Frage nach der Sozialform. „Sozialform" wiederrum bedeutet, die richtigen Interaktionsformen für die eigene Lehrveranstaltung auszuwählen, um die Unterrichtsgestaltung zu beeinflussen. Im günstigsten Fall geht es dabei nicht nur darum, die eigene Lehre interessanter und abwechslungsreicher zu gestalten, sondern das Lernen der Studierenden mitzusteuern und diese zu motivieren, um tatsächlich Lernerfolge bei diesen zu erzielen.

In diesem Abschnitt wird zunächst ein Blick auf die verschiedenen Standardlehrmethoden geworfen. Abschließend rücken die aktivierenden Methoden ins Blickfeld.

1. Lehrmethoden

In der Hochschullehre werden seither Lehrmethoden eingesetzt, auch wenn diese von dem ein oder anderen Lehrenden auf ein Minimum begrenzt werden. Unter einer Lehrmethode versteht man ein Verfahren, mit welchem die Lehrperson versucht, das Lernen ihrer Studierenden bewusst und planmäßig zu beeinflussen.[39] Bereits aus dieser Definition ergibt sich, dass der Einsatz einer Lehrmethode nie zu Selbstzwecken erfolgen darf. Eine Lehrmethode sollte stets zielgerichtet und effektiv verwendet werden und einen bestimmten Zweck verfolgen. Der Lehrende muss die jeweilige Methode hinsichtlich seiner Möglichkeiten und Grenzen reflektieren bevor er diese zum Einsatz bringt.[40] Das Ziel eines Juradozenten muss es sein, juristisches Wissen, Können und Verständnis so zu vermitteln, dass diese langfristig im Gedächtnis seiner Studierenden verankert werden.

Der Lehrende muss bereits bei der Planung seiner Lehrveranstaltung verschiedenste Überlegungen treffen, denn die Auswahl einer Lehrmethode ist von mehreren Faktoren

---
39 Siehe Dyrchs, S. 93.
40 Vgl. Wendorff, S. 203.

abhängig. Zum einen kommt es auf das jeweilige *Thema* an: Welche Lernziele sollen erreicht werden? Welcher Lernstoff soll vermittelt werden? Zum anderen spielt der *Adressatenkreis* eine Rolle: Wie groß ist der Teilnehmerkreis? Was an Vorwissen ist bei den Studierenden vorhanden? Sind alle auf dem gleichen Kenntnisstand? Sind die Studierenden motiviert? Kennen sie sich mit Lerntechniken aus? Wie sind ihre Lerngewohnheiten? Was erwarten sich die Studierenden von der Veranstaltung? Auch die *organisatorischen Rahmenbedingungen* wie die Lehrveranstaltungsform sowie die räumliche und mediale Ausstattung bedingen die richtige Auswahl der Lehrmethode.[41]

117　Im Folgenden wird hier zunächst auf die sog *Standardlehrmethoden* eingegangen. Darunter versteht man diejenigen Lehrmethoden, deren Einsatz in der Lehre üblich ist bzw. am meisten von Lehrenden vorgenommen wird. Häufig dienen sie als Grundlage zur Entwicklung weiterer aktivierender Methoden. Zu den typischen Standardlehrmethoden im juristischen Lehrbereich zählen der Lehrvortrag/die Präsentation, das Lehrgespräch, die Diskussion, die Gruppen- und Partnerarbeit, die Einzelarbeit, das Rollenspiel, die Exkursion sowie das Einbeziehen von Experten.[42]

a) Lehrvortrag/Präsentation

118　Eine dozentenorientierte Lehrmethode ist der Lehrvortrag/die Präsentation. Während beim Lehrvortrag der Dozent einen ausgewählten Stoffinhalt in rein mündlicher Form vorträgt, bedient er sich bei der Präsentation medialer Hilfsmittel zur Veranschaulichung.[43]

aa) Ziel und Vorgehen

119　Der Lehrvortrag/die Präsentation hat meist das vordergründige Ziel, eine möglichst große Stoffmenge in einer bestimmten Zeit (bis zu 90 Minuten) einer großen Gruppe von Studierenden (bis zu Hunderten) vorzutragen. Dabei wird der kognitive Lernzielbereich angesprochen. Diese Lehrmethode wird präferierend in Vorlesungen oder in den vorlesungsartigen großen Übungen der einzelnen Rechtsgebiete eingesetzt, in denen es hauptsächlich um die Darstellung der Grundlagen eines Faches geht. Hier geht es hauptsächlich um Wissensdarbietung, nicht um Wissensvermittlung und Wissensfestigung. Grund hierfür ist, dass diese Art von Lehrveranstaltungen eher einseitig ablaufen. Der Dozent hat die Überhand an der Vorlesung. Die Veranstaltung läuft größtenteils einseitig ab, weil die Studierenden kaum beteiligt werden. Vereinzelt bezieht der Dozent das Plenum mit ein, indem er ab und an eine Frage stellt. Zwar werden die Studierenden durch Lesen des Gesetzestextes aktiviert. Eine Interaktion zwischen dem Dozenten und den Studierenden oder den Studierenden untereinander findet in den meisten Fällen nicht statt.[44] Dies führt zwangsläufig dazu, dass nach einer geraumen Zeit die Aufmerksamkeit und die Konzentration der Studierenden nachlassen. Hier könnte ein geübter Rhetoriker durch seine Fähigkeiten Abhilfe schaffen. Hinzukommt, dass in der Regel die Konzentrationsfähigkeit eines Erwachsenen nach max. 20 Minuten zu sinken beginnt. Um diesem negativen Prozess entgegenzuwirken erscheint es sinnvoll, den Lehrvortrag/die Präsentation mit einer knappen Hinführung zum Thema zu beginnen und den Studierenden einen Überblick über die zu behandelnden

---

41　Angelehnt an Simon, S. 167.
42　Siehe Dyrchs, S. 99 ff.; Wendorff, S. 204.
43　Wendorff, S. 205.
44　Ähnlich Dyrchs, S. 97 f.; siehe auch Simon, S. 168.

D. Wer arbeitet mit wem zusammen?

Inhalte zu geben. Ferner bietet es sich an, nach einem bestimmten Themenblock stets Zwischenzusammenfassungen zu machen. Auch ist es hilfreich, wenn der Dozent an dem vorhandenen Vorwissen seiner Studierenden anknüpfen kann.[45] Auf diese Weise wissen die Lernenden, was sie in der jeweiligen Veranstaltung erwartet. Zudem haben sie durch die Zwischenzusammenfassungen zum einen die Möglichkeit zu einer kurzen Verschnaufpause und zum anderen die Möglichkeit der Wiederholung bereits dargestellter wichtiger Inhalte, was die Verankerung des Gehörten im Langzeitgedächtnis begünstigt. Der Dozent sollte stets bedenken Redepausen einzubauen, um den Studierenden auch immer eine Denkpause zu gewähren, insbesondere wenn es um den Einstieg in neue, komplexe Themen geht. Die Studierenden müssen die Gelegenheit haben, über das Gesagte nachzudenken. Auch kann der Dozent durch den Einsatz verschiedenster Medien bei der Verinnerlichung der wichtigsten Lerninhalte helfen.

bb) Vor- und Nachteile

Die Vorteile liegen bei dieser Methode auf der Hand: Der Dozent wird mit großer Wahrscheinlichkeit seine geplante Stoffmenge nicht nur für die einzelne Lehreinheit, sondern er wird voraussichtlich auch all die von den Prüfungs- und Studienordnungen vorausgesetzten Lehrinhalte „besprechen" können. Nachteilig ist hingegen die geringe Beteiligung der Studierenden, die allenfalls lediglich die Möglichkeit haben Fragen zu stellen. Ob sie hiervon in einem so großen Plenum Gebrauch machen, sei dahingestellt. Größtenteils sind die Studierenden nur passive Zuhörer, auf die die Lerninhalte, gemäß dem Nürnberger Trichter, nur einprasseln. Ob die Lerninhalte durch die Studierenden auch aufgenommen werden, ist fraglich. Lernerfolge können auch in Großveranstaltungen wie Vorlesungen mit geringer Beteiligung der Lernenden erzielt werden. Der Dozent muss das kritische Auseinandersetzen der Studierenden mit den Lerninhalten fördern. Denn Selbsterlerntes bleibt länger im Gedächtnis haften. Dies gelingt ihm entweder im Wechsel mit anderen Standardlehrmethoden oder durch den Einbau aktivierender Methoden, indem er zB zwischendurch die Studierenden kurz über einen wichtigen Punkt diskutieren oder sie alleine oder mit einem Partner eine Lösungsmöglichkeit für ein Fallproblem überlegen lässt.

120

cc) Anforderungen an die verständliche Vermittlung von Inhalten

Der Fähigkeit Inhalte verständlich vermitteln zu können kommt daher besonders in Vorlesungen eine noch größere Bedeutung zu als schon üblich. Vor allem Friedemann Schulz von Thun hat verschiedene Faktoren zur Verständlichkeit herausgearbeitet. Dazu gehören die Einfachheit des Ausdrucks, die Gliederung und Ordnung, die Kürze und Prägnanz sowie die zusätzliche Stimulanz.[46]

121

Bei der *Einfachheit des Ausdrucks* geht es um die Art der Formulierung. Sie bedeutet in diesem Zusammenhang, dass der Dozent in seiner (mündlichen und schriftlichen) Sprache auf ungeläufige Wörter verzichtet und Fachbegriffe erklärt. Die Sätze sind einfach und kurz gebaut, sprich einfach strukturiert. Wenn immer möglich werden Verben anstelle von Substantiven verwendet. Das Gegenstück hierzu ist die Kompliziertheit mit langen verschachtelten Satzkonstruktionen und unnötigen Fremdwörtern und Abkürzungen.[47]

122

---

45 So Wendorff, S. 205.
46 Schulz von Thun, Band 1, S. 142.
47 Angelehnt an Wendorff, S. 206.

123 *Gliederung und Ordnung* beziehen sich auf die äußere Übersichtlichkeit (Gliederung) und die innere Folgerichtigkeit (Ordnung). Zur Gliederung gehören ein Überblick über das Thema, Überschriften, Hervorhebung wichtiger Punkte sowie Absätze. Ordnung meint den logischen inhaltlichen Aufbau des Themas. Gliederung und Ordnung führen dazu, dass die Vortragsinhalte in einer folgerichtigen Reihenfolge stehen, diese sinnvoll gegliedert und übersichtlich aufgeteilt sind. Dabei soll der Dozent nach Abschluss eines jeden Unterthemas auf die Übersicht zurückgreifen. Gegenpol hierzu sind die Unübersichtlichkeit und Zusammenhanglosigkeit, was zur Orientierungslosigkeit bei den Studierenden führt.[48]

124 Drittes Kriterium sind *Kürze und Prägnanz*. Hier geht es zum einen um angemessene Satzlängen, knappe und präzise Formulierungen und auf den Verzicht von Floskeln, überflüssige Darstellungen und leere Phrasen (Kürze). Zum anderen geht es darum, wichtige Inhalte von unwichtigen Punkten zu trennen und die Lerninhalte basierend auf den festgelegten Lernzielen auszuwählen. Der Dozent muss sich auf das Wesentliche beschränken (Prägnanz). Das Gegenteil hierzu ist die sprachliche und inhaltliche Weitschweifigkeit. Durch zu weites Ausholen, ausführliche und umständliche Erklärungen sinkt die Aufmerksamkeit der Studierenden und sie schalten nach einer Weile ab (sprachliche Weitschweifigkeit). Der Dozent macht zu viele Exkurse zu nebensächlichen Inhalten (inhaltliche Weitschweifigkeit).[49]

125 Letztes Kriterium ist die *zusätzliche Stimulanz*. Mit der zusätzlichen Stimulanz will der Dozent die Studierenden auch persönlich ansprechen und Anreize für das Lernen schaffen. Dieses Kriterium erfasst jegliche Arten von Stilmitteln. Darunter fallen anschauliche und lebensnahe Beispiele oder Vergleiche, sprachliche Bilder, Visualisierungen, Zitate, Filme, Cartoons, Anekdoten, eigene Erfahrungen usw. Das Gegenteil hierzu ist die Nichtverwendung von zusätzlichen Anregungen wie direktes Ansprechen der Studierenden, wörtliche Rede etc. Hier kommt es darauf an, das richtige Maß an Anreizen zu schaffen: Zu viele Stilmitteln können zu einer Überflutung der Reize führen, während zu wenige Stilmitteln die Lehrinhalte langweilig erscheinen und die Arbeitsatmosphäre unpersönlich werden lassen können.[50]

126 Alle vier Kriterien haben ihre Daseinsberechtigung und sollten daher beim Abhalten der Lehrveranstaltung Berücksichtigung finden. Auf diese Weise stehen die Chancen höher, dass die Studierenden die Inhalte besser verinnerlichen.

b) Lehrgespräch

127 Eine weitere, aufgrund des Moderations- und Steuerungsbedarfs eher dozentenorientierte Lehrmethode, ist das Lehrgespräch, auch sog fragenentwickelter Unterricht. Die Stoffvermittlung erfolgt hier in einem Dialog zwischen dem Lehrenden und den Studierenden. Durch schrittweises Erklären des Dozenten, dem anschließenden Stellen von Fragen an die Studierenden und dem Verarbeiten der Antworten der Studierenden in den nächsten Erklärungsschritt entwickelt sich ein ständiges Gespräch zwischen allen Beteiligten.[51] Das Lehrgespräch eignet sich vor allem für höhere Semester wie Examenskurse, da der Dozent hier das Gespräch auf den Vorkenntnissen der Lernenden aufbauen kann. Es dient der Festigung und der Wiederholung von Wissen. Aber auch

---

48 Vgl. Schulz von Thun, Band 1, S. 144.
49 Vgl. Schulz von Thun, Band 1, S. 145 f.; Wendorff, S. 206.
50 Siehe Schulz von Thun, Band 1, S. 147.
51 Vgl. Dyrchs, S. 99; Simon, S. 168.

D. Wer arbeitet mit wem zusammen?

in Propädeutischen Übungen können Lehrgespräche in kleinerem Rahmen eingesetzt werden.

aa) Ziel und Vorgehen

Sinn und Zweck dieser Methode ist es den Lehrstoff mit den Studierenden gemeinsam zu entwickeln und diese für bestimmte Ansichten zu sensibilisieren. Durch das Lehrgespräch erfolgt eine schrittweise Wissenserarbeitung und -verarbeitung nach oben beschriebener Art. Die Lehrperson muss hierbei verschiedenste Aufgaben bewältigen. Zu diesen gehören zum einen die zielgerichtete Steuerung des Lehrgesprächs und zum anderen die präzise Strukturierung und Formulierung geeigneter interessanter Fragen, welche zum Mitdenken und zur geistigen Auseinandersetzung mit den Inhalten führen sollen.[52] Die Fragen sollten hierbei unmissverständlich sowie offen und nicht geschlossen formuliert werden, damit kein Ratespiel mit nur Ja- und Nein-Antworten entsteht. Der Schwierigkeitsgrad der Fragen sollte sich an den vorhandenen Kenntnissen und Erfahrungen der Studierenden orientieren bzw. zumindest durch intensives Nachdenken beantwortbar sein. Hierzu sollte der Lehrende auch immer wieder Denkpausen für seine Lernenden einbauen. Zur abwechslungsreichen Gestaltung des Lehrgesprächs kann sich der Lehrende verschiedenster Fragearten bedienen (Sach-, Denk-, Ursachen-, Provokations-, Rückfragen usw.).[53] Überdies gehört es auch zu den Aufgaben des Lehrenden angemessen auf die Antworten der Studierenden zu reagieren. Bei richtigen Antworten empfiehlt es sich den konkreten Nutzen aufzuzeigen. Falsche Antworten sollte der Lehrende auch als solche deklarieren, jedoch den Antwortgeber keinesfalls bloßstellen. Der Lehrende sollte darauf hinweisen, dass eine andere Antwort gesucht wird und ggfs. die Frage (in anderen Worten) wiederholen.[54]

128

bb) Vor- und Nachteile

Vorteilhaft an dieser Methode ist zum einen, dass der Lehrende durch die (Nicht-)Antworten seiner Studierenden Rückmeldungen über den Kenntnisstand, über die Fortschritte und über den etwaigen Lernerfolg seiner Studierenden erhalten kann. Zum anderen werden die Studierenden aktiv beteiligt. Des Weiteren kommt dem Lehrenden eine Steuerungsfunktion zu. Er lenkt das Gespräch zu jeder Zeit und kann somit die Gedanken der Lernenden schrittweise steuern. Hieraus ergibt sich zugleich auch die Schwierigkeit des Lehrgesprächs. Der Lehrende ist zu jeder Zeit gefordert, er muss in Vorarbeit die richtigen Fragen entwickeln und bei überraschenden Antworten muss er das Gespräch wieder auf die richtige Spur bringen, um Ausuferungen zu vermeiden. Auch ist er auf die Motivation seiner Studierenden angewiesen. Insbesondere passive Studierende muss er immer wieder ermutigen sich am Lehrgespräch zu beteiligen. Sollte der Lehrende keine Antwort auf seine Frage bekommen, dann kann er entweder seinen Studierenden mehr Zeit zum Nachdenken geben oder sich die Antworten kurz in Partnerarbeit erarbeiten lassen.[55]

129

---

52 So Wendorff, S. 207.
53 Vgl. Simon, S. 169, 103.
54 Wendorff, S. 208.
55 Ähnlich Dyrchs, S. 99; Simon, S. 169; Wendorff, S. 208.

c) Diskussion

130 Juristische Diskussionen sind weitaus umfangreicher als das bloße Unterrichtsgespräch, von dem manche Juradozenten annehmen, dass es schon eine Diskussion im klassischen Sinne sei. Die klassische Diskussion ermöglicht den Beteiligten eine vertiefende Auseinandersetzung mit den ausgewählten Themen. Sie dient dazu, dass sich die Studierenden über ein vom Dozenten vorgegebenes Thema austauschen, ihre Meinungen dazu bilden und ggfs. lernen diese zu verteidigen.[56]

aa) Ziel und Vorgehen

131 Die Diskussion bietet unterschiedliche Einsatzmöglichkeiten. Juristische Meinungsstreitigkeiten mit ihren meist gegensätzlichen Ansichten sind geradezu prädestiniert in Lehrveranstaltungen wie Propädeutische Übungen oder Examenskursen diskutiert zu werden. Die Studierenden haben die Gelegenheit sich mit den verschiedenen Sichtweisen einer Streitigkeit auseinanderzusetzen und sich Argumente für oder gegen eine Ansicht zu überlegen, um diese auch im Plenum vertreten zu können. Es geht in erster Linie nicht darum die „richtige" Ansicht zu finden, sondern herauszuarbeiten und zu verstehen, warum die Vertreter der einen Auffassung so und die der anderen Auffassung anders argumentieren. Erst in einem zweiten Schritt sollen die Studierenden lernen aus den bereits diskutierten Lösungsmöglichkeiten zu einer Entscheidung zu kommen.[57]

132 Arbeitstechnisch kommen dem Lehrenden mehrere Aufgaben zu. In der Lehrveranstaltung muss er vorab das Thema und die Zielsetzung der Methode seinen Studierenden erläutern sowie die Rahmenbedingungen mit ihnen besprechen. Zu diesen Rahmenbedingungen gehören insbesondere die Sitzordnung, die gesamte zu diskutierende Zeit, die Teilnehmerzahl (Gruppen von ca. 8–18 Studierenden), die Redezeit, die Reihenfolge der Wortmeldungen, die Einhaltung der Diskussionsregeln (Erforderlichkeit einer Meldung bei Beteiligung, Einhaltung der Redezeit, Ausredenlassen der Mitstudierenden, Begründen der eigenen Meinung, Respektieren gegensätzlicher Auffassungen usw[58]) sowie die Art und Weise der Ergebnissicherung.[59] Anschließend kann der Lehrende mit einer Hinführung und einer Frage zur Diskussion hinleiten. Empfehlenswert ist es vor Beginn der Diskussion den Studierenden noch ein paar Minuten Zeit zu geben, alleine oder gemeinsam mit dem Sitznachbarn über das Thema nachzudenken.

133 Während der Diskussion muss der Dozent darauf bedacht sein etwaige Abschweifungen zu unterbinden und immer wieder zum Thema zurückzuführen. Andererseits muss er mit eigenen Impulsen reagieren, sofern die Diskussion nicht vorankommt. Darüber hinaus sollte der Lehrende seine eigene Meinung zurückhalten, um die Denk- und Argumentationsweise seiner Studierenden nicht zu beeinflussen oder in eine bestimmte Richtung zu lenken.[60] Zuletzt sollte der Lehrende die Ergebnisse der Diskussion zusammenfassen und die wichtigsten Inhalte wiederholen.[61]

---

56 Ähnlich Dyrchs, S. 105, 247.
57 Angelehnt an Wendorff, S. 209.
58 Siehe Dyrchs, S. 250.
59 Vgl. Dyrchs, S. 248; Knoll, S. 158.
60 Siehe Knoll, S. 159, 161 f.
61 Vgl. Knoll, S. 157.

bb) Vor- und Nachteile

Die Diskussion fördert die Argumentations-, Kommunikationsfähigkeit und die sozialen Kompetenzen der Studierenden. Sie sollen einerseits befähigt werden, die von ihnen vertretene Meinung ihren Mitstudierenden gegenüber nachvollziehbar zu begründen. Andererseits sollen sie lernen anderen zuzuhören, diese ausredenzulassen, sich mit Gegenargumenten kritisch auseinanderzusetzen, andere Meinungen zu verstehen und zu respektieren.[62]

Kommt die Diskussion schwer in Gang, weil das Diskussionsthema die Lernenden nicht interessiert, ist es sinnvoll den Nutzen der Methode und die Relevanz des zu diskutierenden Themas den Studierenden immer wieder aufzuzeigen. Um eine Beteiligung aller zu gewährleisten, ist es die Pflicht des Lehrenden auch die passiven Studierenden ständig neu einzubeziehen. Dies gelingt ihm entweder durch freundliches Auffordern oder durch Herstellen einer angenehmen Arbeitsatmosphäre. Auch muss die Lehrperson in der Lage sein auf Unstimmigkeiten zwischen den Diskutierenden angemessen zu reagieren.[63]

d) Partner-/Gruppenarbeit

Eine weitere Standardlehrmethode stellt die Partner-/Gruppenarbeit dar, welche gut einsetzbar vor allem in Propädeutischen Übungen sowie Proseminaren ist. Eine Partnerarbeit in seiner einfachsten Form kann sich auch in der ein oder anderen Vorlesung anbieten. Hier geht es in der Regel darum, dass mehrere Studierende gemeinsam vorgegebene komplexe Fragestellungen in Großfällen selbstständig bearbeiten und lösen. Sie dient der Vertiefung und Festigung des juristischen Stoffes im besonderen Maße.

aa) Ziel und Vorgehen

Die Partner-/Gruppenarbeit nützt nicht nur der Verbesserung verschiedenster Schlüsselqualifikationen wie soziale und kommunikative Kompetenzen, sondern sie ermöglicht auch das Üben diverser Präsentationstechniken. Zudem versprechen die intensive Auseinandersetzung mit der gestellten Aufgabe sowie die eigenständige Entwicklung von Problemlösungen einen hohen Lernerfolg.[64]

Die Methode der Partner-/Gruppenarbeit durchläuft in ihrer Vorgehensweise verschiedene Phasen, die es bei der Durchführung zu beachten gilt. Beginnend mit Phase 1 stellt der Dozent zunächst einmal das Thema der Lehrveranstaltung im Allgemeinen und die daraus resultierende Aufgabe vor. Dabei besteht die Möglichkeit, dass entweder alle Gruppen ein und dieselbe Fragestellung bearbeiten, also jede Gruppe parallel den gesamten Fall lösen muss, oder jede Gruppe erhält eine andere Aufgabe, welches im Zusammenhang mit den anderen Inhalten steht, bspw. verschiedene Tatkomplexe eines Falles, verschiedene Kurzfälle oder andere Aufgaben mit ähnlichen Themenschwerpunkten. Letzteres bietet sich insbesondere in Proseminaren an. Beispielhaft kann hier der Lehrende die verschiedenen Zitierregeln unter den vorhandenen Gruppen aufteilen und einüben lassen. In Phase 1 ist es wichtig, die mündlich erläuterte Aufgabe den Studierenden zudem als Arbeitsblatt schriftlich auszuteilen. So können diese die Aufgabenstellung besser verinnerlichen und sie bei Bedarf immer wieder in

---

62 Ähnlich Wendorff, S. 209.
63 Vgl. Wendorff, S. 210.
64 Vgl. Knoll, S. 124.

Erinnerung rufen. Zu Orientierungszwecken ist die Angabe der Bearbeitungszeit und die Dauer und Art der Präsentation der Ergebnisse unabdingbar. In Phase 2 kommt es zur Gruppeneinteilung. Zu empfehlen ist eine Gruppengröße von max. fünf Personen, damit einzelne Studierende bei der Gruppenarbeit nicht untergehen bzw. sich nicht zurückziehen können und damit ein optimaler Arbeitsverlauf gewährleistet wird. Am schnellsten erfolgt die Bildung der Kleingruppen, wenn der Dozent diese vornimmt und die Gruppen gemäß ihrer Sitzordnung einteilt. Möglich ist auch ein Abzählen der Studierenden, ein freiwilliges Zusammenfinden oder je nach den zu verteilenden Inhalten ein Zusammenfinden nach thematischem Interesse. In der Phase 3 kommt es zur Durchführung der Kleingruppenarbeit. Jetzt geht es darum, dass jede Kleingruppe die eigene Aufgabenstellung entweder mit dem vorhandenen Vorwissen und Nachdenken oder unter Zuhilfenahme von Literatur und/oder der Rechtsprechung löst. Die Aufgabe des Dozenten besteht nun darin, regelmäßig in die einzelnen Gruppen hineinzuhorchen und bei Unklarheiten oder Fragen den Studierenden zu helfen oder Tipps bzw. Hinweise zu geben. Ein inhaltliches Intervenieren sollte nur dann erfolgen, wenn die Kleingruppe nicht zielführende Lösungen erarbeitet. In Phase 4 werden die Ergebnisse jeder einzelnen Gruppe präsentiert und anschließend diskutiert. Auch hier sollte der Dozent lediglich bei schwerwiegenden inhaltlich nicht haltbaren Informationen während der Präsentation eingreifen. Inhaltlich eher harmlose Unrichtigkeiten oder Ungenauigkeiten sollten erst nach der Präsentation angesprochen und richtig gestellt werden, damit die Studierenden nicht in der Darstellung ihrer Ergebnisse gestört werden. Nach Beendigung der Präsentation sollte sich der Lehrende bedanken und im Anschluss dem Plenum die Möglichkeit geben, Fragen zu stellen und wichtige Inhalte nochmals zu besprechen. In der letzten Phase 5 fasst der Lehrende die besprochenen Ergebnisse der Kleingruppen zusammen und ordnet diese in einen Gesamtzusammenhang ein.[65] Dadurch erhalten die Studierenden die wichtigsten Inhalte noch einmal überprüft aus der Hand des Dozierenden, so dass etwaige Zweifel der Studierenden an der Qualität der Arbeitsergebnisse beseitigt werden können.

139 Wem diese Art von Gruppenarbeit zu zeitaufwändig ist, der kann unter anderem in einer Propädeutischen Übung auf die Partnerarbeit zurückgreifen. Diese Lehrmethode bietet sich hervorragend an, um Studierende über den Prüfungsaufbau, die Prüfungsreihenfolge und über einen der zahlreichen Meinungsstreitigkeiten beraten, sich austauschen oder diskutieren zu lassen. Durch diese Methode gewinnt der einzelne Studierende dank des Austausches mit dem Sitznachbarn mehr Sicherheit hinsichtlich eines Lösungsweges und kann sich mutiger und effektiver am Unterrichtsgeschehen beteiligen. Zudem hat er so die Chance seinen aktuellen Wissensstand zu reflektieren, indem er im Austausch und im Vergleich mit seinem Sitznachbarn die Möglichkeit hat seinen eigenen Fortschritt zu überprüfen. Aufgrund der geringen Teilnehmerzahl von zwei Personen wird der Einzelne mehr gefordert als in einer Gruppenarbeit. Auf diese Weise wird eine intensivere Auseinandersetzung mit der Aufgabe ermöglicht.

bb) Vor- und Nachteile

140 Nebst obig erwähnter Kompetenzen spricht für diese Methode die intensive und kritische Auseinandersetzung mit den Inhalten, die zu einem wirksamen und erfolgversprechenden Lernen führen. Parallel können die Studierenden die Denk- und Arbeitsweise ihrer Mitstudenten in Erfahrung bringen und ggfs. ihre eigenen Lerngewohnheiten

---

65 Angelehnt an Wendorff, S. 212 f.; siehe auch Knoll, S. 124 f.

D. Wer arbeitet mit wem zusammen?

überdenken, um diese zu optimieren. Zudem nimmt die Angst der Studierenden ab Fehler zu begehen, da alle in der Kleingruppe die Verantwortung für das Ergebnis tragen. Damit schüchterne oder introvertierte Studierende sich in der Kleingruppe nicht zurückziehen können, besteht die Möglichkeit die Aufgabe der Kleingruppe in Teilaufgaben für einzelne Gruppenmitglieder zu unterteilen. Gegen diese Methode spricht der Arbeits- und Zeitaufwand. Um diesen Aspekten entgegenzuwirken, besteht jedoch die Möglichkeit, die Partner-/Gruppenarbeit zeitlich auf kürzere einzelne Lehrsequenzen der Lehrveranstaltung zu begrenzen.[66]

e) Einzelarbeit

141 Im Rahmen einer Einzelarbeit bearbeitet jeder Studierende in Stillarbeit eine Aufgabe alleine für sich. Die Aufgabe kann innerhalb von Propädeutischen Übungen darin bestehen den Sachverhalt eines Falles oder eine Norm zu lesen oder einen kurzen Fall oder einen Teilabschnitt eines großen Falles mit dem eigenen Leistungsvermögen zu lösen. Im Rahmen von Examensklausurenkursen oder Probeklausurwochen erhält der Examenskandidat die Gelegenheit eine oder mehrere Klausuren komplett alleine zu schreiben.

aa) Ziel und Vorgehen

142 Vordergründig geht es bei der Einzelarbeit in Lehrveranstaltungen darum dem Studierenden noch einmal die Chance zu geben sich selbstständig in die Aufgabe hineinzudenken und eigene Gedanken über die Aufgabenstellung zu machen, ohne von anderen Mitstudenten beeinflusst zu werden. Gerade weil kein Informationsaustausch stattfindet, ist der Einzelne vollständig auf sich alleine gestellt und erhält so, je nach zu bewältigender Aufgabenstellung, eine schonungslose Spiegelung seines momentanen Leistungsstandes. Abhängig von der zu lösenden Aufgabe sollte der Dozierende sich in der Veranstaltung während der Bearbeitungsphase zwar einerseits zurücknehmen, um nicht den Gedankenfluss der Studierenden zu hemmen. Andererseits muss er so präsent sein, um bei gravierenden Fehlern noch rechtzeitig eingreifen zu können.[67] Während einer Propädeutischen Übung bietet es sich an, die Einzelarbeit in kurzen Phasen im Wechsel mit der Partnerarbeit einzusetzen.

bb) Vor- und Nachteile

143 Nachteilig wirkt sich aus, dass keine Kommunikation und damit kein Austausch von Erfahrungen, Wissen und Sichtweisen zwischen den Studierenden stattfinden, so dass ein wichtiger lernförderlicher Faktor verloren geht. Allerdings setzt sich der Studierende mit dieser Methode am intensivsten mit der Aufgabe auseinander und kann sich alleine auf seine eigenen Gedanken und Lösungswege konzentrieren, auch wenn er nur auf seine eigenen Ressourcen zurückgreifen kann. Im Hinblick darauf, dass die Klausuren in Prüfungen ebenfalls alleine bewältigt werden müssen, dient die Einzelarbeit dazu die Klausursituation entweder im Großen durch Bearbeitung einer vollständigen Probeklausur oder verschiedener kleinerer Kurzfälle real nachzustellen und seinen eigenen Leistungsstand dadurch in Kenntnis zu bringen. Dementsprechend kann der Studierende auf seine Leistungsschwächen reagieren und der Dozierende kann beim

---

66 Siehe Dyrchs, S. 103 f.
67 Vgl. Dyrchs, S. 101 f.

Einsatz dieser Methode in der Lehrveranstaltung selbst auf die Wissenslücken seiner Studierenden reagieren und eingehen.

f) Rollenspiel

144   Durch den Einsatz eines Rollenspiels in der Lehre bekommt der Studierende die Gelegenheit sein in der Vorlesung vermitteltes bzw. erlerntes Wissen in einer simulierten Praxissituation zu erproben. Dies geschieht in juristischen Lehrveranstaltungen in der Regel durch das Nachstellen einer realen gerichtlichen Verhandlung. Insbesondere Lehrveranstaltungen im Verfahrensrecht bieten sich hierfür an.

aa) Ziel und Vorgehen

145   Ziel dieses Rollenspiels ist es die Studierenden den Juristenalltag austesten zu lassen. Die Studierenden sollen in die Lage versetzt werden einerseits das in der Vorlesung erworbene Wissen im Praxisalltag anzuwenden. Andererseits ermöglicht das Rollenspiel aber auch das Fördern bzw. Erreichen von affektiven Lernzielen. Schließlich müssen die Studierenden in der Rolle des Richters oder des Staatsanwaltes einen angemessenen Umgang mit dem Angeklagten, mit den Zeugen usw pflegen oder als Rechtsanwalt wissen, wie sie mit einem Mandanten ein Gespräch führen oder mit ihm umzugehen haben. Insbesondere in konfliktträchtigen Verhandlungssituationen muss der Studierende lernen situationsgerecht zu handeln. Dieser praktische Nutzen, welche die Studierenden aus dieser Methode ziehen können, sollte ihnen immer wieder verdeutlicht werden. Wichtig ist, dass der Dozent eine offene, angenehme Arbeitsatmosphäre schafft, damit die Studierenden ohne Hemmungen die ihnen zugewiesenen Rollen einnehmen können.

146   Die Methode „Rollenspiel" durchläuft im Idealfall folgende Phasen: Die Phase 1 dient zunächst der Vorbereitung. Hier gilt es alle Studierenden über die nachzuspielende Situation und die dazugehörigen Rollen zu informieren und jedem Spieler seine zu spielende Rolle mit etwaigen Regieanweisungen schriftlich auszuhändigen. Dies kann entweder vorab oder in der Veranstaltung selbst geschehen. Im letzteren Falle sollte den Studierenden noch Zeit gegeben werden sich in die konkrete Situation hineinzudenken. Sofern nicht alle Studierenden an dem Rollenspiel selbst beteiligt werden können, sollte der Dozent den anderen Studierenden konkrete Beobachtungsaufträge[68] inhaltlicher („Wie hat der Staatsanwalt sein Plädoyer aufgebaut?") oder kommunikativer Art („Wie kommuniziert der Richter mit dem aggressiven Angeklagten?") erteilen, damit diese auch in das Geschehen integriert werden können. In Phase 2 wird das Rollenspiel je nach gewünschter Dauer durchgeführt. Hier sollte der Dozierende nicht in das Geschehen eingreifen und dem Spiel seinen freien Lauf lassen. In Phase 3 findet die Auswertung[69] des Rollenspiels statt. In einem ersten Schritt sollten hier zunächst die Eindrücke der Spieler in Erfahrung gebracht werden. Insbesondere gilt es herauszufinden was ihnen besonders schwer oder leicht gefallen ist, in welchem Verfahrensabschnitt sie mit Problemen zu kämpfen hatten und ob sie mit ihrer selbst gefundenen Lösung zufrieden sind oder nicht. In einem zweiten Schritt kommen die Beobachter zu Wort. Diese können ihre Wahrnehmungen schildern. Die Gruppe als Ganzes hat dann die Möglichkeit über den Ablauf, die Inhalte und andere Lösungswege zu diskutieren.

---

68 Siehe Simon, S. 173.
69 Siehe Simon, S. 173.

D. Wer arbeitet mit wem zusammen?

Im Idealfall können in einer Phase 4 mögliche weitere alternative Handlungsstränge kurz durchgespielt und besprochen werden. Durch diese anschließenden Reflexionsrunden werden die Studierenden dazu animiert über ihr Spiel bzw. ihre Beobachtungen nachzudenken und sich mit diesen kritisch auseinanderzusetzen. In der letzten Phase 5 obliegt es dem Dozenten die Ergebnisse des Rollenspiels zusammenzufassen und ggfs. schriftlich festzuhalten.[70]

bb) Vor- und Nachteile

Als nachteilig kann der erhöhte Zeit- und Arbeitsaufwand zwecks Organisation, Planung, Durchführung und Nachbereitung angeführt werden. Möglicherweise müssen erst noch geeignete Räumlichkeiten gefunden werden. Auch muss der Dozent in der Lage sein das Rollenspiel angemessen zu steuern, damit die Studierenden diese Art des Praxistests ernst nehmen und nicht von einer Spaßveranstaltung ausgehen. Wird der Nutzen dieser Methode den Studierenden transparent gemacht, fördert sie ihre Motivation und die aktive Beteiligung.[71] Weiterhin wird das Einfühlungsvermögen der Studierenden dahingehend trainiert, dass sie sich im Rollenspiel in die Rolle eines Gegenspielers versetzen müssen, um so überzeugende Argumente für dessen Sichtweise zu finden. Das Rollenspiel kann so nicht nur für den Einzelnen, sondern für die gesamte Gruppe sehr ertragreich hinsichtlich der gewonnenen Erkenntnisse werden, wenn sich die Studierenden darauf einlassen. Zudem kann auch der Dozent sein Nutzen aus dieser gemeinsamen Erfahrung ziehen, indem er in den folgenden Veranstaltungen immer wieder auf die ein oder andere gespielte Situation zurückgreift und in das aktuelle Geschehen einbindet.

147

g) Exkursion

Exkursionen als Einblick in die Praxis sind möglich bspw. durch den Besuch einer zivilrechtlichen, strafrechtlichen oder verwaltungsrechtlichen Gerichtsverhandlung, eines Gefängnisses, einer sozialtherapeutischen Einrichtung, einer Stadtratssitzung und eines Syndikusanwalts in einem Unternehmen.

148

aa) Ziel und Vorgehen

Mit einem solchen Besuch beabsichtigt der Lehrende, dass die Studierenden das abstrakte Recht mit der Rechtswirklichkeit konkret verbinden können. Inhaltlich kann hier insbesondere der Verfahrensablauf beobachtet werden. Auch haben die Studierenden die Möglichkeit sich mit den Praktikern auszutauschen und einen wertvollen Einblick in die Berufswelt diverser Juristen zu erhalten.[72]

149

bb) Vor- und Nachteile

Auch hier kann allenfalls der organisatorische Aufwand sowie das Abstimmen mit einem Richter zwecks interessanter Verfahrensinhalte als Nachteil angeführt werden. Als Vorteile sind nicht nur die oben beschriebenen kognitiven Lernziele zu erwähnen,

150

---

70 Angelehnt an Wendorff, S. 216 ff.
71 Ähnlich Dyrchs, S. 106.
72 Ähnlich Dyrchs, S. 107.

sondern auch das Fördern affektiver Lernziele. In der Regel wird durch ein solches Erlebnis auch das Gemeinschaftsgefühl aller gestärkt.[73]

h) Einbeziehen von Experten

151 Wem der Besuch eines Gerichtes oder desgleichen zu aufwändig ist, den Studierenden aber dennoch eine Verbindung zwischen Theorie und Praxis ermöglichen will, hat die Möglichkeit einen Experten aus der Praxis (Rechtsanwalt, Richter, Notar usw.) in seine Veranstaltung einzuladen.

aa) Ziel und Vorgehen

152 Auch hier gilt es die Studierenden mit dem Praxisalltag vertraut zu machen. Durch die persönlichen Erfahrungen und Anekdoten der Experten haben sie die Gelegenheit von deren Wissen zu profitieren. Der Experte kann entweder einen Vortrag oder Workshop abhalten oder aber in Form eines Experteninterviews in ein Seminar eingebunden werden. Expertenvortrag und Experteninterview unterscheiden sich dahingehend, dass im letzteren Fall die Studierenden in Einzel- oder Gruppenarbeit, entweder als Hausaufgabe oder in einem der vorherigen Sitzungen, Fragen für das Interview erstellen, so dass sie sich bereits vorab mit dem Interviewthema beschäftigen. Da es sich bei einem Interview gerade nicht um einen „bloßen" Vortrag handelt, ist es wünschenswert, dass der eingeladene Experte diese Fragen und etwaige neu entstehende Rückfragen zulässt. Nachdem die Studierenden in der Sitzung ihre Fragen an den Experten gestellt haben, ist es die Pflicht des Dozenten die grundlegendsten Punkte des Interviews zusammenzufassen.

153 Mit dem Fortschritt der Digitalisierung können Expertenbefragungen auch mithilfe einer Video-Liveschaltung durchgeführt werden, wodurch etwaige Kosten minimiert werden können.[74]

bb) Vor- und Nachteile

154 Wichtig ist einen kompetenten Experten auszuwählen und einzuladen, der auch einen Zusammenhang zwischen der theoretischen Welt der Studierenden und der juristischen Berufswelt herstellen kann. Die Studierenden sollen die Gelegenheit bekommen Fragen an den Experten stellen zu können. So kann ihr Interesse für verschiedene Berufsbilder geweckt werden.

2. Einsatz von aktivierenden Methoden

155 Mit aktivierenden Methoden kann der Dozent unterschiedliche Zwecke verfolgen. Im Allgemeinen geht es darum die Studierenden in die jeweilige Veranstaltung einzubeziehen und sie aktiv werden zu lassen. Im Speziellen können aktivierende Methoden in Kennenlernrunden, zur Klärung von organisatorischen Punkten, als Hinführung zum Thema, zur Wissensvermittlung und Wissensverarbeitung oder in Abschlussrunden eingesetzt werden. Schwerpunktmäßig Bedeutung erlangen sie in juristischen Veranstaltungen in den inhaltlichen Informations- und Informationsverarbeitungsphasen, um die Studierenden in ihrem Lernen zu unterstützen und ihre Lerneffektivität und

---

73 Angelehnt an Dyrchs, S. 107.
74 Ähnlich Wendorff, S. 239.

Lerneffizienz zu fördern. Ziel ist es gerade die zuvor den Studierenden transparent gemachten kognitiven, affektiven und/oder haptischen Lernziele am Ende einer jeden Lehrveranstaltungseinheit zu erreichen.

Der Einsatz aktivierender Methoden in juristischen Lehrveranstaltungen ist stets davon abhängig in welcher Phase der Veranstaltung der Einsatz erfolgen soll (zB als Einstieg in ein neues Thema oder nach einer Inputphase), welche Lerninhalte behandelt werden (zB reine Theorie oder doch Fallbearbeitung), welche räumlichen und zeitlichen Rahmenbedingungen zur Verfügung stehen (zB Audimax oder Seminarraum; 90 min Unterricht?) und wie umfangreich die Größe der Gruppe (zB Vorlesung oder Propädeutische Übung) ist. Denn nicht jede Methode eignet sich auch für den Einsatz in Großveranstaltungen wie Vorlesungen.[75]

Hinsichtlich der aktivierenden Methoden ist auf das umfangreiche Repertoire im Kapitel „Tool 5: Aktivierende Methoden für Veranstaltungen" zu verweisen.

Zusammenfassung der wichtigsten Aspekte dieses Abschnitts:

- Lehrmethoden sind Verfahren, die eingesetzt werden können, um das Lernen der Studierenden planvoll zu lenken und zu unterstützen. Sie sind wie aktivierende Methoden abhängig vom Thema, von der Lehrveranstaltungsform und -größe sowie von Raum und Zeit einsetzbar.
- Mit dem Einsatz von Lehrmethoden oder aktivierenden Methoden hat der Lehrende die Möglichkeit seine Lehre abwechslungsreich zu gestalten und die Motivation seiner Studierenden zu wecken.
- In juristischen Lehrveranstaltungen sollten diese Methoden insbesondere in den Phasen der Vermittlung und Verarbeitung von Wissen eingesetzt werden, damit die Studierenden die Lerninhalte und die juristische Arbeitstechnik bzw. Methodenlehre überhaupt erst verstehen und dann im Idealfall im Langzeitgedächtnis ablegen können. Auf diese Weise ist ein Abrufen in der Prüfung besser gewährleistet.

E. In welchem Kontext soll gelehrt werden? – Arten von Lehrveranstaltungen

Um diese wichtigen Fragen geht es in diesem Abschnitt:

- Welche Arten von Lehrveranstaltungen gibt es?
- Was sind die Besonderheiten der einzelnen Veranstaltungstypen?
- Wie lassen sich die Besonderheiten berücksichtigen?

1. Allgemeines

Die einzelnen Veranstaltungsarten in der juristischen Ausbildung orientieren sich an den Anforderungen des Studiums. So muss gleichzeitig neben dem reinen Wissen die juristische Methodik vermittelt werden. Daneben kommt bei den Veranstaltungen die Eigenart der Abschlussprüfung hinzu. So musste im Hinblick auf die Erste Juristische Staatsprüfung eine Lösung entwickelt werden, die den Studenten die Möglichkeit bietet, ihr erworbenes Wissen konzentriert vor der Prüfung unter realistischen Bedingungen anzuwenden. Dagegen verzichten Bachelor- und Master-Studiengänge auf eine

---

75 Im weitesten Sinne Wendorff, S. 221.

allumfassende Abschlussprüfung und fordern von den Studenten die Teilnahme an semesterweisen Klausuren.

2. Vorlesungen

- Dient der Wissensvermittlung
- Nachteil: Meist große Gruppen

160 Das wesentliche Ziel der Vorlesung ist die Vermittlung von Wissen. Ihr Ursprung liegt in der Zeit vor dem Buchdruck. Damals war es erforderlich, dass das Wissen durch bloßes Vorlesen vervielfältigt werden musste. So wurden zu dieser Zeit buchstäblich die Bücher – eigene Werke des Dozenten oder Fremde – den Studierenden vorgelesen.

a) Herausforderungen in der Vorlesung

161 Die Vorlesung ist das zentrale Element in der juristischen Ausbildung. In ihr werden den Studierenden ab dem ersten Semester die Grundlagen der Rechtswissenschaft und der einzelnen Rechtsgebiete unterrichtet. Im Gegensatz zu anderen Veranstaltungsformaten, die sich zB an die Fortgeschrittenen richten oder zur Examensvorbereitung angelegt sind, wenden sich die Vorlesungen grundsätzlich an alle Semester. Darin liegt zugleich die Herausforderung, gerade wenn die Zuhörer das erste Mal mit dieser Form der Wissensvermittlung konfrontiert werden. Die Vorlesung ist dabei nicht mit dem schulischen Unterricht vergleichbar. Bei ihm zeigen sich deutliche Unterschiede: So ist die Gruppengröße meist erheblich geringer als in einer (juristischen) Veranstaltung. Weiterhin zeichnet sich der Schulunterricht dadurch aus, dass – bedingt durch die kleinere Größe – eine Interaktion mit dem Lehrenden möglich ist. Letztere lässt sich in der Vorlesung nicht ohne Weiteres umsetzen.

162 Daneben stellt die Vorlesung weitere Herausforderungen sowohl an den Dozenten als auch die Teilnehmer. Gerade im Massenfach Jura ist vor allem in den Anfangssemestern mit einer erheblichen Teilnehmerzahl zu rechnen. Sie führt dazu, dass die Veranstaltungen unruhig sind, oft kein konzentriertes Arbeiten möglich ist und viele kleine und große Störungen auftreten. Durch die große Anzahl an Hörern hat der Lehrende weiterhin das Problem, bei der Durchführung von Gruppenarbeiten nicht alle Teilnehmer betreuen zu können. Stattdessen wird er immer nur punktuell weiterhelfen können. Das Problem wird noch dadurch verstärkt, dass in den Hörsälen lediglich die an den Gängen befindlichen Sitzreihen angesprochen werden können. Was sich weiter Innen abspielt, darauf hat der Vortragende keinen Einfluss.

163 Ein weiteres Problem der Vorlesung ist, dass bei den Studierenden die Schwelle zu Störungen niedriger liegt. Das mag daran liegen, dass eine Art „soziale Kontrolle" nur eingeschränkt stattfindet. Wo in einem kleinen Seminarraum mit 30 Teilnehmern der Respekt sowohl gegenüber den anderen Teilnehmern als auch dem Dozenten deutlich höher ist, scheint dieser Effekt in Massenvorlesungen zu schwinden. Das zeigt sich zB beim späteren Kommen oder früheren Gehen.

164 Die Vorlesung fordert den Dozenten weiterhin bei der Technik. Das fängt bei Kleinigkeiten wie zB einem Overheadprojektor an. In einem (kleinen) Seminarraum ist ein Projektor beim Einschalten sofort einsatzfähig. In Hörsälen müssen aufgrund der Lichtverhältnisse und der größeren Distanz zwischen Projektor und Leinwand andere Projektoren verwendet werden, die eine gewisse Aufwärmphase fordern. Nichts anderes gilt für die Audio-Technik. In nahezu allen Hörsälen wird eine Beschallung nur

mittels eines Mikrofons möglich sein. Ein 90-minütiger Unterricht ohne Technik lässt sich vor einer Gruppe mit 200 Teilnehmern nur schwer durchführen. Die technischen Einrichtungen erfordern aber gewisse Kenntnisse, die sich der Dozent frühzeitig vor Beginn der Vorlesungsphase aneignen muss, um Hektik unmittelbar vor der Veranstaltung zu vermeiden.

b) Möglichkeiten der Interaktion

aa) Interaktion mit den Teilnehmern

Die Interaktion mit den Teilnehmern kann viele Facetten haben. So können zB an die Studierenden einzelne Fragen gestellt werden. Diese müssen nicht zwingend vorbereitet werden, sondern können aus dem gerade Gelehrten entwickelt werden. Dabei sind einerseits reine Verständnisfragen denkbar, die lediglich darauf zielen, bereits Dargestelltes nochmals anhand einer Frage zu rekapitulieren. Solche Fragen haben zwei Aspekte: Einerseits erhält der Dozent ein Feedback, ob seine Teilnehmer seinem Vortrag folgen können. Sie können gerade dann eingesetzt werden, wenn der Dozent feststellt, dass bei der Gruppe Aufnahmeschwierigkeiten bestehen. Das kann er an verschiedenen Zeichen festmachen. So kann bei den Hörern eine Unruhe auftreten, die sich zB dadurch zeigt, dass sich Einzelne dem Sitznachbarn zuwenden. Oder aber die Studierenden werden ruhiger und neigen eher zum Schweigen. In dieser Situation ist eine Verständnisfrage der sinnvollste Weg, um festzustellen, ob die Teilnehmer noch dem Vortrag folgen können. Dabei empfiehlt sich, die Frage auf den gerade vermittelten Stoff zu beziehen. Verständnisfragen zeigen gerade dort ihren Vorteil, wo das Thema schwierig wird. Soll zB das Abstraktions- und Trennungsprinzip erklärt werden, so könnte nach folgendem Schema vorgegangen werden: Zunächst wird das Abstraktionsprinzip dargestellt. Sind diese Erläuterungen abgeschlossen, stellt der Dozent konkrete Fragen, die entweder einzeln oder im Rahmen einer Gruppenarbeit beantwortet werden. Als zweckmäßig hat sich erwiesen, die soeben gemachten Ausführungen schlichtweg in Fragen umzuwandeln. Wurden die richtigen Antworten gegeben, so kann eine weitere Aufgabe gestellt werden, die idealerweise mehr ins Detail geht.

165

Andererseits dient die Verständnisfrage den Studierenden, für sich selbst zu reflektieren, ob sie die Aussagen des Dozenten verstanden haben. Im Idealfall vermerken sich die Teilnehmer in ihren Mitschriften oder in einem Skript, an welcher Stelle der Gruppe eine konkrete Frage gestellt wurde und ob der Einzelne sich diese nicht selbst beantworten konnte. Nach Ende der Veranstaltung könnte der Stoff nachbereitet, Unklares aufbereitet und entsprechend verfestigt werden. Der Dozent kann in der Vorlesung hierzu einen Hinweis geben, in dem er die Studierenden auffordert, die Antwort selbst zu recherchieren. Daraus kann sich am Ende jeder Veranstaltung eine Art Hausaufgabe ergeben, bei der die Teilnehmer einzelne Fragen selbstständig recherchieren. Das hat vor allem bei den Erstsemester-Studierenden den Vorteil, dass sie lernen, sich selbst mit der juristischen Literatur auseinanderzusetzen und sich das Wissen anzueignen. Ein Vorteil, der sich in jeder Phase des Studiums auszahlt.

166

Neben den Verständnisfragen hat der Dozent die Möglichkeit, sog einführende Fragen seinem Publikum zu stellen. Sie dienen in erster Linie dazu, bei den Teilnehmern bereits Bekanntes abzurufen und dadurch eine Verknüpfung mit dem nachfolgend neuen Wissen herzustellen. Hier empfiehlt sich, gezielt nach Kenntnissen zu fragen, bei denen sich der Lehrende sicher sein kann, dass seine Teilnehmer darüber verfügen. So kann im Beispiel zum Abstraktions- und Trennungsprinzip zunächst den Teilnehmern die

167

Frage gestellt werden, ob allein durch den Abschluss eines Kaufvertrages der Käufer Eigentümer der Sache wird. In Abhängigkeit vom Kenntnisstand wird ein Großteil innerhalb der Gruppe mit einem Nein votieren. Aber es wird einzelne Hörer geben, die sich entweder unsicher sind oder sogar davon ausgehen, dass der Kaufvertragsschluss bereits zum Eigentumserwerb führt. Hier sollte dann eine kurze Erläuterung nicht fehlen. Im nächsten Schritt kann gefragt werden, an welchen Merkmalen das Abstraktionsprinzip im Gesetz erkennbar wird.

168 Statt Fragen im Zusammenhang mit dem unterrichteten Rechtsgebiet können auch solche aus anderen Bereichen gestellt werden. Soll zB der Begriff der Fremdheit im Strafrecht erläutert werden, so können zunächst die Begriffe „Eigentum" und „Besitz" herangezogen werden. Abhängig vom jeweiligen Niveau der Veranstaltung kann nach der Abgrenzung der beiden Begriffe gefragt werden. Darauf aufbauend hat der Dozent die Möglichkeit, den Begriff „fremd" zu erläutern. Einerseits hat dieses Vorgehen einen gewissen Wiederholungseffekt. Andererseits wird dadurch verhindert, dass Begriffe, die vermeintlich gleichlautend sind oder denselben Inhalt haben, vermischt oder verwechselt werden.

169 Die einführenden Fragen können auch dazu genutzt werden, an die vergangene Vorlesung zu Beginn der nächsten anzuknüpfen. In diesem Fall wird der Stoff aus der letzten Vorlesung in einem Frage-Antwort-Wechsel wiederholt. Diese Vorgehensweise bringt den Vorteil mit sich, dass einerseits den Hörern die wesentlichen Aspekte der letzten Veranstaltung dargestellt werden. Die Fragen haben dabei nicht nur einen rein wiederholenden Effekt, sondern dienen ebenso dazu, den Teilnehmern eine Wissenskontrolle anzubieten. Sie können dadurch überprüfen, ob sie einerseits den Inhalt noch präsent haben. Andererseits wird den Studierenden, die in der letzten Veranstaltung nicht anwesend sein konnten, kurz der Stoff anhand von Fragen dargeboten.

170 Beide Arten von Fragen – Verständnisfragen und einführende Fragen – lassen sich mit den hier dargestellten Methoden anreichern. Statt die Fragen lediglich direkt zu stellen, lässt sich anhand der verschiedenen aktivierenden Übungen die Vorlesung einerseits auflockern, andererseits konzentrierter gestalten.

171 Auch die Bearbeitung von Fällen lässt sich in einer Vorlesung umsetzen. Allerdings ist bei ihr – im Unterschied zur Propädeutischen Übung oder zum Tutorium – die Mitarbeit der Teilnehmer deutlicher reduziert. Die Fallbearbeitung läuft in diesem Format überwiegend ohne eine Interaktion ab. Dennoch lassen sich auch hier Fragen an das Publikum stellen und damit die Lösung der Aufgabe erzielen. Deshalb spricht im Ergebnis nichts dagegen, die Arbeit am Sachverhalt mit anschließender Subsumtion in eine Vorlesung einzubauen.

172 Vor allem in Vorlesungen stellt sich die Frage, ob sich genügend Teilnehmer bei Fragen in die Runde beteiligen werden. Im Vordergrund steht dabei das Problem, dass sich viele vor einer großen Gruppe nicht produzieren wollen und stattdessen Zurückhaltung üben. Allerdings lehrt die Erfahrung, dass sich selbst in noch so großen Gruppen Zuhörer finden, die sich in der Veranstaltung einbringen wollen. Sie gehören nicht unbedingt zu den „Mitgliedern" der ersten Sitzreihe, sondern sind überall im Raum zu finden. Sollen Studierende aufgerufen werden, so stellt sich die Frage, in welcher Weise das geschehen soll. Da im seltensten Fall dem Dozenten die Namen seiner Hörer bekannt sind, kann er letztlich nur durch den Einsatz einer Geste gegenüber der jeweiligen Person diese ansprechen. Das stellt den akzeptabelsten Weg dar, um mit den Teilnehmern in Interaktion zu treten. Von der teilweise geübten Praxis, Studierende

anhand äußerer Merkmale – „Die Blondine", „Der Student mit dem roten Pullover" – zu benennen, sollte Abstand genommen werden. Diese Vorgehensweise hat gegenüber der konkreten Person eine im Ansatz diskriminierende Weise und wirft die Frage auf, ob der Dozent dadurch nicht zugleich seine Souveränität infrage stellt.

Möchte der Dozent gerade bei großen Veranstaltungen mit einem Großteil der Teilnehmer Blickkontakt aufnehmen, so empfiehlt sich dabei, mit den Augen durch den kompletten Raum zu schweifen. Dazu stellt sich der Lehrende ein „M" oder ein „Z" vor und wandert damit durch die Stuhlreihen. Zwar kann damit nicht verhindert werden, dass dennoch einzelne Teilnehmer „übersehen" werden. Dennoch spricht er eine Vielzahl seiner Studierenden an und verharrt nicht lediglich auf einem einzigen Blickpunkt. 173

Eine elegante Form, einen Zuhörer aufzurufen, besteht darin, ihm zunächst mit einer Geste anzudeuten, dass er nun das Wort hat. Hierzu bietet sich an, die ausgestreckte Hand in seine Richtung weisen zu lassen. Sobald sich der Teilnehmer angesprochen fühlt, kann er zunächst nach seinem Namen gefragt werden. Dabei sollte diese Frage offen gestaltet werden, im Sinne von: „Wollen Sie mir Ihren Namen nennen?" Damit bleibt es ihm überlassen, ob er diesen mitteilen will. Hat sich der Studierende daraufhin geäußert, kann die Beantwortung der Frage angeschlossen werden. Melden sich in der Vorlesung regelmäßig dieselben Personen, so bietet die Frage nach dem Namen die weitere Möglichkeit, sich diesen zu merken und in den folgenden Veranstaltungen die Teilnehmer direkt namentlich anzusprechen. Diese Gruppe stellt einen verlässlichen „Partner" dar. Auf sie kann sich der Dozent verlassen, wenn sich auf eine Frage ansonsten niemand meldet. Oft kommt es vor, dass diese Zuhörer sich nicht einmal melden, sondern allein anhand der Mimik mitteilen, dass sie die Frage beantworten können und wollen. 174

Selbst wenn sich auf eine Frage niemand meldet, muss das kein Beinbruch sein. Solche Situationen kommen immer wieder vor und sollten den Dozenten nicht aus der Ruhe bringen. Sie stellen keinen Gesichtsverlust dar, sondern sind ein normaler Bestandteil in einer Lehrveranstaltung. Sollte nach einer gewissen Wartezeit – 30 Sekunden sind in dieser Situation eine gefühlte Ewigkeit – sich kein Hörer melden, so beantwortet der Lehrende die Frage einfach und ohne große Umschweife selbst. Die Gründe, warum sich niemand gemeldet hat, können verschiedene Ursachen haben. Möglicherweise konnten die Studierenden mit der Frage nichts anfangen oder sie hatten eine Antwort schlichtweg nicht parat. Selbst die Teilnehmer, die sich regelmäßig melden, können einfach keine Lust gehabt haben, sich zu melden. Ein Grund hierfür kann zB sein, dass sich der eine oder andere Studierende bereits in einer Veranstaltung mehrmals geäußert hat und kein weiteres Mal mehr möchte. 175

bb) Interaktion mit dem Dozenten

Aus der Perspektive der Hörer gestaltet sich die Interaktion mit dem Dozenten in Vorlesungen schwieriger als aus dessen Perspektive. Das fängt schon im Kleinen damit an, dass sich manche Teilnehmer ihre Frage aufgrund der Größe der Gruppe nicht zu stellen wagen. Damit geht die Chance verloren, eine Unklarheit zu bereinigen, die im Regelfall nicht nur einen Einzelnen betrifft. Die Gruppengröße bringt den weiteren Nachteil mit sich, dass eine Person, die sich meldet, um sich zu beteiligen, übersehen werden kann. Das Problem wird noch dadurch verstärkt, dass bei Verständnisschwierigkeiten der Dozent die gehobene Hand uU erst gar nicht bemerkt. Dem 176 kann dadurch begegnet werden, dass so viel Kontakt mit dem Publikum aufgebaut wird, wie möglich ist. Daneben kann bereits in der ersten Vorlesung im Semester vereinbart werden, dass Studierende mit einer Frage sowohl ihre Hand heben, als auch gleichzeitig das Wort „Frage" in den Raum werfen. Dadurch kann bei großen Hörsälen sichergestellt werden, dass der Dozent einerseits nicht ständig das komplette Auditorium „überprüfen" muss und andererseits keine Frage im Publikum untergeht.

177 Ein weiteres Problem stellt in großen Räumen die Akustik dar. Kann in einem Seminarraum in den meisten Fällen noch jeder Teilnehmer verstehen, welche Frage durch einen seiner Kommilitonen gestellt wurde, so ist das in einem Hörsaal nicht mehr zwangsläufig sichergestellt. Hinzu kommt, dass die Schallquelle aus dem Publikum hinweg weist und teilweise sogar der Dozent aufgrund einer leisen Stimme des Studierenden nicht einmal die Bemerkung verstehen kann. Deshalb empfiehlt sich, die Frage für den Rest der Gruppe zu wiederholen. Die Möglichkeit, ein Handmikrofon durch die Reihen zu geben, sollte nicht genutzt werden. Das kostet zu viel Zeit und stört den Ablauf der Veranstaltung.

178 Abschließend ist festzuhalten, dass die Vorlesung noch immer die Veranstaltung ist, die auf die Vermittlung von Wissen angelegt ist. Sie hat zwar gewisse Nachteile insbesondere aufgrund der meist großen Gruppen. Letztlich lassen sich diese Schwierigkeiten allerdings durch eine gute Vorbereitung und durch den Einsatz von Methoden – selbst wenn es nur eingestreute Fragen sind – kompensieren. Gelingt das, so kann eine Vorlesung eine effektive Plattform darstellen.

3. Propädeutische Übungen

179 Im Gegensatz zur Vorlesung, die überwiegend auf die reine Wissensvermittlung angelegt ist, hat die propädeutische Übung in erster Linie die Anwendung der gelernten Kenntnisse zum Ziel. Deshalb steht hier die Fallbearbeitung im Fokus. Aus diesem Grund richtet sich diese Veranstaltungsart an kleinere Gruppen.

180 Im Idealfall sind Vorlesung und propädeutische Übung verzahnt: In einem Veranstaltungsturnus steht am Anfang die Vorlesung. Die nachfolgenden Übungen greifen das dort vermittelte Wissen auf und zeigen den Teilnehmern, wie sie es in der Fallbearbeitung anwenden. Leider lässt sich dieses Dogma nicht gänzlich durchhalten. So kommt es oft zu zeitlichen Unterschieden zwischen der Vorlesung und der Übung. Manchmal sind beide Veranstaltungstypen gar nicht aufeinander abgestimmt. Dann läuft die Übung selbstständig neben der Vorlesung und nur aus reinem Zufall deckt sich deren Stoff mit dem der Übung.

181 Um das Problem mit dem unterschiedlichen Lauf zu lösen, stehen verschiedene Möglichkeiten zur Verfügung. So kann der Übungsleiter zunächst versuchen, seine Veranstaltung anhand des Vorlesungsplans auszurichten. Sollte kein solch ein Plan zur Verfügung stehen, so empfiehlt sich ein logischer Aufbau anhand der Systematik des Gesetzes. Das stößt allerdings dort an seine Grenzen, wo in der Übung vertieft Fälle besprochen werden sollen. Einzelne Themengebiete lassen sich nur dann erschöpfend darstellen, wenn sie über mehrere Termine hinweg behandelt werden. Um diese „Streckung" umsetzen zu können, müsste die Vorlesung entsprechend koordiniert werden, was schon allein aufgrund des Umfangs des Stoffes und der begrenzten Zeit in einem Semester nicht ohne Weiteres möglich ist.

Eine weitere Möglichkeit besteht darin, die Teilnehmer jeweils am Ende der Stunde zu fragen, wie weit nunmehr die Vorlesung vorangeschritten ist. Dann könnte der Dozent seinen Stoff in etwa auf die Taktung der Vorlesung anpassen. Umgekehrt wäre auch denkbar, dass unmittelbar vor Beginn des jeweiligen Termins der Übung die Studierenden gefragt werden, was in der letzten Vorlesungseinheit dargestellt wurde. Das setzt allerdings voraus, dass der Übungsleiter auf verschiedene Themen vorbereitet ist. Gleichzeitig hat es den Nachteil, dass die Teilnehmer keine Möglichkeit hatten, sich bereits im Vorfeld mit dem in der Übung zu bearbeitenden Fall auseinanderzusetzen. Sofern nicht alle Fälle bereits am Beginn des Semesters ausgeteilt wurden, müsste zudem in dieser Situation erst einmal der Sachverhalt den Hörern zugänglich gemacht werden.

4. Tutorien

Gerade den Anfangssemestern fällt es schwer, die juristische Denkweise anzunehmen, mit der Subsumtionstechnik Fälle zu bearbeiten und das erlernte Wissen im Fall anzubringen. Hierfür wurden Tutorien eingerichtet. Sie haben sich zur Aufgabe gemacht, das grundlegende Handwerkszeug in kleinen Gruppen den Studenten meist fallbezogen zu vermitteln. Dabei werden die Tutorien durch Studenten geleitet, was dahin gehend einen Vorteil darstellt, dass die Schwelle eine Frage zu stellen sinkt.

Das Problem der Tutorien besteht aber genau in diesem Vorteil: Meist finden sich als Dozenten Studenten aus dem direkt nachfolgenden Semester. Ihnen fehlt allerdings des Öfteren das Wissen, wenn es über die eigentliche Veranstaltung hinausgeht. Ferner wird den Tutoren oft nicht das didaktische Handwerkszeug vermittelt, das für die Tutorien erforderlich ist. Dieses Problem lässt sich zwar reduzieren, in dem der Lehrstuhl bei der Auswahl der Dozenten besonders kritisch vorgeht und gleichzeitig dafür sorgt, dass sie sich an die inhaltlichen Vorgaben detailliert halten. Dennoch kann eine solche Veranstaltung weder inhaltlich noch didaktisch mit den anderen Formaten verglichen werden.

Wesentlich bei der Durchführung eines Tutoriums ist es, dass die Teilnehmer am konkreten Fall die Anwendung der Subsumtionstechnik und die Arbeit mit dem Gesetzestext üben. Das erfordert, dass jeder einzelne Schritt – von der Bildung des Obersatzes, über die richtige Wiedergabe der Definition hin zur Subsumtion und letztlich zum Ergebnis – detailliert dargestellt wird. Das benötigt Zeit, gerade wenn noch materielle Probleme erörtert werden sollen. Deshalb gilt hier: Weniger ist mehr. Statt in einer Veranstaltung zwei Fälle jeweils nur oberflächlich zu behandeln, empfiehlt sich lediglich die Bearbeitung eines Sachverhalts. Dafür können hier einzelne Aspekte (dennoch) schwerpunktmäßig dargestellt werden. So kann zB detailliert die Formulierung eines Obersatzes geübt werden, wofür in einer Propädeutischen Übung kaum Zeit zu finden sein dürfte. Das Tutorium gibt hierfür aber gerade den Raum, der auch ausgenutzt werden sollte.

Ein Problem im Rahmen dieser Veranstaltungsform stellt oft die fehlende Vorbereitung der Teilnehmer dar. Das kann mannigfaltige Gründe haben: Einzelne scheitern womöglich daran, sich den Sachverhalt zu organisieren, andere haben ihn vergessen mitzubringen und manche hatten schlichtweg nicht die Zeit dazu, sich mit ihm auseinanderzusetzen. Hier hilft neben einer konsequenten Erinnerung der Studenten an die Wichtigkeit einer Vorbereitung, als Dozent den Sachverhalt zu lesen oder ihn durch einen Teilnehmer vorlesen zu lassen. Alternativ – oder gar zusätzlich zum Vorlesen –

kann dieser auch durch einen Teilnehmer in eigenen Worten zusammengefasst werden. Damit hat der Tutor zugleich die Gewissheit, dass der Inhalt des Falles richtig verstanden wurde.

187 Neben diesen Problemen stellt sich ferner die Frage, ob von den Hörern verlangt werden sollte, in der Veranstaltung mitzuschreiben. Dieser Aspekt gewinnt gerade bei einem Tutorium an Wichtigkeit, erlaubt es doch vor allem dort eine intensive Arbeit mit einem entsprechenden Lerneffekt. Andererseits bindet diese Tätigkeit die Aufmerksamkeit der Teilnehmer. Im schlimmsten Fall wird das Tutorium nur noch zu einer „Mitschreib-Veranstaltung", in der die Studenten versuchen, jedweden Aspekt zu notieren. Dem kann entgegnet werden, dass nach jeder Einheit eine ausführliche Lösungsskizze mit allen relevanten Punkten zur Verfügung gestellt wird. Damit wird der Fokus von der Anfertigung einer Mitschrift auf die Mitarbeit zur Lösung des Falles verlagert. Das hat auch für den Dozenten den Vorteil, dass ihm mehr Aufmerksamkeit geschenkt wird. Letztlich sollten sich die Teilnehmer nur noch dort Notizen machen, wo es um für sie relevante Aspekte geht.

5. Proseminar

188 Das Proseminar dient zum einen dazu, die Rechtsgebiete abzudecken, die zum jeweiligen Schwerpunktbereich zu zählen sind. Es stellt somit eine Vertiefungs- und Spezialisierungsveranstaltung dar. Zum anderen geht es in diesen schwerpunktmäßig um das Erlernen und Üben des wissenschaftlichen Arbeitens.

189 Der Zweck dieser Veranstaltung zeichnet sich zum einen dadurch aus, dass den Teilnehmern keine allgemeinen Grundlagen auf dem jeweiligen Bereich, sondern detaillierte Kenntnisse vermittelt werden. Daraus folgt, dass von ihnen zugleich ein entsprechendes Grundwissen verlangt werden kann. Demnach würde ein Proseminar, in dem zu einem größeren Teil zunächst Grundlagen dargestellt werden, nicht den Anforderungen gerecht. Die Erwartungen, die an diese Veranstaltungsform geknüpft werden, würden damit enttäuscht werden: Der Teil der Teilnehmer, der über ein gefestigtes Grundwissen verfügt, würde sich gerechtfertigt die Frage stellen, ob sich der Besuch überhaupt lohnt. Gleichzeitig sollte gegenüber den Teilnehmern, die über Lücken im Basiswissen verfügen, kommuniziert werden, dass es ihre Aufgabe – und nicht die der Veranstaltung – ist, diese zu schließen. Damit gehören allgemeine Erörterungen nur dann zur Tagesordnung, wenn sie spezifische Probleme im Zusammenhang mit dem zu vertiefenden Rechtsgebiet darstellen. Zum anderen muss der Dozent seine Studierenden mit den Formalien (zB Erstellen von Inhalts- und Literaturverzeichnis sowie Fußnoten; richtiges Zitieren) und dem Schreiben (zB Herangehensweise an das Thema; Auseinandersetzung damit; Text produzieren) einer wissenschaftlichen Arbeit sowie deren mündliches Vortragen im Plenum vertraut machen, um diese bestmöglich auf das Erstellen der wissenschaftlichen Arbeit im Schwerpunktseminar vorzubereiten.

6. Examenskurs

190 Das Ziel des Examenskurses besteht darin, die Teilnehmer vertieft auf das Examen vorzubereiten. Hier geht es nicht mehr um die Vermittlung von „neuem" Wissen, stattdessen soll bereits Bekanntes ergänzt werden. Das kann zB durch die Besprechung von aktuellen (höchstrichterlichen) Entscheidungen umgesetzt werden. Dabei stellt sich die Frage, inwiefern durch den Dozenten eine Auswahl nach examensrelevanten Themen erreicht werden kann. Hierfür werden sich allerdings nur schwer Kriterien

finden lassen, da die Gestaltung von Examensklausuren von vielen Zufälligkeiten abhängt. Deshalb sollte bei der Festlegung der Inhalte des Examenskurses in erster Linie auf eine „gute Mischung" geachtet werden. So kann zB bei einer Veranstaltung zum Strafrecht im ersten Drittel des Semesters der Schwerpunkt auf Probleme aus dem Allgemeinen Teil, im zweiten Drittel aus dem Besonderen Teil und zu guter Letzt aus dem Prozessrecht gesetzt werden.

Weiterhin können – sofern Zugriff darauf besteht – aktuelle Klausuren aus der Staatsprüfung besprochen werden. Hierbei ist aber zu berücksichtigen, dass aus zeitlicher Sicht gewisse Grenzen bei der Besprechung gesetzt sind. Deshalb sollten Schwerpunkte gebildet werden: So empfiehlt es sich, nur die Aspekte zu erörtern, die in der Klausur problematisch sind. Bekanntes, das letztlich ohne Probleme zu prüfen war, sollte ausgeblendet werden. So sollte zB bei der Besprechung einer Klausur aus dem Öffentlichen Recht darauf verzichtet werden, dass der prozessuale Teil, der keine Schwierigkeiten enthält, detailliert dargestellt wird. Die (knappe) Zeit sollte stattdessen für die Besprechung materiellrechtlicher Probleme genutzt werden.

7. E-Learning/Blended Learning

In der juristischen Lehre gab es bereits vor Jahrzehnten den Ansatz programmierten Unterrichts. Hierbei wurden dem Studenten Materialien an die Hand gegeben, die er mittels konkreter Anweisungen durcharbeitete und sich damit das entsprechende Wissen erschloss. Die beim Einsatz dieser Methode erlangten Erfahrungen lassen sich entsprechend auf das E-Learning bzw. Blended Learning übertragen. Während beim E-Learning der Lernvorgang regelmäßig vollständig elektronisch stattfindet, stellt das Blended Learning lediglich eine Kombination aus einerseits der Präsenzveranstaltung, andererseits dem E-Learning dar. Es dient letztlich mehr zur Ergänzung und soll die Studenten zur Wiederholung und Vertiefung anregen.

Der Einsatz von E-Learning im Unterricht bzw. als dessen Ergänzung lässt sich nur dann sinnvoll umsetzen, wenn eine entsprechende (und ausgereifte) Lern-Plattform zur Verfügung gestellt wird. Hierzu gehören zB Moodle, ILIAS und Stud.IP. Sollte der Dozent darauf angewiesen sein, dass er die technischen Voraussetzungen selbst schafft, ist der zeitliche Aufwand nicht mehr gerechtfertigt.

Die jeweiligen Lernplattformen bieten mittlerweile verschiedene Möglichkeiten, um Stoff darzubieten und zu wiederholen. Darunter kann zB die Durchführung eines Multiple-Choice-Tests, die Erstellung einer Wissensdatenbank („Wiki") oder eine Abstimmung zu bestimmten Thesen fallen. Damit offerieren die Plattformen mehr Möglichkeiten als die bloße Ablage von Sachverhalten und Lösungen in Form von Dateien.

Trotz der mannigfaltigen Möglichkeiten, die die Lernplattformen bieten, bestehen jedoch zwei Probleme: Zunächst muss der Dozent die Inhalte entwickeln und einstellen. Für Letzteres ist er auf die technische Umsetzbarkeit und Bedienerfreundlichkeit angewiesen. Hierfür muss er allerdings über Zeit verfügen, die er zusätzlich zur Veranstaltung aufwenden muss. Daneben müssen die Studenten dazu motiviert werden, die Angebote zu nutzen. Trotz der heutigen Affinität für technische „Spielereien" bedeutet das nicht zwingend, dass das E-Learning-Angebot auch genutzt wird.

Das E-Learning bzw. Blended Learning bietet sich an, um zumindest punktuell den Unterricht zu ergänzen. Wichtig dabei ist, den zeitlichen Aufwand nicht aus den Augen zu verlieren und gleichzeitig die Studenten zur Nutzung zu motivieren. Trotz einiger

Tendenzen ist aber momentan nicht davon auszugehen, dass dadurch die Präsenzveranstaltungen überflüssig werden.

197 Zusammenfassung der wesentlichen Aspekte dieses Abschnitts:

- Die Besonderheit in der Hochschullehre besteht in den verschiedenen Veranstaltungsformen.
- Neben der Vorlesung mit mehreren hundert Studenten ist genauso ein Seminar mit gerade einer Handvoll Teilnehmern denkbar.
- Die unterschiedlichen Formen fordern vom Dozenten allerdings, dass er mit ihnen umgehen kann.
- Jede Veranstaltungsform hat ihr spezifisches Ziel, wie zB die Vorlesung die (reine) Wissensvermittlung. Unter dieser Prämisse sollte sie geplant und durchgeführt werden.

F. Womit soll gelehrt werden?

198 Um diese wichtigen Fragen geht es in diesem Abschnitt:

- Welche Medien gibt es?
- Was sind die Besonderheiten dieser Medien?
- Wie lassen sich diese Medien in den Veranstaltungen einsetzen?

Der Gebrauch von Lehrmedien in der Veranstaltung stellt keinen Selbstzweck dar, sondern dient dem Transport der Informationen. Sie dienen also dazu, den Teilnehmern das Wissen nicht nur auf auditiver, sondern auch auf visueller Ebene näher zu bringen. Das erfordert allerdings, dass die jeweiligen Medien sinnvoll und zielgerichtet genutzt werden, was wiederum von der einzelnen Gerätschaft abhängt. Gewöhnlich finden sich in Veranstaltungsräumen eine Wandtafel, ein Overheadprojektor und meist auch ein Beamer.

1. Wandtafel/Whiteboard

- Herkömmliches Lehrmedium, geeignet für kleine und große Gruppen, wird zunehmend durch Whiteboards ersetzt
- Vorteile: Kein großer Aufwand beim Anschrieb, Unabhängigkeit von der Technik, spontaner Einsatz ebenso möglich wie Darstellung komplexer Sachverhalte
- Nachteile: Aufwand bei einer Dokumentation, Schriftgröße abhängig von der Größe des Veranstaltungsraums

199 Die Wandtafel war über Jahrzehnte hinweg das Lehrmedium schlechthin. An ihr können ohne großen Aufwand und technische Abhängigkeit sowohl abstrakte Strukturen und Sachverhalte als auch Lösungen skizziert werden. Die Tafel kann einerseits dazu genutzt werden, bereits vor der Veranstaltung einzelne Elemente anzuschreiben. Im ersten Fall kann der Dozent ein komplexes Schaubild an der Tafel vorbereiten. Dazu empfiehlt sich eine Skizze auf Papier, um nicht erst unmittelbar vor Beginn der Veranstaltung das Bild entwickeln zu müssen. Andererseits kann auf ihr spontan etwas vermerkt werden. Das bietet sich insbesondere bei der Lösung eines Falles an, die erst zusammen mit den Hörern entwickelt wird. Sie kann auf der Tafel meist vollständig dargestellt werden. Das ist der Vorteil gegenüber der Verwendung eines Overheadprojektors oder Beamers. Dort lässt die Größe der Folie bzw. der Präsentation nur eine

F. Womit soll gelehrt werden?

bestimmte Menge an Informationen zu. Ferner lassen sich etwaige Fehler problemlos durch einen Schwamm tilgen. Wird während der Anwesenheit der Teilnehmer etwas an der Tafel notiert, so hat das den Nachteil, dass diesen der Rücken zugedreht und damit der Blickkontakt verloren geht. Um diesen Effekt zu mildern, empfiehlt sich, dass der Dozent während der Anschrift den von ihm geschriebenen Text laut wiedergibt.

Der wesentliche Vorteil einer Tafel besteht darin, dass sich Sachverhalte sowohl mit als auch ohne Beteiligung der Teilnehmer entwickeln lassen. Das bezieht sich nicht nur auf die reine Fallbearbeitung, sondern auch die Wissensvermittlung in der Vorlesung. Der Dozent kann zB eine Skizze zur Gesetzessystematik aufzeichnen. Soll etwa das Verhältnis verschiedener Begriffe zueinander dargestellt werden („Zustimmung" – „Einwilligung" – „Genehmigung"), so lässt sich anhand eines Schaubildes der Zusammenhang zu diesen einzelnen Begriffen im BGB herstellen. Dazu ist keine große zeichnerische Fähigkeit erforderlich. Die Darstellung lässt sich durch die Anschrift der jeweiligen Begriffe und die Verbindung mit simplen Strichen bereits umsetzen. **200**

Die Tafel bietet einen weiteren Vorteil dort, wo in der Veranstaltung spontan etwas skizziert werden soll, selbst wenn statt ihr ein Overheadprojektor oder Beamer genutzt wird. Dabei kann sie einerseits als eine Art Merkzettel dienen, wenn zB bei einer Fallbearbeitung seitens der Zuhörer Aspekte angesprochen wurden, die zwar wichtig, aber an der gerade besprochenen Stelle nicht relevant sind. Ein solcher „Merkzettel" lässt sich bei einer Projektion über den Beamer nur schwer umsetzen. Selbst auf einer Overhead-Folie wird meist kein ausreichender Platz vorhanden sein, um ohne Ablenkung vom sonstigen Inhalt etwas zu vermerken. Durch die räumliche Trennung ist einerseits sichergestellt, dass dieser zusätzliche Aspekt von den Teilnehmern zunächst keine weitere Aufmerksamkeit erfordert, andererseits besteht nicht die Gefahr, dass dieser in Vergessenheit gerät. **201**

Ein Nachteil der Arbeit an der Wandtafel besteht darin, dass die darauf festgehaltenen Anschriebe sich nur schwer dokumentieren lassen. Während sich eine für den Beamer vorbereitete Präsentation ohne Aufwand den Teilnehmern in elektronischer Form zur Verfügung stellen lässt, ist eine solche Weitergabe bei einer Tafelanschrift nicht möglich. Selbst per Hand erstellte Overhead-Folien lassen sich einscannen und den Teilnehmern übermitteln. In den seltensten Fällen wird der Dozent den kompletten Inhalt seiner Veranstaltung und das, was an der Tafel festgehalten werden soll, bereits vorher entwickelt haben. Sollte das der Fall sein, so könnte diese Skizze den Teilnehmern an die Hand gegeben werden. Im Regelfall wird die Tafelanschrift mehr oder weniger aus der Situation heraus entstehen. Dann kann lediglich ein Foto von der Tafel zu Dokumentationszwecken aufgenommen und das an die Teilnehmer verbreitet werden. Dafür ist aber eine entsprechende Ausrüstung erforderlich, die insbesondere mit den Lichtverhältnissen in Hörsälen umgehen kann und in der Lage ist, kontrastreich die weiße Farbe auf der dunklen Tafel wiederzugeben. Ein solches Fotoprotokoll wird uU aus mehreren Bildern bestehen, sofern sich der Anschrieb über die gesamte Tafelfläche zieht. **202**

Neben der aufwendigen Dokumentation bietet dieses Lehrmedium einen weiteren Nachteil: die Schriftgröße. Das Arbeiten an einer Tafel erfordert gerade bei großen Räumen besondere Aufmerksamkeit vom Dozenten: Seine Schrift muss einerseits auch aus der letzten Reihe noch lesbar sein. Andererseits soll sie nicht so groß sein, dass nur wenige Informationen auf der Tafel Platz finden. Deshalb sollte bereits vor einer **203**

Veranstaltung überprüft werden, in welchem Verhältnis die Schrift dargestellt werden soll. Nur so lässt sich sicherstellen, dass alle Teilnehmer dem Tafelanschrieb folgen können.

204 Eine Variante der Wandtafel ist das sog Whiteboard. Statt wie bei der Tafel auf einer dunklen – meist dunkelgrünen – Fläche mit Kreide schreiben zu müssen, besitzt das Whiteboard eine weiße Oberfläche. Auf ihr kann lediglich mit besonderen Whiteboard-Markern geschrieben werden. Die Nutzung anderer Stifte, wie zB solche für Flipcharts, hat den Nachteil, dass sich diese, wenn überhaupt, dann nur schwer entfernen lassen. Waren früher Whiteboards meist in Hörsälen nicht anzutreffen, ersetzen sie zunehmend die herkömmlichen Wandtafeln. Whiteboards haben den Vorteil, dass auf der weißen Fläche Farben besser zur Geltung kommen. Daneben lässt sich der Anschrieb mit einem Reinigungstuch ohne Wasser problemlos entfernen. Letztlich entsteht kein Kreidestaub, der von manchen Dozenten als störend empfunden wird. Aus didaktischer Hinsicht unterscheidet sich das Whiteboard im Übrigen nicht von der klassischen Wandtafel.

2. Overheadprojektor

- Trotz des Einzugs des Beamers noch immer ein Medium mit Daseinsberechtigung
- Vorteile: Aus technischer Sicht einfache Handhabung, lässt sich grundsätzlich sofort ein- und ausschalten
- Nachteile: Besonders bei großen Räumen nicht unbedingt lichtstark, Umgang erfordert etwas Übung

205 Neben der Wandtafel stellte der Overheadprojektor über Jahrzehnte hinweg ein wesentliches Element bei der Visualisierung von Lehrinhalten dar. Mit dem Einzug des Beamers in die Veranstaltungsräume wurde der Projektor zunehmend verdrängt. Allerdings bietet er noch immer Vorteile, die der Beamer nicht aufweist. Der technische Aufwand hinter dem Overheadprojektor ist deutlich geringer. Das fängt schon damit an, dass der Projektor für sich allein benutzbar ist. Beim Beamer ist zusätzlich noch ein Rechner erforderlich. Ein weiterer Vorteil besteht darin, dass der Projektor grundsätzlich ohne Anlaufzeit zur Verfügung steht, während beim Beamer dieser erst eine gewisse Startzeit benötigt. Lediglich bei speziellen Projektoren, die Hochleistungslampen enthalten, ist eine längere Einschaltphase notwendig. Diese kurzen Zeiten erlauben gleichzeitig, den Projektor jederzeit aus- und wieder einzuschalten. Somit ist er nur dann aktiv, wenn er tatsächlich benötigt wird. Bei einem Beamer scheuen die Dozenten wegen dessen Startzeit oft diesen auszuschalten, wenn er nicht benötigt wird. Das hat zur Folge, dass die Teilnehmer durch das konstante Rauschen gestört werden, was vor allem in kleinen Räumen nachteilig ist. Beim Projektor lässt sich das durch die Möglichkeit eines sofortigen Starts verhindern.

206 Ein weiterer Vorteil des Overheadprojektors besteht darin, dass die Folien vorbereitet werden können, gleichzeitig aber durch leere Folien die Möglichkeit besteht, in der Veranstaltung spontan weitere Inhalte zu entwickeln und zu präsentieren. So kann zB im Rahmen einer Fallbearbeitung die Lösung bereits vorher auf Folien gedruckt werden. Ergeben sich in der Übung weitere Aspekte, so können diese auf der Blanko-Folie dargestellt werden, ohne dabei die vorbereiteten Folien nutzen zu müssen. Weiterhin können zB Grafiken oder Bilder auf Folien kopiert werden. Um den Teilnehmern anzuzeigen, wo sich der Dozent gerade befindet, kann er einen Stift an der entsprechenden Stelle platzieren.

F. Womit soll gelehrt werden?

Im Gegensatz zum Beamer kann auf der Folie noch während der Präsentation ein Aspekt ergänzt oder hervorgehoben werden. Was bei einer Beamer-Präsentation mit erheblichem Aufwand verbunden ist – der Dozent muss den Präsentations-Modus beenden und diese bearbeiten –, lässt sich auf einer Folie simpel mit einem entsprechenden Stift umsetzen. Dadurch wirkt die Arbeit mit einem Projektor deutlich dynamischer als die mit dem Beamer, bei dem letztlich nur statisch Inhalt präsentiert wird.

Bei der Benutzung sollte der Umlenkspiegel des Projektors so eingestellt sein, dass die Projektion genau dort endet, wo sich das obere Ende der Leinwand befindet. So kann verhindert werden, dass ein Teil der Projektion an der Decke stattfindet.

Wird mit dem Overheadprojektor in Räumen gearbeitet, in denen die Sitzreihen nicht nach oben hin ansteigen, so besteht die Gefahr, dass Teilnehmer im hinteren Bereich des Raums den unteren Teil der Folie nicht mehr ausreichend sehen können. Deshalb empfiehlt es sich, die Folie nicht im Hoch- sondern im Querformat zu nutzen. Dadurch zwingt sich der Dozent selbst, nur einen Teil der Projektionsfläche für seine Aufschrift heranzuziehen. Weiterhin erlaubt das Querformat, mehrere Aspekte nebeneinander anzuordnen. Das ist zB dann von Vorteil, wenn verschiedene Theorien dargestellt werden sollen: Diese können auf einer Höhe angeordnet werden.

Ein Nachteil von Overheadprojektoren besteht darin, dass diese regelmäßig nicht besonders lichtstark sind. Lediglich Spezialgeräte, die für die Verwendung in Hörsälen konstruiert sind, verfügen über eine entsprechende Lichtstärke. Solche Geräte sind deutlich teurer als die regulär verwendeten Projektoren. Diese Geräte unterscheiden sich dadurch, dass sie wegen der Verwendung einer speziellen Lampe zugleich eine längere Einschaltphase benötigen.

Letztlich ist der Overheadprojektor trotz seiner etwas altmodischen Anmutung noch immer ein Lehrmedium, das in Veranstaltungen jeglicher Art genutzt werden kann und auch genutzt wird. Das liegt einerseits an seinem unkomplizierten Gebrauch, andererseits daran, dass – im Gegensatz zu einer Beamer-Projektion – Folien entweder vollständig mit den Zuhörern entwickelt oder zumindest ergänzt werden können.

3. Beamer
- Mittlerweile im Präsentationsbereich das führende Medium
- Vorteile: Umfangreiche Gestaltungsmöglichkeiten
- Nachteile: Große technische Anfälligkeit, lädt zur Überfrachtung ein, Hörer neigen zum Konsumverhalten

In der Anfangszeit der Präsentation mit Computern wurden noch Overheadprojektoren genutzt: Auf sie wurden spezielle LCD-Panels gesetzt, die die Darstellung am PC-Monitor auch über den Projektor auf die Leinwand brachten. Mit der Zeit verselbstständigte sich die computergestützte Projektion mithilfe der Beamer. Die Software „PowerPoint" von Microsoft war ursprünglich nicht zur Präsentation gedacht. Stattdessen lag ihr Hauptanwendungsbereich darin, Folien für Overheadprojektoren zu entwickeln. Erst die Kombination von Rechner, Beamer und einer Präsentationssoftware machte die heute übliche Darstellung überhaupt erst möglich.

Die Verknüpfung von zwei Hardware-Elementen bedeutet eine erhebliche Anfälligkeit für technische Pannen. So müssen neben dem Rechner die Kabelverbindung, der Beamer und die Kommunikation zwischen den Komponenten funktionieren. Fällt ein Element aus, scheitert die komplette Projektion. Manchmal lässt sich der Beamer allein

214 deshalb nicht benutzen, weil eine Fernbedienung fehlt und dieser bereits nicht gestartet werden kann. Zusätzlich muss der Dozent mit der Bedienung der Präsentationssoftware vertraut sein. Dazu gehört insbesondere, dass er weiß, wie er sich ohne großen Aufwand zwischen mehreren Folien bewegen kann.

214 Der Einsatz einer Präsentationssoftware verführt dazu, den Inhalt der Folien zu überfrachten. Das kann einerseits bei der Menge des Textes, andererseits bei der Verwendung von zusätzlichen grafischen Elementen oder Animationen der Fall sein. Aber auch hier gilt, dass wenig oft mehr ist. Wird auf den Folien zu viel Text untergebracht, so führt das neben einer schlechteren Lesbarkeit zu einer Überforderung der Teilnehmer. Deshalb empfiehlt es sich, nicht mehr als fünf Punkte auf eine Folie zu übernehmen.

215 Gleichzeitig bieten heutige Präsentationsprogramme mannigfaltige Möglichkeiten zur Foliengestaltung. Das fängt mit der Farbpalette an, geht über Animationen bis hin zur Einbindung von Videos. Nicht alle diese Angebote sind in einer Veranstaltung zielführend. So mögen die verschiedenen Variationen, zB mit Text in die Präsentation „fliegen" zu können, zwar verführerisch sein. Allerdings lenken sie doch eher vom Inhalt ab. Noch deutlicher wird dies, wenn es um die Nutzung von Bildern und Grafiken geht: Zwar ist es nicht falsch, Folien grafisch auszuschmücken. Das hat aber dort sein Ende, wo die eigentliche Information dadurch in den Hintergrund tritt. Dann hat die Grafik oder das Bild ihre Funktion als Veranschaulichungsobjekt gänzlich verloren und folgt nur noch einem reinen Selbstzweck. Ganz abgesehen davon stellt sich die Frage, ob die genutzten Objekte aus urheberrechtlicher Sicht überhaupt eingebunden werden dürfen. Hierzu ein Beispiel aus der Praxis: Ein Gastdozent hielt einen Vortrag zum Sportrecht und nutze eine Präsentationssoftware. Auf seinen Folien fand sich in einer Ecke die Animation eines Fußballers, der mit seinem Fuß Ballkunststücke vollführte. Mit jeder neuen Folie variierte das Können des Spielers. Nach kurzer Zeit konzentrierte sich nahezu das gesamte Auditorium nur noch auf den Fußballer und sein nächstes Kunststück.

216 Ein weiteres Problem der Präsentation von Wissen über einen Beamer ist die oft berichtete Konsumhaltung der Zuhörer: Durch den Aufbau einer großen Leinwand und einer bunten „Show" entsteht ein Kino-Feeling. Doch auch der Umstand, dass bei dem Einsatz eines Beamers keine „Störung" auftritt – niemand läuft vor der Tafelanschrift herum oder schreibt auf der Overhead-Folie – dürfte dazu beitragen, dass diese Zuschauer-Haltung noch verstärkt wird.

217 Sollen in einer Präsentation während der Veranstaltung noch weitere Aspekte ergänzt werden, so stellt das den Dozenten vor größere Schwierigkeiten. Im Gegensatz zur Tafel und zum Overheadprojektor, wo sich grundsätzlich jederzeit ein Gedanke hinzufügen lässt, muss zunächst der Präsentationsmodus verlassen werden. Im nächsten Schritt muss die Folie bearbeitet werden, um dann wieder die Präsentation zu starten. Spontanes Ergänzen sieht anders aus. Oft wird sich neuer Inhalt sowieso nicht ohne Weiteres hinzufügen lassen, soll nicht der Aufbau der Folie durcheinandergebracht werden. Möchte der Dozent dennoch einen Aspekt ergänzen, empfiehlt sich eine „Verlagerung" auf ein anderes Medium. Hier kann die Wandtafel gute Dienste leisten. Der Overheadprojektor wird sich nicht nutzen lassen, denn hierfür müssten vor Ort die entsprechenden Folien und Stifte vorrätig sein. Außerdem wäre eine weitere Präsentationsfläche nötig, die nicht die des Beamers überdeckt.

4. Visualizer

- Kann als Ersatz für einen Overheadprojektor genutzt werden
- Vorteil: Erlaubt mittels Kamera die Projektion von Gegenständen
- Nachteil: Erfordert die Nutzung eines Beamers

Ein relativ neues Mitglied in der Familie der Lehrmedien ist der Visualizer. Er kann als eine Art Weiterentwicklung des Overheadprojektors angesehen werden. Sein wesentliches Merkmal ist, dass sich über einer Arbeitsfläche ein Kopf mit einer Kamera befindet, die das Bild mittels eines Beamers projiziert. An dem Kopf ist regelmäßig ein Beleuchtungselement angebracht. Daraus folgt zugleich ein weiteres, wesentliches Merkmal: Der Visualizer ist kein eigenständiges System, sondern benötigt zusätzlich einen Projektor. Damit ist der Benutzer ebenso abhängig von der Technik wie bei der Arbeit mit einem Beamer. 218

Im Vergleich zum Overheadprojektor bringt der Visualizer den Vorteil mit, dass nicht nur Folien dargestellt werden können, sondern ganze Objekte, die ansonsten lediglich als Schatten auf der Leinwand angekommen wären. In technischen Studiengängen kann damit ein Gegenstand wie zB ein Kugellager wiedergegeben werden. Allerdings ist in der Rechtswissenschaft dieser Vorteil nicht besonders überzeugend, gibt es doch wenige Objekte, die auf diese Weise den Studierenden zu zeigen sind. Damit stellt der Visualizer in der juristischen Ausbildung lediglich eine Art Ersatz für den Overheadprojektor dar. Um mit ihm zu arbeiten ist dann allerdings keine Folie notwendig. Stattdessen genügt ein weißes Blatt, das beschrieben wird. Bei der Auswahl des Stiftes sollte darauf geachtet werden, dass die Linien nicht zu dünn erscheinen. Deshalb empfiehlt sich im Gegensatz zu einem Kugel- ein Filzschreiber. Gleichzeitig sollte der Nutzer darauf achten, dass die Arbeitsfläche ausreichend ausgeleuchtet ist. 219

5. Flipchart/Pinnwand

- Bietet sich vor allem bei kleineren Gruppen an
- Vorteil: Kann ohne großen technischen Aufwand genutzt werden
- Nachteil: Lässt sich bei großen Gruppen kaum sinnvoll einsetzen, sind nicht überall vorhanden

Die Flipchart und die Pinnwand gehören zum gängigen Material bei der Durchführung von Seminaren in der freien Wirtschaft. Sie haben sich dort deshalb etabliert, weil sie wenig technischen Aufwand mit sich bringen und gleichzeitig erlauben, bestimmte Inhalte bereits vorab zu erstellen. 220

Die Flipchart stellt letztlich nichts anderes dar als der Träger eines großen Blattes Papier. So ist sie auch zu nutzen: Statt auf einem Blatt der Größe DIN A4 seine Gedanken zu notieren, kann der Dozent diese einem größeren Kreis an der Flipchart vermitteln. Lediglich die schräge Anordnung erfordert etwas Übung bei Erstellung des Anschriebs. Mit ihr können bereits Inhalte vor Beginn der Veranstaltung vorbereitet werden. Hierzu nutzt der Dozent einen Block aus Flipchart-Papier und entwirft darauf seine Ausführungen. Während seines Vortrags kann er zwischen den einzelnen Seiten hin- und herspringen. Ferner kennt sie weder ein Einschalten noch einen Stromverbrauch. Deshalb kann die Flipchart gerade dort sinnvoll eingesetzt werden, wo ein bestimmter Inhalt während der Veranstaltung konstant präsent sein soll. Dabei kann es sich zB um einen Zeitplan oder um einen Gesetzestext handeln. 221

222 Die Pinnwand kann einerseits genauso genutzt werden wie die Flipchart. Auf ihr können Inhalte präsentiert werden, die für die Veranstaltung eine durchgehende Relevanz aufweisen. Sie kann aber ferner dort eingesetzt werden, wo einzelne Inhalte entwickelt werden sollen. Kommt die Flipchart dort an ihre Grenzen, wo mehr als ein Blatt genutzt werden soll, kann die Pinnwand deutlich mehr Informationen aufnehmen. Daneben wird sie gerade bei kleineren Gruppen dazu genutzt, wenn einzelne Teilnehmer oder Gruppen ihre Ergebnisse dem Plenum vorstellen sollen. In diesem Fall bringen sie ihre – sinnvollerweise auf Moderationskarten notierten – Ausführungen mit Nadeln an der Wand an. Das bringt weiterhin den Vorteil mit sich, dass einzelne Karten flexibel angeordnet werden können. So lassen sich zB verschiedene Themen-Cluster bilden, die uU im Verlauf der Veranstaltung noch variiert werden.

223 Der Nachteil von Flipchart und Pinnwand ist, dass diese nicht zwingend in jedem Raum zur Verfügung stehen und deshalb oft erst mühsam dorthin transportiert werden müssten. Dieses Problem wird meist noch durch das Gewicht beider Hilfsmittel und die Unhandlichkeit gerade der Pinnwand verstärkt. Weiterhin ist darauf zu achten, dass die entsprechenden Utensilien wie etwa Moderationskarten, Flipchart-Stifte und Pinnwand-Nadeln zur Verfügung stehen.

6. Interaktives Whiteboard

- Neueste Entwicklung im Bereich der Präsentationstechnik
- Vorteil: Lässt eine Kombination zwischen Projektion mit einem Beamer und dem Anschrieb an einer Tafel zu
- Nachteil: Erheblicher Kostenaufwand, erhöhte technische Anfälligkeit

224 Mittlerweile finden sich immer mehr als interaktives Whiteboard bezeichnende Kombinationen aus Beamer, Computer und Präsentationsfläche in Veranstaltungsräumen. Teilweise werden diese nach den Produktnamen der Hersteller als „Smartboard" oder „ActivBoard" bezeichnet. Bei ihnen wird mithilfe eines Beamers auf eine weiße Fläche der Inhalt einer (PowerPoint-)Präsentation projiziert. Gleichzeitig erlaubt die Technik des Boards, den Computer entweder mittels der Hand oder spezieller Stifte zu bedienen. So können zB in der Präsentation einzelne Aspekte hervorgehoben werden. Letztendlich handelt es sich dabei um eine Erweiterung der Projektion mit einem Beamer: Ist es dort mit erheblichem Aufwand verbunden, in der laufenden Präsentation Anmerkungen oder weitere Gedanken einzufügen, so lässt sich dies mit dem interaktiven Whiteboard deutlich leichter umsetzen.

225 Allerdings ist die Anschaffung eines solchen Geräts mit erheblichen Kosten verbunden. Daneben muss der Umgang mit ihm geschult werden, da verschiedene Bedienungsschritte für eine sinnvolle Nutzung eingehalten werden müssen. Letztlich ist die Kombination aus mehreren Geräten nochmals technisch anspruchsvoller und damit anfälliger als es bisher bereits bei der gewöhnlichen Präsentation mithilfe eines Beamers war. So kann schon der Verlust eines Stiftes für das Whiteboard dazu führen, dass es nicht mehr mit der eigentlichen Intention genutzt werden kann.

226 Zusammenfassung der wesentlichen Aspekte dieses Abschnitts:

- Eine Festlegung auf das „richtige" Medium gibt es nicht.
- Der Dozent trifft selbstständig die Auswahl anhand seiner eigenen Präferenzen und den Inhalten seiner Veranstaltung.

- Der Umgang mit jedem Medium erfordert eine gewisse Übung.
- Umso technisch fortschrittlicher die Medien sind, umso anfälliger sind sie.

G. Im Besonderen: Fernunterricht mittels Bildübertragung

Um diese wichtigen Fragen geht es in diesem Abschnitt: 227

- Welche Formen der Videoübertragung gibt es?
- Über welche Funktionen sollten die Systeme verfügen?
- Wie unterscheidet sich der Fernunterricht von der Präsenzform?

Soll mit den Studierenden Fernunterricht durchgeführt werden, stellt sich die Frage, in welcher Form eine Videoübertragung eingesetzt werden soll. Nur so lässt sich sicherstellen, dass mit ihnen auch eine visuelle Verbindung hergestellt werden kann.

1. Videokonferenzsoftware als Alternative

In diesem Fall bietet es sich an, eine Videokonferenzsoftware zu nutzen. Zwar sind einzelne Veranstaltungsräume an den Hochschulen mittlerweile mit einer entsprechenden technischen Ausrüstung versehen, die eine Videoübertragung direkt aus dem Raum zulässt. Das hat allerdings einerseits den Nachteil, dass hierfür unter Umständen eine weitere Person erforderlich ist, die die Anlage bedient. Andererseits muss der Dozent dann in diesem Raum stehen und von dort aus seine Veranstaltung durchführen. Das bringt mit sich, dass er sich letztendlich vor einem nicht besetzten Auditorium befindet und seinen Vortrag ins Leere hinein halten muss. Zusätzlich bekommt er meist auch kein Feedback seiner Teilnehmer, da er lediglich mittels einer Kamera aufgezeichnet wird, die sodann das Bild über das Internet überträgt. Diese Situation ist weniger mit einer Videokonferenz als mehr mit einer Situation im Fernsehstudio vergleichbar, bei der der Moderator in die Kamera spricht, sein Publikum aber nicht wahrnehmen kann. 228

Im Gegensatz dazu ermöglicht eine Videokonferenzsoftware beim eigenen Vortrag gleichzeitig die Teilnehmer zu sehen, sofern diese zumindest ihre eigene Kamera aktiviert haben. Das lässt – mit gewissen Abstrichen – beim Dozenten den Eindruck, als würde er eine Veranstaltung in der Präsenzform durchführen. Außerdem bekommt er ein „direktes" Feedback durch die Reaktionen der Teilnehmer, ob sie ihm folgen können. 229

Diese Software hat weiterhin den Vorteil, dass sie ohne großen Aufwand sowohl beim Dozenten als auch bei den Studierenden installiert werden kann. Ferner ist neben den Lizenzgebühren regelmäßig kein weiterer Investitionsbedarf insbesondere für Hardware gegeben. Das setzt allerdings voraus, dass auf beiden Seiten neben der Ausstattung mit einem Mikrofon und einem Lautsprecher auch eine (Web-)Kamera vorhanden sind. Das gehört jedoch mittlerweile zur Standardausrüstung zumindest bei Notebooks. Unabhängig davon bewegen sich die Preise für brauchbare Webcams heutzutage schon um die 30 Euro. 230

Essenziell für den Einsatz einer Videoübertragung ist allerdings eine hohe Bandbreite der Internetverbindung. Nur so ist sichergestellt, dass einerseits die Teilnehmer dem Dozenten ohne Verzögerung folgen können. Andererseits ist nur dadurch eine sinnvolle Kommunikation der Studierenden sowohl mit dem Dozenten als auch mit den Teilnehmern möglich. Zwar dürfte sich im städtischen Umfeld die Verbindungsge- 231 schwindigkeit im akzeptablen Bereich befinden. Das sieht allerdings ganz anders aus, wenn die Teilnehmer sich im ländlichen Raum aufhalten. Hier ist nach wie vor noch nicht garantiert, dass eine störungsfreie Verbindung hergestellt werden kann.

232 Sollte mangels einer entsprechend erforderlichen Bandbreite eine Videoübertragung nicht möglich sein, hat der Dozent die Möglichkeit, den Teilnehmer zur Deaktivierung des Bildes anzuhalten. In diesem Fall wird dann lediglich der Ton übertragen. Diese Umstellung führt zu einem erheblich geringeren Datenvolumen und lässt in vielen Fällen eine Übertragung auch dann zu, wenn ein Video ansonsten nicht möglich ist. Unabhängig davon bietet die eine oder andere Videokonferenzsoftware die Möglichkeit, dass sich die Teilnehmer nicht nur mit einem Computer einwählen, sondern auch mittels eines Telefons. Dafür braucht der Studierende allerdings die spezifischen Einwahldaten. Da es sich hierbei aber meist um „normale" Festnetznummern handelt, fallen zusätzliche Telefongebühren an, sofern keine Verträge mit einem Pauschaltarif abgeschlossen wurden.

2. Videokonferenzsoftware im Überblick

a) Bildtelefonie-Software

233 Auf dem Markt befinden sich verschiedene Angebote von Videokonferenzsoftware. Diese sind in erster Linie auf verschiedene Zielgruppen ausgelegt. So gibt es einerseits Software, die weniger eine Videokonferenz mit mehreren Teilnehmern im Blick hat, stattdessen eher als Bildtelefonie-Software angeboten wird. Beispiel hierfür sind Skype oder die Videofunktion von Instant-Messaging-Diensten, wie zB WhatsApp oder Instagram.

234 Beides lässt sich nur sehr eingeschränkt in der Hochschullehre verwenden. Das liegt vor allem daran, dass diese Angebote sich in erster Linie an die Teilnehmer einer 1-zu-1-Kommunikation wenden. Sie mögen vielleicht im Rahmen einer Betreuung oder eines Mentoring sinnvoll nutzbar sein. Sollen mehrere Teilnehmer hinzugefügt werden, scheitern diese Dienste meist bereits an der Höchstzahl der möglichen Partizipanten. Weiterhin lassen diese – wenn überhaupt – nur sehr bedingt die Übertragung von Unterlagen während einer laufenden Sitzung zu.

235 Ein zusätzlicher Nachteil besteht darin, dass viele dieser Anwendungen in erster Linie für die Nutzung mittels eines Smartphones ausgelegt wurden. Zwar lassen sich (mittlerweile) einzelne Dienste auch über einen Desktop nutzen, was aber teilweise nur mit eingeschränkten Funktionen möglich ist. Was hier aber gänzlich nicht geht, ist die Übertragung der Bildschirmansicht sowohl vom Dozenten als auch von den Teilnehmern. Erforderlich ist zudem in vielen Fällen die Installation einer entsprechenden Applikation, die als Funktionalität auch die Durchführung von Videoübertragung anbietet. Das ist vor allem dort problematisch, wo die Software in erster Linie hierfür gar nicht ausgelegt ist. Als Beispiel soll Instagram dienen: Dort besteht die Möglichkeit von Videoanrufen. Der eigentliche Zweck dieser Anwendung besteht aber darin, visuelle Inhalte für Abonnenten zu posten. Die Videotelefonie-Funktion ist dagegen lediglich ein Zusatz, der aber nicht im Vordergrund steht und dementsprechend auch nur Grundfunktionen zur Verfügung stellt. Sofern darüber eine Kommunikation stattfinden soll, müsste von den Studierenden die Installation der gesamten Instagram-App verlangt werden, was bei dem einen oder anderen Nutzer – insbesondere wegen der Verbindung zum Facebook-Konzern – durchaus auf Widerspruch stoßen könnte.

G. Im Besonderen: Fernunterricht mittels Bildübertragung

b) Videokonferenzsoftware

Daneben gibt es Software, die explizit auf die Durchführung von Videokonferenzen ausgerichtet ist. Ihr ist damit ureigen, dass eine Vielzahl von Teilnehmern einbezogen werden kann. Auch die Übertragung von Materialien und der Bildschirmansicht Einzelner ist in diesem Bereich eine Standardfunktion. Beispiele für Angebote am Markt sind zB Zoom, Cisco Webex Meetings oder Microsoft Teams. Teilweise werden die Dienste zur kostenfreien Nutzung angeboten. Im Gegenzug besteht dann eine Beschränkung hinsichtlich der Funktionen, der maximalen Teilnehmerzahl oder -dauer.

Einzelne Anbieter unterscheiden hinsichtlich ihrer Produkte danach, ob in erster Linie eine Videokonferenz oder ein Online-Seminar („Webinar") durchgeführt werden soll. Danach richten sich die zur Verfügung gestellten Funktionen. Ein Beispiel hierfür ist das Angebot von Zoom. Hier hat der Teilnehmer die Möglichkeit, spezifische Funktionen für die Durchführung eines Seminars zu nutzen.

c) Webinar-Software

Ein weiteres Angebot am Softwaremarkt zeichnet sich dadurch aus, dass dies zwar ebenso für die Übertragung von Veranstaltungen mittels Videos genutzt werden kann. Sie unterscheiden sich aber zu der eigentlichen Videokonferenzsoftware dadurch, dass sie in erster Linie für die Übertragung von Webinaren ausgelegt sind, die zur Verkaufsförderung durchgeführt werden. Gemeint sind damit zB Veranstaltungen zur Produktvorstellung oder zum Verkauf digitaler Inhalte. Dementsprechend sind diese Anwendungen – nicht nur, aber auch – auf die Optimierung der Konversionsrate angelegt. So lassen sich zB bei einzelnen Anbietern genaue Daten analysieren, wann welche Teilnehmer die Sitzung verlassen haben. Das bietet den Nutzern die Möglichkeit, ihre Veranstaltung zu analysieren und in der Zukunft zu verbessern.

Daneben gibt es weitere, verkaufsfördernde Funktionen. So lassen sich zB die E-Mail-Adresse der Teilnehmer automatisiert in ein Kundenverwaltungs-Programm übernehmen und von dort aus weitere Maßnahmen insbesondere im Bereich des E-Mail-Marketings durchführen. All das sind Funktionen, die in der (regulären) Hochschullehre nicht benötigt werden. Unabhängig davon stellt sich in vielfacher Hinsicht die Frage, ob entsprechende gesetzliche Vorgaben insbesondere aus dem Datenschutzrecht bei der Nutzung dieser Anwendungen und der eventuellen Weitergabe von Daten eingehalten werden.

3. Kriterien zur Auswahl einer Anwendung

Soll darüber entschieden werden, welche Software konkret in einer Veranstaltung genutzt werden kann, können verschiedene Kriterien berücksichtigt werden. Das beginnt mit der Möglichkeit einer einfachen Installation auf den Rechnern der Nutzer über die für den Dozenten notwendigen Grundfunktionen bis hin zu Fragen zum Datenschutz.

a) Installation

Ein wichtiges Kriterium, gerade wenn Studierende die Anwendung auf ihren eigenen Computern nutzen sollen, ist die Einfachheit der Installation. Am besten ist es, wenn gar keine Installation auf dem Rechner erforderlich ist. Einzelne Anbieter stellen eine rein webbasierte Videokonferenzplattform zur Verfügung. Das erfordert auf den ersten Blick keine Installation beim Teilnehmer. Allerdings müssen einzelne Vorbedingungen erfüllt sein, damit dieser Dienst uneingeschränkt genutzt werden kann. So wird zB auf andere, bereits vorinstallierte Applikationen aufgesetzt. Sind diese am Rechner nicht vorhanden oder wurden sie über einen längeren Zeitraum nicht aktualisiert, kann es hier bereits zu Störungen kommen. Zwar lassen sich diese Probleme regelmäßig auch noch kurzfristig beseitigen. Das setzt allerdings eine gewisse technische Kenntnis voraus. Daneben mutiert der Dozent dann zu einer Support-Hotline bei technischen Störungen vor und während der Veranstaltung.

242 Ein nicht zu unterschätzender Aspekt bei einer Software, die zu installieren ist, stellen die vom Hersteller der Videokonferenzsoftware unterstützten Betriebssysteme dar. Hier sollte neben Microsofts „Windows" und Apples „macOS" auch an Linux gedacht werden. Mit dem Einzug von Tablets in den Bereich der (einfachen) Büroanwendungen sollten auch deren (mobile) Betriebssysteme Berücksichtigung finden, allem voran Googles „Android" und Apples „iOS".

243 Bei der Frage der Installation der Software sollte ferner berücksichtigt werden, dass manche Rechner für eine Installation besondere Rechte fordern. Meist ist das vorzufinden bei Computern, die von Unternehmen ihren Mitarbeitern zur Verfügung gestellt werden. Es ist nicht auszuschließen, dass auch Studierende auf solch ein Equipment zurückgreifen (müssen). Dabei handelt es sich um einen Aspekt, den der Dozent von vornherein nicht beurteilen kann. Das entwickelt sich erst dann zu einem Problem, wenn die Teilnehmer zur Installation aufgefordert werden. Meist können diese die Rechte auch selbst nicht anpassen, weil dies gerade so vorgesehen ist.

244 Neben der Einfachheit der Installation sollte auch die Frage beurteilt werden, ob die Teilnehmer problemlos auf die hierfür benötigte Datei zugreifen können. So gibt es Anwendungen, die bei Aufruf des virtuellen Veranstaltungsraums mittels eines Links gleichzeitig den Download der Installationsdatei zur Verfügung stellen. Damit erübrigt sich der Besuch einer Internet-Seite, auf der u.U. erst mühsam nach der richtigen Version gesucht werden muss. Sofern die Software installiert werden muss, kann ein – heute allerdings nicht mehr allzu sehr ins Gewicht fallendes – weiteres Kriterium noch berücksichtigt werden: die Größe der Installationsdatei, die herunterzuladen ist.

b) Zugang zum virtuellen Veranstaltungsraum

245 Steht bei der Auswahl die Einfachheit der Benutzung der Anwendung im Vordergrund, ist vor allem wichtig, dass die Teilnehmer ohne große Umstände ihren Weg in den Veranstaltungsraum finden. Die Hürden hierbei können zB eine zwingende Registrierung oder die Eingabe eines Passwortes zusätzlich zum Aufruf eines Links sein.

246 Aus Sicht des Dozenten wird sich eine vorherige Anmeldung meist nicht vermeiden lassen. Die einzelnen Systeme fordern dies, da zumindest eine Person zwingend als Host die Veranstaltung leiten muss. Damit diese Person bestimmt werden kann, ist vorher eine Registrierung auf den Plattformen der Anbieter erforderlich.

247 Im besten Fall gestaltet sich der Zugang derart, dass die Teilnehmer lediglich einen Link vom Dozenten zur Verfügung gestellt bekommen. Diesen klicken sie an und kommen dadurch direkt auf die Startseite des Veranstaltungsraums. Die Eingabe weiterer Daten, insbesondere eines Kennworts erübrigt sich, da dieser bereits im Link „hinterlegt" ist. Diese Funktion wird ua von den Systemen „Zoom" und „GoToWebinar" bereitgestellt.

G. Im Besonderen: Fernunterricht mittels Bildübertragung

Daneben bieten einzelne Anbieter auch die Möglichkeit an, an der Veranstaltung per Telefon teilnehmen zu können. Das stellt für die Teilnehmer vor allem dann einen Vorteil dar, wenn sie entweder Probleme mit der Einwahl oder mit der Verbindungsgeschwindigkeit haben. Die Einwahl über das Telefon stellt dann sozusagen eine Art Back-up dar. Hierfür müssen den Teilnehmern vorher allerdings die entsprechenden Einwahlnummern mitgeteilt werden. Da regelmäßig diese Nummern für eine Vielzahl von Veranstaltungsräumen genutzt werden, muss zusätzlich noch das jeweils für die konkrete Veranstaltung festgelegte Kennwort eingegeben werden. Dies geschieht über die Tastatur des Telefons. Das kann vor allem dann zu einem Problem werden, wenn Teilnehmer einen Fernsprechapparat nutzen, der statt Tonwahl – erkennbar am Tastenton – das mittlerweile veraltete Impulswahlverfahren – erkennbar am „Klackern" bei der Wahl – nutzen. Dann ist eine Eingabe des Kennworts und damit eine Einwahl regelmäßig nicht möglich. 248

Um den Teilnehmern die Einwahl so leicht wie möglich zu gestalten, sollte die Anwendung von sich aus automatisch den entsprechenden Link generieren, der sämtliche Informationen bereits enthält. Stattdessen bergen Lösungen, die die Zugangsdaten „zerstückelt" zB in Link, Nummer des Veranstaltungsraums und Kennwort übermitteln, aus Sicht der Nutzerfreundlichkeit eher Nachteile. Das fängt schon damit an, dass der Nutzer erkennen muss, welche Daten er nunmehr konkret seinen zukünftigen Teilnehmern zur Verfügung zu stellen hat. 249

c) Video- und Audiofunktionen

Wesentlich bei einem Videokonferenzsystem ist, dass nicht nur der Initiator der Veranstaltung, sondern auch die Teilnehmer sich sowohl über den Audio- als auch den Videokanal zuschalten können. Diese Funktion sollte ohne großen Aufwand für beide Seiten aktivierbar sein. Das bedeutet vor allem, dass das Bild auch während der laufenden Sitzung ein- und ausgeschaltet werden kann. 250

Bei der Audiofunktion unterscheiden sich die Systeme an einem maßgeblichen Punkt: Die einen lassen es zu, dass sämtliche Teilnehmer gleichzeitig miteinander sprechen können. Der Audiokanal ist insofern für alle gleichzeitig offen. Andere Systeme zeichnen sich dadurch aus, dass lediglich nur ein Teilnehmer sprechen kann und dafür die Freigabe durch den Dozenten erforderlich ist. 251

Ersteres hat den Vorteil, dass ohne großen Aufwand eine Gruppendiskussion möglich ist. Das findet allerdings dort seine Grenzen, wo eine bestimmte Anzahl an Teilnehmern überschritten wird. Eine Vorlesung über ein Videokonferenzsystem, bei der mehrere hundert Personen anwesend sind, wird sich mit offenen Mikrofonen kaum in die Praxis umsetzen lassen. Allerdings sollte diese Variante die Möglichkeit zur Verfügung stellen, dass der Dozent mit einem Klick alle Teilnehmer – unabhängig von deren Anzahl – stummschalten kann. Ansonsten wird er uU der Situation nicht mehr Herr. Ein weiteres Problem vieler offener Mikrofone ist, dass bei dem einzelnen Teilnehmer mit Hintergrundgeräuschen zu rechnen ist. Das können der Straßenlärm durch ein offenes Fenster, die schleudernde Waschmaschine oder Gespräche anderer Personen sein. Auch lassen sich dadurch Rückkopplungen unterbinden. 252

Zusätzlich kann dann noch danach differenziert werden, ob die Teilnehmer die Möglichkeit haben, die durch den Dozenten erfolgte Stummschaltung wieder selbst aufzuheben. Das bringt einerseits den Vorteil mit sich, dass ein aufgerufener Studierender nicht erst durch den Administrator freigeschaltet werden muss. Diese Aufgabe kann er 253 selbst übernehmen. Andererseits bietet die Funktion der eigenständigen Aufhebung der Stummschaltung die Nachteile, dass die ursprünglich versuchte Unterbindung etwaiger Hintergrundgeräusche doch ins Leere läuft.

254 Das Gegenstück dazu sind die Systeme, die eine konkrete Freigabe für den einzelnen Sprecher erfordern. Der Vorteil liegt gerade bei großen Veranstaltungen darin, die Hoheit über die Mikrofone der Teilnehmer besser in den eigenen Händen zu behalten. Allerdings erfordert dies einen deutlich präziseren Umgang mit der Anwendung. Denn der Dozent muss deren Benutzeroberfläche konstant im Blick behalten. Nur so ist sichergestellt, dass er etwaige Meldungen mit der Bitte um Freigabe des Mikrofons nicht übersieht. Das ist aber gerade die Gefahr bei größeren Gruppen. Weiterhin muss er die Aktivierung und Deaktivierung des Mikrofons beherrschen. Bei Systemen, die die Freischaltung auch dem Teilnehmer ermöglichen, kann er sich notfalls auf deren eigenen Eingriff verlassen.

255 Da der Betrieb der Video- und Audiofunktion stark von der Konfiguration des jeweiligen Rechners abhängt und dadurch einige technische Unwägbarkeiten mit sich bringt, sollten sich die Systeme dadurch auszeichnen, dass sie gleichzeitig dem Teilnehmer die Möglichkeit bieten, beide Funktionen einem Test zu unterziehen. Im Zusammenhang mit diesem wird insbesondere überprüft, ob die Kamera und das Mikrofon verfügbar und für die Videokonferenzanwendung freigegeben sind.

d) Chat-/Fragenfunktion

256 Die Systeme bieten ferner regelmäßig einen Rückkanal, der über Audio und Video hinausgeht. Dieser lässt es zu, sowohl dem Dozenten als auch anderen (anwesenden) Teilnehmern Textnachrichten zu schreiben. Dabei unterscheiden sich teilweise die Funktionen. Einzelne Systeme differenzieren konkret zwischen der Teilnahme an einem Chat und dem Stellen von Fragen. Bei anderen steht lediglich für beides nur ein Eingabefeld zur Verfügung. Ersteres hat den Vorteil, dass sich der Dozent auf den Chat nicht konzentrieren muss, wenn es um die Beantwortung konkreter Fragen geht. Er muss lediglich das Fragefenster im Blick behalten. Liegt eine solche Trennung nicht vor, ist er stattdessen in der Verpflichtung, den Chat kontinuierlich mitzulesen. Das kann gerade bei großen Gruppen anstrengend werden.

257 Inhaltlich können sich diese Mitteilungen im Chat- bzw. Fragenfenster sowohl auf den behandelten Stoff als auch auf andere, zB administrative Aspekte beziehen. Nicht unterschätzt sollte in diesem Zusammenhang der Umstand werden, dass gerade bei größeren Gruppen viele Unklarheiten und Probleme direkt zwischen den Teilnehmern gelöst werden können. Wurde etwa durch Einzelne etwas nicht richtig verstanden, bringt die Nachfrage im Chat regelmäßig bereits eine Lösung. Dadurch kann der Dozent entlastet werden.

258 Gerade wenn es um die Kommunikation zwischen zwei Teilnehmern geht, sollte das System die Möglichkeit bereitstellen, dass eben nur diese sich miteinander austauschen können. Zu diesem Zweck stellen einzelne Anwendungen die Funktion zur Verfügung, danach auszuwählen, ob lediglich einer konkreten Person eine Nachricht übermittelt oder diese im Chatfenster allen zur Kenntnis gebracht werden soll. So kann zB ein Studierender bei einer Unklarheit den Dozenten direkt anschreiben, ohne dass seine Kommilitonen davon etwas mitbekommen. Entsprechend erlaubt dies dem Vortragenden ebenso eine Antwort nur an den Fragesteller.

G. Im Besonderen: Fernunterricht mittels Bildübertragung

Ein interessanter Aspekt kann ferner die Möglichkeit darstellen, dass die im Chat- oder im Fragenfenster diskutierten Punkte (später) vom Dozenten – unter Berücksichtigung des Datenschutzes und der Persönlichkeitsrechte – kopiert werden können. Damit hat er einerseits die Möglichkeit seine Veranstaltung auszuwerten. Er kann überprüfen, an welcher Stelle es Unklarheiten gab, ob einzelne Aspekte gehäuft zu Fragen führten und was bis zum Ende offenblieb. Andererseits kann er die im Chat gestellten Fragen später beantworten, entweder in der folgenden Veranstaltung oder zB auf einer Lernplattform. Zu berücksichtigen ist hier allerdings, dass nicht jedes System diese Möglichkeit zur Verfügung stellt. So lässt sich insbesondere der Chat oft nicht kopieren. Andere Systeme speichern den Chat zwar, aber nur im Rahmen einer Aufnahme der Sitzung. Dann kann dieser über eine Textdatei abgerufen werden.

259

Aus Sicht des Dozenten kann der Chat als eine Art „Hintergrundrauschen" angesehen werden, etwa vergleichbar mit dem Schwätzen während einer Präsenzveranstaltung. Entsprechend sind dieselben Probleme damit verbunden: Die Nachrichten im Chatfenster können die Teilnehmer von den Ausführungen des Vortragenden ablenken. Denn dort werden unwichtige Themen genauso gerne erörtert wie wichtige. Deshalb sollte diese Funktion vom Nutzer regelmäßig im Auge behalten werden. Nur dadurch lässt sich ein „Abdriften" der Teilnehmer vermeiden. Sollte es zu arg zugehen, sollte die Anwendung auch die Möglichkeit zur Verfügung stellen, die Chatfunktion gänzlich auszuschalten.

260

Für den Dozenten hat insbesondere die Chatfunktion einen weiteren Vorteil: Er kann etwaige Ankündigungen darüber genauso publizieren wie zB einen Link zu einer für die Veranstaltung relevanten Webseite oder Materialien. Gerade zu Beginn einer Sitzung kann er darüber auch abfragen, ob er gut zu hören ist oder etwaige Störungen vorliegen.

261

e) Übermittlung von Dateien

Die Nutzung digitaler Formate bringt für den Dozenten einen Vorteil mit sich: Die bisher zeitaufwendige Bereitstellung von Kopiervorlagen zB durch Auslegen in der Bibliothek oder durch Einstellen auf die Lehrstuhl-Webseite erübrigen sich dadurch. Auch müssen sich diese die Studierenden nicht vorher kopieren bzw. herunterladen. So ist der Dozent nicht mit dem Problem konfrontiert, dass einzelne Teilnehmer nicht über die relevanten Unterlagen verfügen. Gleichzeitig hat er die Möglichkeit, während der laufenden Veranstaltung einzelne Materialien sukzessive zu verteilen. Das kann zB ein Sachverhalt mit verschiedenen Abwandlungen und deren Lösungen sein.

262

Wichtig bei der Übermittlung von Dateien ist, dass das Videokonferenzsystem keine Beschränkung hinsichtlich der Dateiformate kennt. Ferner sollte geklärt werden, ob es bestimmte Obergrenzen hinsichtlich der Dateigröße gibt.

263

Einzelne Systeme bieten weiterhin die Möglichkeit, dass eine Datei nicht erst vom Dozenten hochgeladen werden muss. Stattdessen lässt sich ein Cloud-Speicher direkt mit der Anwendung verknüpfen. Darüber lassen sich dann einzelne Dateien an die Teilnehmer verteilen. Das ist gerade dann von Vorteil, wenn die Materialien eine bestimmte Größe erreicht haben. Dann ist der Dozent nicht mehr darauf verwiesen, diese erst im Laufe der Sitzung hochladen zu müssen. Stattdessen kann er lediglich aus dem Speicher die Datei weitergeben.

264

265 Unabhängig von der genutzten Anwendung sollte der Dozent bei der Verwendung von Materialien darauf achten, dass diese in einem allgemein bekannten Format vorhanden sind. Auch empfiehlt es sich zu berücksichtigen, dass die Dateien zB keinen ausführbaren Quellcode enthalten. Zu denken ist hier etwa an eine Word-Datei, die ein Makro enthält. Hier ist regelmäßig mit einer Warnung durch das Textverarbeitungsprogramm zu rechnen, die den einen oder anderen Teilnehmer abschrecken könnte. Auch im Hinblick auf die meist geringe Größe von reinen Textdateien, empfiehlt sich regelmäßig die Verwendung des Portable Document Format (PDF). Das vor allem deshalb, weil es sich um ein auch dem Laien bekanntes Dateiformat handelt, das wenige technische Konflikte verursacht und einen einfachen Umgang beim Anwender erlaubt.

f) Freigabefunktionen

266 Die Freigabe des Bildschirms beim Dozenten ist ein essenzieller Bestandteil eines Videokonferenzsystems. Dementsprechend verfügen sämtliche Anwendungen über diese Funktion. Damit hat der Nutzer die Möglichkeit, zumindest ein Fenster seines Bildschirms für die Teilnehmer freizugeben. Das ist gerade dann wichtig, wenn zB eine PowerPoint-Präsentation als Grundlage der Veranstaltung genutzt werden soll.

267 Wollen mehrere Dozenten gleichzeitig ihren Bildschirm freigeben, stoßen viele Systeme an ihre Grenzen. Regelmäßig lässt sich nur ein Fenster mit den Teilnehmern teilen. Teilweise gestaltet sich die Freigabe gerade dann kompliziert, wenn von mehreren Rechnern aus Freigaben erteilt werden sollen. Dann ist die Funktion bei vielen Systemen so konfiguriert, dass vor einer Übertragung zunächst demjenigen die Rechte als Host gegeben werden müssen, der die Freigabe starten will. Der vorherige Administrator verliert dann seine Rechte. Das kann vor allem dann verwirrend werden, wenn mehrere Personen mit verschiedenen Präsentationen einen Vortrag halten.

268 Die Freigabefunktion birgt eine Gefahr in sich: Hat der Dozent mehrere Fenster offen, die aber nur zum Teil freigegeben werden soll – zB befinden sich in einzelnen Browser-Dateien private Daten, in anderen diejenigen für die Veranstaltung –, so kann ihm in einem ungeschickten Moment passieren, dass er gerade das Fenster aktiviert, dass niemand sonst sehen soll. Deshalb ist es wichtig, dass das System die Möglichkeit zur Verfügung stellt, dass nur ein ganz konkretes Fenster freigegeben wird und bei anderen die Weitergabe zwingend eine zusätzliche Aktivität erfordert.

269 Die Freigabe einzelner Fenster hat für den Vortragenden einen weiteren Vorteil, wenn er zusätzlich zum freigegebenen auch weitere aktiv benötigt. Denn diese können die Teilnehmer dann nicht sehen. Der Dozent hingegen kann sie zB als eine Art Spickzettel verwenden oder parallel Vorbereitungen für den nächsten Abschnitt der Veranstaltung treffen.

270 Vorsichtig sollte der Dozent werden, wenn innerhalb einer Anwendung verschiedene Fenster geöffnet sind. Das ist etwa bei einem Internet-Browser der Fall, bei dem mehrere Seiten aktiv sind. Denn bei einzelnen Systemen richtet sich die Freigabe nach dem im Betriebssystem laufenden Prozess. Die Konsequenz hieraus ist, dass bei einem Wechsel zwischen einzelnen Fenstern immer das aktuelle angezeigt wird, obwohl der Dozent davon ausgeht, dass er nur ein konkretes freigegeben hat.

271 Um solche Missgeschicke zu verhindern, sollte die Software darauf ausgelegt sein, den Dozenten auf einen Wechsel vom aktiven Fenster weg hinzuweisen. Einzelne Systeme

blenden dazu etwa einen Warnhinweis ein. Andere umranden das freigegebene Fenster in grüner Farbe, die anderen in roter.

Neben der Freigabe des Bildschirms besteht ferner die Möglichkeit, auch sog. Whiteboards mit den Teilnehmern zu teilen. Darauf lässt sich – mehr oder weniger gut – wie auf einer Tafel schreiben. Die Nutzung dieser Funktion hängt aber stark mit der verwendeten Hardware auf Seiten des Dozenten zusammen. Verfügt dieser über ein Grafiktablett mit einem entsprechenden Stift, so kann er relativ frei, wie auf einem Blatt Papier seine Skizzen und Notizen fertigen. Teilweise stellen auch Tablets diese Funktion zur Verfügung. 272

Der Vorteil eines solchen Whiteboards besteht darin, dass der Dozent ad hoc auf Unklarheiten und Fragen reagieren kann. Er kann zB einen Sachverhalt kurz skizzieren oder einzelne Notizen darauf festhalten. Letzteres ist zB interessant, wenn für eine Falllösung verschiedene Ideen und Vorschläge für die Bearbeitung gesammelt werden sollen. Manche Systeme bieten auch die Möglichkeit, diese Skizzen in verschiedenen Formaten zu speichern und sie im Nachgang den Teilnehmern zur Verfügung zu stellen. 273

g) Breakout-Sitzungen

Gerade bei Gruppen mit einer großen Anzahl an Teilnehmern stellt sich das Problem, dass ein gemeinsames Arbeiten nur schwer organisierbar ist. Das ist zB dann der Fall, wenn bei 200 Hörern Kleingruppen mit nicht mehr als fünf bis zehn Mitgliedern zusammengesetzt werden sollen. Die Schwierigkeit dabei liegt einerseits darin, dass eine direkte Kommunikation zwischen den Anwesenden aufwendig ist. Andererseits kann der Dozent nicht ohne Weiteres auf die Gruppengröße Einfluss nehmen. 274

Aus diesen Gründen bieten verschiedene Videokonferenzplattformen die Möglichkeit sog. Breakout-Rooms zu nutzen. So können aus den 200 Teilnehmern 40 kleine Gruppen „eingerichtet" werden. Darin können dann verschiedene Aufgaben bearbeitet werden. Die Teilnehmer haben dabei die Möglichkeit, (nur) innerhalb dieser Gruppe miteinander zu kommunizieren. 275

Für den Dozenten sollte die Initiierung solcher Sitzungen ohne großen Aufwand möglich sein. So bieten einzelne Plattformen eine Funktion, mit der die Gruppen automatisch – und nach einem Zufallsprinzip – zusammengestellt werden. Hierzu ist lediglich erforderlich, dass vorher die maximale Anzahl an Teilnehmern festgelegt wird. Damit kann sich der Dozent vollständig auf die Software verlassen und muss nicht noch die einzelnen Räume für die Hörer organisieren. 276

Daneben bietet sich eine Funktion an, die eine Breakout-Sitzung automatisch nach einer gewissen Zeit beendet. Ist die Zeit abgelaufen, so werden die Räume geschlossen und alle Teilnehmer finden sich im „Plenum" wieder. Der Vorteil hierbei ist, dass weder der Dozent noch die Hörer die Uhr beachten müssen. Gleichzeitig ist sichergestellt, dass alle wieder aus den Breakout-Sitzungen zurückgekehrt sind. Unabhängig davon muss der Veranstalter die Möglichkeit haben, seine Teilnehmer vollständig und vor Ablauf der Zeit wieder in das Plenum zurückzuholen. 277

Bei einzelnen Gruppenarbeiten bietet es sich für den Dozenten an, dass dieser in den einzelnen virtuellen Räumen vorbeisieht. Das kann er etwa machen, um offene Fragen zu beantworten oder um zu überprüfen, ob die Teilnehmer ernsthaft bei der Arbeit sind. Hierfür sollte die Plattform eine entsprechende Funktion zur Verfügung stellen. 278

279 Weiterhin muss es dem Veranstalter möglich sein, während die Teilnehmer in den Sitzungen sind, ihnen Nachrichten und Dateien zu übermitteln. Dabei sollte der Dozent einerseits die Möglichkeit haben, sich an alle in den verschiedenen Breakout-Rooms befindlichen Hörer simultan zu wenden. Andererseits darf er nicht daran gehindert sein, auch nur einzelne Räume oder gar nur einzelne Teilnehmer direkt anzusprechen und ihnen Nachrichten und Dateien zu übermitteln.

280 Bei der Auswahl einer Plattform mit der Möglichkeit von Breakout-Sitzungen sollte geprüft werden, ob diese im jeweiligen Abrechnungsmodell auch zur Verfügung steht. So gibt es Anbieter, die einerseits die Durchführung von Videokonferenzen, andererseits von Webinaren anbieten. In solch einem Fall kann das Produkt vom Anbieter so gestaltet worden sein, dass Breakout-Räume nur in der Webinar-Variante genutzt werden können, für die unter Umständen eine zusätzliche Gebühr zu entrichten ist.

h) Aufnahmefunktion

281 Ein Großteil der für den professionellen Einsatz entwickelten Videokonferenzsysteme erlaubt die Aufnahme der einzelnen Sitzungen. Bei dieser Funktion werden grundsätzlich zwei Varianten unterschieden: die Speicherung über eine lokale und über eine Cloud-Lösung.

282 Bei der ersten Variante wird die Veranstaltung direkt auf der Festplatte des Host-Rechners gespeichert. Hier sollte einerseits darauf geachtet werden, dass das genutzte Format allgemein üblich ist und die Videoqualität so eingestellt ist, dass der bei der Speicherung verwendete Platz auch ausreicht. Ansonsten kann es passieren, dass während der Aufzeichnung der Speicher erschöpft ist und diese abgebrochen werden muss. Die Aufzeichnung auf einer lokalen Einheit hat den Nachteil, dass der Dozent – will er diese seinen Teilnehmer zur Verfügung stellen – die Videodatei zunächst herunter- und sodann wieder auf den entsprechenden Server hochladen muss. Das kann in Abhängigkeit von der Dateigröße durchaus einiges an Zeit in Anspruch nehmen.

283 Daneben bieten einzelne Anwendungen die Möglichkeit, die Speicherung über eine Cloud-Lösung abzuwickeln. Hierbei wird nichts auf der Festplatte des Nutzers abgelegt. Stattdessen übermittelt die Software die Daten in einen vom Software-Anbieter zur Verfügung gestellten Speicher. Von dort aus kann der Dozent entweder die Datei herunterladen. Oder er teilt seinen Teilnehmern den Link mit, die sodann das Video von der Veranstaltung dort selbst ansehen oder auch herunterladen können. Bei der Nutzung des Cloud-Speichers sollte nicht aus den Augen verloren werden, dass der dortige Speicher regelmäßig nicht unbegrenzt zur Verfügung steht.

284 Auf die Aufnahmefunktion sollte sich der Dozent allerdings nicht blindlings verlassen. Hier können an verschiedenen Stellen Störungen auftreten: Das fängt schon damit an, dass der Start der Aufzeichnung vergessen wird. Dann können Probleme dahingehend auftreten, dass zB die Video- und die Tonspur nicht synchron laufen oder Bildstörungen entstehen. Soll die Aufnahme also etwas Dauerhaftes werden, sollte der Dozent nicht allein auf die integrierte Funktion vertrauen. Hier empfiehlt sich, parallel eine (weitere) Software zur Aufzeichnung des Bildschirms zu verwenden. Solche Anwendungen lassen sich als sog. Screencasting-Software am Markt finden. Sie erlauben den gesamten Bildschirm oder Teile davon samt Ton und Video zu sichern.

285 Stellt die Anwendung eine Aufnahmefunktion zur Verfügung, sollte darauf geachtet werden, dass neben der reinen Videodatei auch eine Audiodatei produziert werden

G. Im Besonderen: Fernunterricht mittels Bildübertragung

kann. Das hat zunächst den Vorteil, dass Letztere – in Abhängigkeit von der Komprimierung – meist deutlich kleiner ausfällt. Daneben hat es für die Studierenden die Möglichkeit, die Datei wegen ihrer geringeren Größe zB auf einem Smartphone abzuspeichern und von unterwegs aus anzuhören. Das „Heraustrennen" der Audiospur aus einem Video ist dagegen meist nur mit einer gesonderten Videoschnitt-Software möglich und mit deutlich mehr Aufwand verbunden.

Für den Fall, dass die Konferenz-Anwendung über eine Chatfunktion verfügt, ist ferner die Funktion interessant, die nach Ende der Veranstaltung den Chatverlauf als Textdatei zur Verfügung stellt. Dies bietet – wie bereits erwähnt – durchaus Vorteile für den Dozenten, zB in der Nachbereitung seines Vortrags.   286

i) Bedienbarkeit für den Dozenten

Aus Sicht des Dozenten muss die einfache Bedienbarkeit der Plattform höchste Priorität haben. Die umfangreichsten und exotischen Funktionen bringen nichts, wenn sich der Benutzer am Anfang stundenlang einarbeiten muss und später bei einer laufenden Sitzung vor lauter Schaltflächen den Überblick verliert.   287

Das fängt bereits bei der Einrichtung einzelner Sitzungen an. Im Idealfall lassen sich diese durch einige, wenige Klicks bereits so konfigurieren, dass sie zumindest mit den Grundfunktionen durchgeführt werden können.   288

Auch während einer laufenden Veranstaltung sollte die Plattform so gestaltet sein, dass die Bedienoberfläche eine klare Struktur bietet, die eine intuitive Bedienung möglich macht. Das ist vor allem dann wichtig, wenn unvorhergesehene Situationen auftreten. Dann sollte der Dozent nicht noch mit irreführenden Schaltflächen oder komplexen Einstellungsvarianten überfordert werden.   289

Deshalb können Plattformen, die einerseits einen Standard-, andererseits einen Expertenmodus bieten, vorteilhaft sein. Der Expertenmodus bietet dabei die Möglichkeit, Funktionen auszuwählen, die über die Benutzung als grundlegendes Videokonferenzsystem hinausgehen.   290

Insbesondere sollte der Dozent die Möglichkeit haben, mit nur einem Klick sämtliche Teilnehmer stummzuschalten. Darüber hinaus sollten die Freigabefunktionen ebenso nur über eine einzige Schaltfläche verfügbar sein.   291

j) Datenschutz

Da die Marktführer im Bereich der Videokonferenzsoftware sämtlich einen US-amerikanischen Ursprung haben, sollte der Aspekt des Datenschutzes nicht außer Acht gelassen werden. Aber selbst bei rein deutschen Lösungen sollte sich der Dozent mit den damit verbundenen (rechtlichen) Risiken auseinandersetzen.   292

Das fängt bereits bei der Konfiguration an. Aus datenschutzrechtlicher Sicht bringt eine Anwendung, die keine vorherige Registrierung erfordert, deutliche Vorteile. So lässt ein bloßer Link, der den Zugang in den virtuellen Veranstaltungsraum vermittelt, einen Zugang auch dann zu, wenn darüber hinaus vorher kein Benutzerprofil gespeichert werden musste.   293

Ferner sollte die Möglichkeit bestehen, dass eine namentliche Auflistung der Teilnehmer unterbunden werden kann. Viele Anwendungen bieten die Möglichkeit, in einem Fenster die Namen der Teilnehmer mitzulesen. Selbst wenn diese Funktion nicht zur   294

Verfügung steht, kann dies im Chatfenster der Fall sein. Um das zu verhindern, bietet sich zB an, den Login zur Veranstaltung nicht über den Klarnamen des Teilnehmers, sondern über einen Nicknamen zu ermöglichen. Dann hat dieser die Möglichkeit selbst zu entscheiden, inwiefern er sich offenbaren möchte. Allerdings findet diese Lösung dort ihre Grenzen, wo zwingend der vollständige Name erforderlich ist, zB in Veranstaltungen mit einer Anwesenheitspflicht.

295 Am problematischsten stellt sich sicherlich die Aufnahmefunktion dar, vor allem wenn sie über einen Cloud-Speicher umgesetzt wird. Das ist gerade dann der Fall, wenn sie neben der reinen Veranstaltung zB auch den Chatverlauf festhält. Unabhängig davon wird es kritisch, wenn Teilnehmer einen Beitrag leisten, der von der Aufzeichnung umfasst wird. Denn die Übermittlung wird regelmäßig über eine Server-Infrastruktur außerhalb der Europäischen Union abgewickelt werden.

296 Selbst wenn der Dozent die Videokonferenz so konfiguriert, dass keine Details zu den Personen offenbart werden und die Aufnahmefunktion nicht nutzt, kann er nicht ausschließen, dass der Betreiber des Systems darüber hinausgehende Daten speichert. Zu denken ist hier vor allem an die IP-Adresse. Über die Möglichkeit, solche Maßnahmen zu unterbinden, wird der Dozent im Regelfall nicht verfügen.

k) Kosten

297 Zu guter Letzt ist ein weiterer, wichtiger Faktor in die Entscheidung einzubeziehen: die Kosten. Zu berücksichtigen ist, dass es hier verschiedene Modelle gibt. Manche Tools werden kostenlos angeboten. Im Gegenzug haben sie nur eine sehr eingeschränkte Funktionalität und bieten meist auch kaum einen Support an. Sie lassen sich vor allem zu experimentellen Zwecken mit kleinen Gruppen nutzen. Dafür stoßen sie schnell an ihre Grenzen, wenn es um für den Lehralltag sinnvolle Funktionen geht. Manche sind auch hinsichtlich der Dauer oder der Anzahl der Teilnehmer beschränkt.

298 Daneben finden sich am Markt viele Anwendungen mit einem Bezahlmodell. Hier überwiegt die Pflicht zum Abschluss eines Abonnements. Dafür stehen dann umfangreiche Funktionen zur Verfügung. Die meisten Modelle in diesem Bereich zeichnen sich dadurch aus, dass sie gestuft aufgebaut sind. So bieten einzelne Unternehmen ihren Kunden eine Gratis-Version mit kleinem Umfang an. Darauf aufbauend gibt es dann weitere Produktvarianten, bei denen jeweils in Abhängigkeit von der Höhe des Preises weitere Funktionen freigeschaltet werden.

299 Einzelne Anbieter zeichnet sich ferner dadurch aus, dass sie verschiedene Versionen für einzelne Einsatzmöglichkeiten zur Verfügung stellen. So existiert zB eine Version, die zu Konferenz- und Meeting-Zwecken genutzt werden kann, sowie eine weitere, die in erster Linie für den Webinar-Bereich integrierte Funktionen aufweist. Will der Nutzer nun mit der Konferenz-Version zusätzlich die Webinar-Funktionen nutzen, muss er uU eine zusätzliche Gebühr bezahlen.

300 Zu beachten ist ferner, dass die Abo-Modelle mit unterschiedlich langen Laufzeiten ausgestattet sind. So gibt es meist monatliche und jährliche Zeiträume. Der Vorteil eines Abonnements mit der Dauer eines Jahres besteht darin, dass der Preis im Verhältnis zur Monatsvariante reduziert ist.

G. Im Besonderen: Fernunterricht mittels Bildübertragung

4. Durchführung von Veranstaltungen mit Videokonferenzsystemen

Wie jede Veranstaltung, muss auch eine, die mittels eines Videokonferenzsystems durchgeführt werden soll, gründlich vorbereitet werden. Denn inhaltlich spielt es keine Rolle, welches Medium genutzt wird. Daneben muss der Dozent berücksichtigen, dass die Technik an ihn höhere Ansprüche stellt als wäre er in einer gewöhnlichen Präsenzveranstaltung. Er muss sich im Detail mit dem einzelnen Konferenz-System auseinandergesetzt haben und sich auch bei etwaigen Problemen mit der Bedienung auskennen. Gerade der Fall einer technischen Störung unterscheidet sich deutlich von den „Zwischenfällen", die im realen Hörsaal passieren können. Denn hier hilft meistens eine kurze Unterbrechung nicht weiter. Wenn bereits am Anfang die Teilnehmer den virtuellen Raum nicht betreten können, weil ihnen hierfür der falsche Zugangscode mitgeteilt wurde, ist die Veranstaltung prinzipiell schon als gescheitert anzusehen. Letztlich stellt die Durchführung einer virtuellen Sitzung deutlich mehr Anforderungen an den Vortragenden als eine Veranstaltung in der Präsenzform. 301

a) Probesitzung sinnvoll

So banal es klingen mag: Ein Probedurchgang hat noch nie geschadet. Das gilt auch für den Fall, dass in einer virtuellen Sitzung spezifische Technik verwendet werden soll. Sie hat ihre Tücken. Und diese lassen sich erst dann feststellen, wenn zumindest einmal das System ausprobiert wurde. 302

Solch ein Probedurchgang hat zunächst das Ziel, dass sich der Dozent mit den grundlegenden Funktionen der Software vertraut machen kann. Das fängt mit dem Login-Vorgang an, geht über den Start der Sitzung, die Freischaltung der Teilnehmer bis hin zur Übertragung von Dateien ins Plenum. 303

Dabei geht es nicht darum, dass der Nutzer sämtliche Funktionen bis ins Detail kennen lernt und für jedwede Konstellation souverän einsetzen kann. Vielmehr soll er wissen, wie er diese grundlegenden Features sicher bedienen kann. 304

Zwar sind die Systeme meist auf eine intuitive Bedienung ausgelegt. Dennoch sollte der Dozent wissen, mit welcher Funktion er ein bestimmtes Ergebnis hervorrufen kann und was sich hinter den einzelnen Schaltflächen verbirgt. Außerdem sollte er all das, was er später in der Veranstaltung umsetzen will, auch einmal ausprobiert haben. Unter Umständen erkennt er dabei, dass die Übertragung einer von ihm erstellten Datei nicht möglich ist oder dass eine Funktion, von der er annimmt, dass sie das System zur Verfügung stellte, in Wirklichkeit gar nicht existiert. 305

Daneben bietet ein Probedurchgang auch die Möglichkeit, die vom Dozenten genutzte Hardware auf ihre Tauglichkeit für die Übertragung zu testen. Gerade hier kosten Konflikte meist einiges an Zeit und Nerven. Zwar lassen sich diese Probleme oft relativ einfach durch eine Anpassung der Einstellungen lösen. Diese dann aber in der Hektik eine Minute vor Beginn der Veranstaltung zu finden, sorgt nicht gerade für einen entspannten Beginn. 306

b) Andere Form der Präsenz

Der Unterschied zwischen einer realen und virtuellen Veranstaltung liegt in erster Linie in der Präsenz zu den Teilnehmern. 307

Während der Dozent in einem Hörsaal die Atmosphäre und die Stimmung der Anwesenden aufnehmen und damit feststellen kann, ob und wie sein Vortrag ankommt, ist dieser Aspekt bei einer virtuellen Veranstaltung nur sehr eingeschränkt möglich. Zwar sieht er bei allen Systemen grundsätzlich seine Teilnehmer, sofern diese eine Kamera aktiviert haben. Dennoch sind die Faktoren, die zu einer Ablenkung führen können, um ein Vielfaches höher als in einem Seminarraum. So kann der Mitbewohner im Nachbarzimmer laut Musik hören, die Katze durch die Wohnung streunen oder der Fernseher parallel laufen. Sämtliche dieser Störungen finden sich im Hörsaal nicht.

308 Zwar kommt es durchaus vor, dass auch in einem Seminarraum die Teilnehmer durch Ereignisse außerhalb abgelenkt werden. Stürzt ein Fahrradfahrer direkt vor dem Fenster, dann zieht es sicherlich die Aufmerksamkeit eines Großteils der Hörer auf sich. Dennoch kann der Dozent diese Situation einschätzen. Er weiß, warum gerade die Studierenden einen Blick für etwas anderes haben. Diesen „Vorteil" hat er allerdings nicht, wenn die Teilnehmer vor der Kamera sitzen. Denn hier hat jeder seine „eigene" Störung. Das bringt für den Dozenten mit sich, dass er nicht einfach das Problem abstellen kann, sondern dabei die Information durch und die Mithilfe seiner Hörer benötigt. Bei vierzig Teilnehmern muss er sozusagen mit vierzig Problemen kämpfen.

309 Gerade da, wo komplexerer Stoff erläutert werden muss, stellt diese „andere" Präsenz den Dozenten vor Herausforderungen. Durch den geringeren Kontakt zur Gruppe kann er nicht ohne weiteres feststellen, ob er verstanden wurde und ob eine Verwirrung bei den Teilnehmern aufgrund des erläuternden Inhaltes oder wegen einer externen Ablenkung entstanden ist.

310 Im Falle einer – mehr oder weniger großen – Störung könnte der Dozent dazu greifen, diese konkret anzusprechen. Was in einem Seminarraum durchaus machbar ist, scheitert bei einem virtuellen Vortrag allerdings schnell. Sicherlich kann diese Frage mehrmals gestellt werden. Würde er aber für jeden Fall, indem er eine Ablenkung vermutet, gleich darauf den einzelnen Teilnehmer ansprechen, würde ein Großteil seiner Zeit darauf gehen. Dabei sollte nicht aus dem Blick verloren werden, dass auch bei Veranstaltungen in der Präsenzform durchaus Störungen vorkommen, die sich auf den Einzelnen beziehen: Ein Nachbar fragt etwas, auf dem Smartphone erscheint eine Nachricht oder sein Stift fällt auf den Boden. In diesen Fällen wird der Dozent regelmäßig nicht zu einer Intervention greifen.

311 Der Unterschied besteht hier darin, dass in einem Seminarraum oder gar Hörsaal diese Störungen untergehen. Der Dozent merkt sie entweder gar nicht oder nur beiläufig. Anders ist es bei der Nutzung eines Videokonferenzsystems. Dort bekommt er wegen der viel präsenter dargestellten Ansicht seiner Teilnehmer eine Störung deutlich plastischer mit. Ihm fallen unter Umständen Ablenkungen auf, die sich ihm im Präsenzunterricht überhaupt nicht aufgedrängt hätten.

312 Im Ergebnis ist deshalb vom Dozenten gefordert, dass er sich auf sein Gespür verlässt. Er muss danach unterscheiden, welche Störung er in der konkreten Situation für relevant erachtet, er also intervenieren muss, und welche er einfach „laufen" lässt. Im Zweifelsfall würde er sich für Letzteres entscheiden. Denn eine virtuelle Veranstaltung hat im Verhältnis zu ihrer Präsenzform einen wesentlichen Vorteil: Eine Störung bleibt grundsätzlich in der Sphäre des einzelnen Teilnehmers, solange dieser stummgeschaltet ist. Dann ist es egal, ob das Handy klingelt, die Glasflasche umfällt oder der Mitbewohner nach der Party vom Wochenende fragt.

H. Wann soll gelehrt werden?

Besteht allerdings ein Verständnisproblem, ist den Teilnehmern also Verwirrung anzusehen und können sie den Ausführungen des Dozenten nicht mehr folgen, so lässt sich das nicht mehr einfach so leicht „laufen" lassen. Dann ist eine Intervention angezeigt. Hier lässt sich zB – in Abhängigkeit vom verwendeten Videokonferenzsystem – eine kurze Umfrage einstreuen. Anhand ihr kann der Dozent überprüfen, ob sein Stoff angekommen ist. Dazu ist es nicht erforderlich, dass er umfangreiche und detaillierte Fragen vorbereitet. Indessen reicht es vollkommen aus, wenn er eine kurze, auf den Stoff präzise bezogene Frage formuliert. Zu empfehlen sind dabei solche, die sich mit „Ja" oder „Nein" beantworten lassen. So kann zB die Frage gestellt werden, ob ein Rücktritt vom Versuch bei einer Vollendung der Tat möglich ist, ob der Anfechtungsgegner im Falle einer arglistigen Täuschung einen Schadensersatzanspruch hat oder ob ein Gesetz generell-abstrakter Natur ist.

313

Herrscht eine größere „Unruhe" oder „Verwirrung", so kann der Dozent auch gezielt verschiedene aktivierende Methoden einsetzen, die konkrete für Online-Veranstaltungen ausgelegt sind. Damit kann er versuchen, seine Teilnehmer wieder „einzufangen" und mit seinem Stoff fortzufahren.

Zusammenfassung der wesentlichen Aspekte dieses Abschnitts:

314

- Fernunterricht lässt sich mittels Videokonferenzsystemen umsetzen.
- Die verschiedenen Systeme am Markt bieten einen unterschiedlichen Funktionsumfang, der individuell auszuwählen ist.
- Fernunterricht unterscheidet sich vom Unterricht in der Präsenzform.

H. Wann soll gelehrt werden?

Um diese wichtigen Fragen geht es in diesem Abschnitt:

315

- Zeiten und Dauer von Lehrveranstaltungen
- Einbau von Pausen in die jeweiligen Veranstaltungen
- Zeitliche Strukturierung einer Sitzung mithilfe eines Ablaufplanes

Für den Erfolg einer Lehrveranstaltung sind auch die Uhrzeit und die Länge der Veranstaltung essentiell. Möglicherweise ist die Motivation eines Studenten montags, 8 oder 18 Uhr (nach unzähligen anderen Veranstaltungen) eine andere als mittwochs, 10 Uhr. Zwar kann der Dozent auf die Terminvergabe in der Regel nur bedingt Einfluss nehmen. Nichtsdestotrotz kann er diesen Punkt im Rahmen der Gestaltung und Durchführung seiner Lehrveranstaltung im Hinterkopf haben.

316

Ferner spielt die Dauer der Veranstaltung für die Konzentrationsfähigkeit eine tragende Rolle. Es macht einen Unterschied, ob der Student seine Konzentration für 60 oder 90 Minuten oder sogar ganztags (Blockveranstaltungen) aufrechthalten muss. Auch für den Dozenten ergeben sich in diesem Fall unterschiedliche Anforderungen, denen er bereits bei der Vorbereitung seiner Lehrveranstaltung Rechnung tragen sollte.

317

In jedem Fall sollte er sich auch Gedanken über etwaige Pausen machen.

318

Im Rahmen von kurzzeitigen Veranstaltungen (in der Regel bis zu 90 Minuten) sollten keine „offiziellen" Pausen durchgeführt werden, da dadurch regelmäßig zu viel Zeit verloren geht. Zudem kann die Konzentrationsfähigkeit der Studierenden durch den Einsatz verschiedenster Methoden gefördert werden. Auch bloße gedankliche Unterbrechungen seitens der Studierenden sollte der Dozent akzeptieren. Die Konzentrati-

319

onsfähigkeit lässt normalerweise nach 15–20 Minuten nach. Insbesondere durch den Einbau von Zwischenzusammenfassungen und Wiederholungen sollte der Dozent seinen Studierenden die Möglichkeit geben, gedanklich in das Thema jederzeit wieder einsteigen zu können.

320 Bei Veranstaltungen bis zu 180 Minuten sollte den Studierenden eine kurze Toiletten- und Kaffeepause gewährt werden. Wichtig ist hier den Studenten nicht allzu viel Zeit einzuräumen, damit die Pause nicht ausufert.

Bei Blockveranstaltungen sollte zudem noch eine Mittagspause angesetzt werden.

321 Insbesondere für Lehranfänger empfiehlt es sich, sich für die ersten Sitzungen einen sog Ablaufplan oder „Spicker" zu erstellen. Das Notieren des Ablaufes der Sitzungseinheit verleiht, neben der zwingenden Voraussetzung einer guten fachlichen Vorbereitung, ein erhöhtes Sicherheitsgefühl und ermöglicht ein sicheres Auftreten vor den Studierenden. Selbstverständlich können die Planungs- und Durchführungsfreiheit bezüglich einer Lehrveranstaltung auch von etwaigen Weisungen des Dienstvorgesetzten abhängen, so dass dem Dozenten im schlechtesten Fall nicht allzu große Gestaltungsspielräume verbleiben.

Beispiel zur Gestaltung des Ablaufs der ersten (!) Sitzungseinheit[76]:

Lehrveranstaltung: Propädeutische Übung Strafrecht AT II

Thema: Der Versuch

Zeit, Ort: Mittwoch, 10 Uhr, JDC R. 2.281

Dauer: 90 Minuten

Arbeitsschritte	Lernziele	Methode	Medien	Dauer	Endzeit
1. Begrüßung und Vorstellung (Warm up)	Kennenlernen, persönliche Atmosphäre schaffen, Freisprechen ...	Vorstellung anhand von Leitfragen: mündlich, Studenten aktiv	Fragen auf Folie visualisieren	Max. zehn Minuten	10:10
2. Klären organisatorischer Punkte und thematischer Ablauf der Sitzung (Transparenz)	Überblick geben, Struktur schaffen		Folie, Overheadprojektor	Max. zehn Minuten	10:20
3. Hinführung zum Thema „Versuch"	Interesse, Aufmerksamkeit wecken		Aktuelles Beispiel aus den Nachrichten: Misslungener Banküberfall	Max. fünf Minuten	10:25

H. Wann soll gelehrt werden?

4. Darstellung und Besprechen des Versuchs anhand eines Prüfungsschemas (Informationsphase)	Vermitteln von Wissen: Deliktsstufen; Aufbau; Klassische Problemfelder ...	Input: Studenten passiv; Murmelgruppe: Studenten aktiv	Folie, Overheadprojektor	Max. 15 Minuten	10:40
5. Verarbeiten der vermittelten Inhalte durch Veranschaulichen sehr kurzer Fallbeispiele (Informationsverarbeitungsphase)	Anwenden der Theorie in der Fallbearbeitung	Mündliche Interaktion		Max. fünf Minuten	10:45
6. Bearbeiten eines größeren Falles	Sachverhalt genau lesen können, Wichtiges unterstreichen ...	Partnerarbeit: Studenten aktiv; mit dem Nachbar eine Grobgliederung erstellen und mögliche Probleme besprechen	Blatt und Stifte	Max. zehn Minuten (je nach Fall)	10:55
7. Besprechen des obigen Falles im Plenum	Gemeinsames Lösen des Falles	Mündliche Interaktion	Folie, Overheadprojektor	Ca. 15 Minuten (je nach Fall)	11:10
8. Besprechen eines weiteren kürzeren Falles wie 6. und 7.	...	...	...	Insgesamt 15 Minuten	11:25
9. Cool down: Resümee	Wichtiges hervorheben	Input: Studenten passiv		Fünf Minuten	11:30

In den weiteren Sitzungen können durch den Wegfall des Arbeitsschrittes eins und durch die starke Verkürzung des Arbeitsschrittes zwei ca. 15 Minuten für weitere Informations- und Verarbeitungsphasen eingespart werden.

Wichtig ist insbesondere, dass der Dozent den Spagat zwischen dem zeitlichen Steuern des Ablaufes einerseits und Flexibilität hinsichtlich Unvorhergesehenem andererseits erfolgreich meistert.

Zusammenfassung der wichtigsten Inhalte dieses Abschnitts:

- Zeiten und Länge von Veranstaltungen beeinflussen die Motivation und Konzentrationsfähigkeit der Studierenden, ggfs. auch des Dozenten.

---

76 Angelehnt an Wendorff, S. 161.

- Zur Verbesserung der Konzentration und zur Mini-Aktivierung sollten Pausen in die Lehrveranstaltung eingebaut werden.
- Ein durchdachter schriftlicher Ablaufplan der Veranstaltung verringert die Nervosität des Dozenten und gibt ihm einen Fahrplan für die nächste Sitzungseinheit.

Tool 4: Durchführung und Nachbereitung von Lehrveranstaltungen

Im folgenden Tool geht es darum einen Blick auf die Durchführung juristischer Lehrveranstaltungen zu werfen und herauszuarbeiten, worauf das Augenmerk besonders gelegt werden sollte. Dabei wird auf verschiedene Bereiche formalen oder inhaltlichen Ursprungs eingegangen. Zum einen wird dargestellt wie eine Lehrveranstaltung an sich aufgebaut werden kann und was zu tun ist, wenn Probleme in der Lehrveranstaltung selbst auftreten. Zum anderen sollen Möglichkeiten aufgezeigt werden wie Lernprozesse gefördert werden können, insbesondere wie effektiv Fälle besprochen, juristische Streitstände aufbereitet und juristische Diskussionen geführt werden können.

A. Aufbau einer Lehrveranstaltung – Phasen und Funktionen einer Lehrveranstaltung

Um diese wichtigen Fragen geht es in diesem Abschnitt:

- Aus welchen Phasen können Lehrveranstaltungen jeglicher Art bestehen und welche Funktionen können jeder Phase zugeordnet werden?
- Wie kann dieses Phasenmodell auf juristische Lehrveranstaltungen übertragen werden?

Schwerpunktmäßig dient jede Art von Lehrveranstaltung, je nach Lernzielbereich, entweder der Wissensvermittlung, der Vermittlung von Einstellungen und Werten oder dem Erlernen von handwerklichen Fertigkeiten, was vor allem in den sog Informations- und Informationsverarbeitungsphasen zur Geltung kommt/kommen sollte. Doch es existieren daneben noch weitere Phasen, welchen in einer Lehrveranstaltung, wenn auch zeitlich viel knapper, Beachtung geschenkt werden sollte. Diese Phasen, deren Reihenfolge teilweise auch flexibel gestaltet werden kann, gilt es im Folgenden vorzustellen.

1. Phase Warm up

Die erste Phase bildet das sog Warm up. Sie nimmt in der Regel in der ersten Lehrveranstaltungsstunde mehr Zeit in Anspruch, fällt aber im Laufe der weiteren Sitzungen relativ knapp aus. Im ersten Termin sollten, je nach Veranstaltungsgröße, hierfür ca. 5–10 Prozent der Gesamtveranstaltungszeit veranschlagt werden. Ab der zweiten Lehrveranstaltungswoche reduziert sich die zeitliche Investition in diese Phase eher auf 1–2 Minuten.[1] Funktion dieser Eingangsphase ist das geistige Ankommen sowohl des Lehrenden als auch der Studierenden und das gegenseitige Kennenlernen aller Teilnehmer der Lehrveranstaltung zu ermöglichen. Bereits in dieser Phase kann der Dozent einen Meilenstein für das Zustandekommen einer guten Arbeitsatmosphäre schaffen. Eine positive Lernatmosphäre ist deshalb so von Bedeutung, damit die Studierenden vor allem ihre Anfangsunsicherheit ablegen und sich auf den Lernstoff konzentrieren können.[2] Im Idealfall entwickelt sich dadurch eine Stimmung in der Lehrveranstaltung, die es den Studierenden ermöglicht ohne Scheu auf Fragen des Dozenten zu antworten oder selbst eigene Fragen an den Dozenten zu stellen bzw. sich anderweitig in die Lehrveranstaltung einzubringen. Der Dozent muss eine Atmosphäre schaffen, in der auch eine unrichtige Antwort nicht zu einer peinlichen Situation für den Studierenden

---

1 Angelehnt an Wendorff, S. 188.
2 Vgl. Wendorff, S. 189.

führt und animiert wird (trotz unrichtiger Antwort) sich immer wieder zu melden bzw. aktiv zu werden. Der Dozent kann die Chance ergreifen gerade die falsche Antwort in einer positiven Art und Weise aufzugreifen und den besagten Inhaltspunkt daran verständlich zu erklären. Dies kann humorvoll geschehen. In keinem Fall sollte der Studierende jedoch bloß oder zu Schau gestellt werden, da durch ein solches Verhalten gerade das Gegenteil erreicht wird und dieses gegenüber allen Studierenden eher eine abschreckende Wirkung innehat.

a) Geistiges Ankommen

327 Geistiges Ankommen aller Teilnehmer der Lehrveranstaltung kann unter Beachtung verschiedener Punkte geschehen. Aus Dozentensicht bedeutet dies überpünktliches Erscheinen im Lehrveranstaltungsraum, das Vorbereiten der zu verwendenden Medien und etwaiger Unterlagen für die Studierenden. Auf diese Weise vermeidet der Dozent bereits zu Beginn der Veranstaltung durch ein unpünktliches Ankommen und ein hastiges Ordnen seiner Unterlagen das Entstehen einer Unruhe, welche sich in diesen Fällen meist auch auf die Studierenden überträgt. Als Dozent sollte man mit gutem Beispiel vorangehen und den Studierenden zeigen, dass man selbst gut organisiert ist. Eine Begrüßung samt aller relevanten Informationen zur Lehrveranstaltung (Titel, Ort, Zeit) und zum Dozenten (Name, Lehrstuhl) projiziert auf die Leinwand, hilft der Orientierung der Studierenden.[3] Auch ist es hilfreich, dass der Dozent den Studierenden kurz Zeit und Raum lässt, damit diese erst ankommen, in Ruhe Platz nehmen und ihre bisherigen Erlebnisse ablegen können, sprich sich auf die aktuelle Lehrsituation geistig einlassen zu können. In diesem Zusammenhang ist es auch in den weiteren Sitzungen der Lehrveranstaltung nicht zu empfehlen etwaige Zuspätkommer zu „bestrafen" und ihnen inhaltliche Fragen zu stellen, obwohl sie gerade noch mit dem Ankommen beschäftigt sind. Ankommen bedeutet weiterhin den Studierenden zu Beginn die Möglichkeit zu geben erste soziale Kontakte mit ihren Kommilitonen und ihrer Lehrperson zu knüpfen, sofern dies nicht schon vorab durch andere Veranstaltungen geschehen ist. Auf jeden Fall sollte der Dozent pünktlich beginnen und allenfalls bei Kleinstveranstaltungen, bei denen es auf die Teilnehmeranzahl ankommt, ein paar wenige Minuten warten und dies den Teilnehmenden auch so kommunizieren. Auf keinen Fall sollen durch ein längeres Warten pünktlich erschienene Studierende verärgert werden. Positiv auf die Studierenden wirkt ferner, wenn der Dozent bspw. in der ersten Veranstaltung mit einer persönlichen Anekdote oder mit einer persönlichen Begrüßung in die gemeinsame Lehr-Lernzeit einsteigt anstelle der gängigen Floskeln zur Begrüßung. Der Dozent sollte immer im Hinterkopf haben: Der erste Eindruck prägt sich bei den Studierenden ein!

b) Kennenlernen

328 Beim Kennenlernen in der ersten Lehrveranstaltung geht es auf der einen Seite um die Vorstellung des Dozenten und auf der anderen Seite um die Vorstellung der Studierenden. Die Vorstellung des Dozenten sollte in der Regel kurz ausfallen. Von Bedeutung für die Studierenden sind hier im Besonderen die fachliche Qualifikation des Dozenten und dessen persönlicher Bezug zu den Inhalten der Lehrveranstaltung. In die Vorstellung der Studierenden kann dagegen etwas mehr Zeit investiert werden.

---

3 Ähnlich Wendorff, S. 188 f.

A. Aufbau einer Lehrveranstaltung – Phasen und Funktionen einer Lehrveranstaltung

Hier geht es nicht nur um das gegenseitige Kennenlernen, sondern vor allem auch darum, dass die Studierenden die Möglichkeit erhalten bereits zu einem sehr frühen Zeitpunkt selbst aktiv zu werden. Dieses Freisprechen innerhalb einer Vorstellungsrunde verhindert bereits zu Beginn eine Passivität oder ein Zurückziehen der Studierenden. Die ersten Worte eines jeden sind gesprochen. Dadurch fällt es dem einen oder anderen Studierenden einfacher sich im weiteren Verlauf der Veranstaltung am Unterrichtsgeschehen zu beteiligen bzw. sich zu Wort zu melden. Nebenbei erhalten der Dozent und die anderen Studierenden durch die Vorstellungsrunde, soweit sie sich gegenseitig noch nicht kennen, wertvolle Informationen über bspw. Vorwissen und Bereitschaft der Studierenden, die sich aus den Leitfragen des Dozenten ergeben (können). Dabei haben die Studierenden auch die Gelegenheit auf diese Weise Gemeinsamkeiten mit den anderen Mitstudenten zu erkennen. Bei einer Lehrveranstaltung bis ca. 12 Teilnehmer (zB Proseminar) kann der Dozent eine etwas umfangreichere Vorstellungsrunde mit Moderationskarten (Name, Semester, Hobby, Schwächen und Stärken hinsichtlich bestimmter Inhalte der Veranstaltung, Erwartungen an die Veranstaltung usw) durchführen. Fällt die Gruppengröße etwas größer aus (ca. 13–30 Personen; zB Propädeutische Übungen), dann empfiehlt sich eine mündliche Vorstellungsrunde anhand von vorformulierten Leitfragen (Name, Interesse am Fach, Erwartungen usw). In Großveranstaltungen wie Vorlesungen bietet es sich an, Fragen an das Plenum (zB vorheriger Besuch bestimmter Lehrveranstaltungen, Behandlung bestimmter Inhalte usw) zu stellen, welche mit Handzeichen beantwortet werden sollen.

2. Transparenzphase

Die zweite Phase nennt sich nach dem hier dargestellten Modell „Transparenzphase". Sie sollte normalerweise max. 5 Prozent der Gesamtveranstaltungszeit beanspruchen.[4] Die Funktion dieser Phase ist es mit den Studierenden das Organisatorische zu klären, ggfs. Regeln aufzustellen sowie die Inhalte der Veranstaltung kurz darzustellen.

Die Transparenzphase dient damit vordergründig der Orientierung der Studierenden. In dieser Phase gilt es die Studenten zu informieren, so dass diese über alle für sie relevanten Aspekte (Zeiten, etwaige Pausen, Bereitstellen von Unterlagen, Reihenfolge und Gewichtung der Inhalte und damit einhergehend die Lernziele und der Nutzen dieser Lehrveranstaltung für die Studenten, etwaiger Methodeneinsatz mit rezeptiven und aktiven Phasen für die Studierenden, Erwartungen an die studentische Mitarbeit zwecks eigenverantwortliches und selbstständiges Vor- und Nachbearbeiten des Lernstoffes, Leistungs- oder Sitzscheine, Prüfungsvoraussetzungen, -form, -termine usw) Bescheid wissen. Im Idealfall erhalten die Studierenden die wesentlichen Punkte zusätzlich schriftlich oder im Internet abrufbar, um dadurch einem ständigen Nachfragen entgegenzuwirken.

Sofern der Dozent in der Gestaltung seiner Lehrveranstaltung freie Hand oder zumindest einen gewissen Ermessensspielraum hat, kann er die Studierenden aktiv einbinden, indem er deren Erwartungen und Wünsche erfragt und ggfs. die ein oder andere inhaltliche Ergänzung vornimmt. Um auch tatsächlich die Lehrveranstaltung zielgruppengerecht aufzubereiten, muss der Dozent jedoch weiterhin die Lernziele im Auge behalten, damit ein Ausufern der Inhalte nicht stattfindet. Er muss folglich auch in der Lage sein, nicht weiterführende, von den Studierenden jedoch gewünschte Exkurse

---
4 Ähnlich Wendorff, S. 187 f.

offen eine Absage zu erteilen und diese ggfs. auf ein Vieraugengespräch nach der Lehrveranstaltung zu verlegen.

3. Phase der Hinführung zum Thema

332 Das Hinführen zum Thema als Phase drei sollte möglichst kurz und knapp erfolgen. Diese Phase stellt lediglich ein Hinleiten zu dem zu behandelnden Lehrstoff dar. Lange inhaltliche Hin- oder Ausführungen sind hier fehl am Platz. Es geht darum das Interesse der Studierenden zu wecken und Aufmerksamkeit für das Thema zu erzeugen. Auch ist es möglich, dass der Dozent in dieser Phase das Vorwissen seiner Studierenden wiedererweckt bzw. daran anknüpft.

333 Dem Dozenten bietet sich hier ein Fundus verschiedenster Möglichkeiten:

334 Bspw. kann er mit einem aktuellen Ereignis (etwaiger Skandal oder eine neue Gesetzesänderung usw), welches sich gerade anbietet, einsteigen oder er hat eine persönliche Anekdote zum Thema parat. Hier kann je nach Rechtsgebiet und Veranstaltung auch auf ein Zitat, auf die Historie, eine Metapher, eine Mind-Map, ein Bild, ein Kurzfilm usw oder eine rhetorische Frage, die zum Mitdenken anregt, zurückgegriffen werden.

335 Wichtig ist nur, dass durch die Hinführung ein Spannungsbogen zum Inhalt der Veranstaltung aufgebaut wird und die Studierenden zum Nachdenken animiert werden.

4. Informationsphase

336 Die wichtigste Phase überhaupt ist mit Phase vier die sog Informationsphase. Sie sollte den größten Anteil an der Gesamtveranstaltungszeit (mit der Verarbeitungsphase zusammen mindestens ca. 90 % der Zeit) innehaben. Empfehlenswert hierbei ist es die Lehrveranstaltung, wenn möglich und sinnvoll, zeitlich in mehrere kleinere inhaltliche Blöcke zu gliedern und für jeden Inhaltsblock die Phasen drei bis fünf zu wiederholen.[5] In dieser Phase werden die ausgewählten Lehrinhalte entweder durch den Dozenten vermittelt oder von den Studierenden selbst erarbeitet.

337 Der Dozent selbst kann Inhalte vor allem durch die Methoden des Lehrvortrages und Lehrgespräches vermitteln, insbesondere dann, wenn er viel Lernstoff innerhalb einer kurzen Zeitspanne durchnehmen möchte wie in einer Vorlesung oder in einem Examenskurs. Damit aus Studentensicht nicht nur ein Informieren stattfindet, sondern tatsächlich ein Lerneffekt eintritt, sollten in diesem Fall die Studierenden zum einen, wenn auch nur knapp, immer wieder kommunikativ eingebunden und zum anderen angehalten werden sich mit den Lerninhalten im Nachgang der Veranstaltung noch einmal eingehend zu beschäftigen. Hierauf sollten die Studierenden im Laufe derselben Veranstaltung sogar mehrmals aufmerksam gemacht werden, damit die Bedeutung des Nacharbeitens nochmals unterstrichen wird. Weiterhin bleibt dem Dozenten zudem die Möglichkeit auch die neuen (!) Inhalte durch das Einsetzen aktivierender Methoden mit den Studierenden gemeinsam zu erarbeiten. Zwar ist diese Variante zeitintensiver. Im Gegensatz zum passiven Zuhören steigt hier jedoch durch das eigenständige Beschäftigen mit dem Lernstoff die Lernwirksamkeit. Im Ergebnis ist die Kombination von rezeptiven und aktiven Phasen miteinander am erstrebenswertesten. ZB bietet es sich an nach einer Inputphase von ca. 15–20 Minuten den Studierenden Zeit zum

---

5 Siehe auch Wendorff, S. 188.

A. Aufbau einer Lehrveranstaltung – Phasen und Funktionen einer Lehrveranstaltung

Nachdenken zu geben oder in Gestalt einer Aufgabe das gerade Vermittelte durch eine aktivierende Methode anzuwenden.[6]

5. Informationsverarbeitungsphase

Anschließend erfolgt Phase fünf, die sog Informationsverarbeitungsphase. Sie ist mit der Informationsphase das Kernstück des Phasenmodells. Die Verarbeitungsphase kann auf zweierlei Wegen erfolgen: entweder durch aktives Verarbeiten der besprochenen Inhalte durch die Studierenden oder durch passives Sackenlassen. Während Letzteres in den meisten Fällen durch das Einräumen von Zeit zum Nachdenken, Einbauen von Minipausen oder durch das Stellen rhetorischer Fragen, welche den Zuhörer zum Nachdenken animieren sollen, erfolgt, gelingt Ersteres durch das tatsächliche aktive Beschäftigen mit dem Gehörten, was wiederum durch den gezielten Einsatz verschiedenster aktivierender Methoden in die Tat umgesetzt werden kann.[7] Durch die aktive Auseinandersetzung mit den Lerninhalten wird das Abspeichern im Langzeitgedächtnis gefördert. Insbesondere brauchen Lerninhalte Zeit, um sich im Gehirn längerfristig abzusetzen. Aufgrund dessen sind stetige Wiederholungen in der Lehrveranstaltung von immenser Bedeutung. Diese sollten daher immer wieder in den Lehrbetrieb eingefügt werden. Am wirksamsten geschehen diese durch Wiederholungen durch die Studierenden selbst. Am einfachsten können mündlich Wiederholungsfragen durch den Dozenten gestellt werden, welche die Studierenden mündlich beantworten oder, in der etwas zeitintensiveren Version, jeder für sich in einer bestimmten Zeit knapp schriftlich beantwortet (Überprüfung des eigenen Leistungsstandes!), um dann im Plenum kurz die Antworten zu besprechen. Durch das aktive Verarbeiten der Inhalte steigt die Chance, dass Studierende die behandelten Lernstoffe langfristig verinnerlichen. Darum sollte der Dozent diese Art des Vermittelns und Verinnerlichens stets im Auge behalten.

338

6. Phase Cool down

Die letzte Phase ist der sog Cool down. Dieser Phase sollten für gewöhnlich fünf Prozent der Gesamtveranstaltungszeit gewidmet werden.[8] Maßgeblich in dieser Phase sind das Einholen jedweder Art von Rückmeldungen inhaltlicher oder methodischer Natur und die Gestaltung des Ausstiegs aus der Arbeit. Auch diese Phase sollte in die Lehrveranstaltung bewusst integriert werden. Im Idealfall geht der Dozent fließend von Phase fünf auf sechs über, ohne den Abschluss den Studierenden wörtlich aufzuzeigen, damit keine Unruhe entsteht. Der Dozent kann diesen letzten Abschnitt so strukturieren, dass er die wichtigsten Inhalte entweder selbst zusammenfasst oder durch den einen oder anderen Studierenden zusammenfassen lässt. Ferner hat er die Möglichkeit ggfs. seinen Einstieg wiederaufzugreifen und in einen Ausstieg umzuwandeln. Oder aber er gibt einen Ausblick auf die nächste Lehrveranstaltungseinheit.[9]

339

7. Übertragung des Phasenmodells auf juristische Lehrveranstaltungen

Beispielhaft wird das Phasenmodell im Folgenden auf verschiedene juristische Lehrveranstaltungen angewendet.

340

---

6 Ähnlich Wendorff, S. 197.
7 Vgl. Wendorff, S. 199.
8 Siehe Wendorff, S. 188.
9 Ähnlich Wendorff, S. 200.

a) Propädeutische Übungen

341 In der Regel sind die Gestaltungsmöglichkeiten in Propädeutischen Übungen umfangreicher als in reinen Vorlesungen mit sehr großen Studierendenzahlen. Der Dozierende kann in der ersten Sitzung mit einer kurzen Kennenlernrunde aller in die Phase Warm up einsteigen und ab der zweiten Sitzung diese Phase überspringen. Anschließend kann er kurz organisatorische Punkte (Zeiten, Pausen, Scheine; thematischer Ablaufplan usw) abklären.

342 In dieser Transparenzphase empfiehlt es sich, dass der Dozent offen anspricht, dass er auf die aktive Mitarbeit seiner Studierenden Wert legt und dass er diese immer wieder in die Fallbearbeitung einbinden wird. Auch kann er seinen Studierenden kurz aufzeigen, wie nach seiner Vorstellung diese in den Unterricht miteinbezogen werden. Je nach Semesterhöhe kann dies zB durch Wiederholungen von Aufbauschemata und Definitionen geschehen oder durch den Einbau klassischer Probleme in die Aufbauschemata oder durch theoretische Fragerunden (zB inhaltliche Fragen zum Betrug: „Welche Fallgruppen im Rahmen des Vermögensschadens müssen wir bei der Prüfung des Betrugstatbestandes immer im Hinterkopf haben?").

343 Diese Art von Wiederholungen sollten zeitlich nicht mehr als fünf bis sieben Minuten in Anspruch nehmen, damit noch ausreichend Zeit für die Bearbeitung der neuen Fälle bleibt. Zudem können diese Wiederholungen auch als Hinführung zu den neuen Inhalten dienen (zB Gemeinsamkeiten und Unterschiede des Begriffs des Vermögensschadens beim Betrug mit dem Vermögensschaden des Untreuetatbestandes). Oder aber der Dozent greift aktuelle Betrugs- oder Untreueprozesse aus den Medien auf und stellt hierzu Fragen, um dann auf die einzelnen Tatbestände einzugehen.

344 Jetzt kommt der Dozent zum wichtigsten Abschnitt seiner Propädeutischen Übung: die Informations- und Verarbeitungsphase in Form der Lösung eines oder mehrerer Fälle. Hier geht es um ein gemeinsames Bearbeiten eines Falles und nicht um ein Vorsagen der Lösung durch den Dozenten. Auch hierauf sollte der Dozent immer wieder hinweisen. Ausgezahlt hat sich hier den Studierenden erst Zeit zu geben sich den Sachverhalt zweimal durchzulesen und erst einmal jeder für sich eine Grobgliederung, ggfs. im Austausch mit dem Sitznachbarn, zu erstellen. Dieser Schritt dient dazu, dass der Student mit dem Erstellen einer Lösungsgliederung seinen eigenen Leistungsstand grob einordnen kann und dadurch (hoffentlich) zu der Erkenntnis gelangt, ob bzw. inwieweit noch Nachholbedarf besteht. Im Anschluss hieran wird der Fall gemeinsam im Plenum besprochen. Vom Ablauf her empfiehlt es sich hier die gängigen Arbeitsschritte (Bearbeitervermerk und Sachverhalt gemeinsam lesen, wichtige Informationen unterstreichen und Probleme im Sachverhalt ansprechen, mit der Lösungsgliederung beginnen usw) einzuhalten. Im Rahmen dieser Fallbesprechung kommt es vor allem darauf an den Studierenden die richtige Schwerpunktsetzung zu vermitteln (Lernziele). Durch den Einsatz verschiedener aktivierender Methoden sollen die Studierenden immer wieder in die Fallbesprechung und -bearbeitung eingebunden werden (siehe Tool 5: Aktivierende Methoden für Veranstaltungen).

345 Nach Lösen des Falles bzw. der Fälle können die wichtigsten inhaltlichen Aspekte der Veranstaltung durch den Dozenten oder durch die Studierenden (je nach Methode) in knappen Sätzen noch einmal hervorgehoben werden.

A. Aufbau einer Lehrveranstaltung – Phasen und Funktionen einer Lehrveranstaltung

b) Proseminare/Wissenschaftliches Arbeiten

Bei einem Proseminar mit max. 15 Studierenden kann der Dozent in der ersten Sitzung, nach eigener Vorstellung, bspw. mit der Methode „Partnerinterview" in die Phase des Warm up einsteigen. Daran anknüpfend bespricht er kurz den organisatorischen Rahmen der Veranstaltung und die zu behandelten Inhalte anhand eines ausgeteilten Handouts mit den wesentlichen Punkten (Transparenzphase).

Zum Thema hinführen kann er mit einer persönlichen Anekdote („Wie war es für den Dozenten selbst als er seine erste Hausarbeit oder Seminararbeit schreiben musste? Welche Fehler sind ihm unterlaufen?") oÄ. Hiermit verbinden kann er den Einsatz der Methode „Vorwissensaustausch", um sich ein Bild über den Kenntnisstand seiner Studierenden zu machen.

Weiterhin kann er mithilfe der Methode „Mind-Map" in die Informationsphase einsteigen, indem sich alle zunächst einen Überblick über die zu behandelnden Themen des wissenschaftlichen Arbeitens verschaffen (zB Literatursammlung/Literaturbearbeitung/didaktische Reduktion/Texte lesen, verstehen und wiedergeben/Formalien beachten). Hieran anknüpfen kann der Dozent mit den konkret zu vermittelnden Inhalten der Sitzung (zB Oberbegriff „Literatur") mit einer (kurzen) Inputphase oder mithilfe der Methode „Wandzeitung" (Informationsverarbeitungsphase).

Abschließend kann der Dozent mit einem „Vierschritt" und einem Ausblick auf die nächste Sitzung (Cool down).

Zusammenfassung der wichtigsten Aspekte dieses Abschnitts:

- Eine Lehrveranstaltung kann in folgende Phasen und den dazugehörigen Funktionen gegliedert werden:
  - Phase Warm up: Ankommen, Kennenlernen
  - Phase der Transparenz: Organisation, Regeln, Lernziele und Erwartungsabfrage
  - Phase der Hinführung zum Thema: Interesse wecken
  - Informationsphase: Vermittlung oder Erschließenlassen von Informationen
  - Informationsverarbeitungsphase: Verarbeitenlassen oder Passives Sackenlassen von Informationen
  - Phase Cool down: Ausstieg aus der Lehrveranstaltung
- Dieses Phasenmodell sollte im Rahmen einer guten Lehrpraxis auch in allen juristischen Lehrveranstaltungen, selbstverständlich angepasst an die jeweilige Lehrveranstaltungsart, zur Geltung kommen.

8. Förderung von Lernprozessen

Im Idealfall sollte es dem Dozenten einer juristischen Lehrveranstaltung nicht (nur) darum gehen so viel Lernstoff wie möglich zu vermitteln bzw. so viele Fälle wie möglich in Form eines Frontalunterrichts ohne Beteiligung der Studierenden zu lösen. Der Dozent sollte auch genügend Zeit einplanen, um auf seine Studierenden einzugehen und diese beim Lernen zu unterstützen.

352 Dies gelingt ua unter Beachtung folgender Faktoren:

Zusammenfassung lehrrelevanter Aspekte:

Lernumgebung	Dem Medien- und Methoden- einsatz entspre- chend anpassen	Bewegung im Raum	Transparent ma- chen von Lernzie- len	Austausch der Studie- renden unter- einander er- möglichen
Medien und Methoden	Abwechslungs- reich gestalten	Den Studieren- den Wahlmög- lichkeiten ein- räumen	Sinn und Zweck des Medien- und Methodeneinsat- zes veranschauli- chen	
Interaktion	Klärung offener Fragen und von Unklarheiten	Förderung einer Fragen- und Feh- lerkultur	Schwerpunktset- zung üben	Respektvol- ler Umgang miteinander
Auseinander- setzung mit Inhalten	Herausfordernde Aufgaben	Studierende im- mer wieder moti- vieren	Ausreichende Bearbeitungszeit	Hilfestellun- gen geben
Rückmeldungen	Selbstreflexion der Studierenden durch konstruk- tive Kritik för- dern	Fehler als Chan- cen sehen	Lerntechniken und Lernprozesse überprüfen/-den- ken	

Zusammenfassung lernrelevanter Faktoren:

Mehrere Sinneska- näle ansprechen	Auditiv, visu- ell, psycho- motorisch, haptisch usw.	Vernetzungen im Ge- hirn ermöglichen	Leichteres Ler- nen und Erin- nern an Lernin- halte	Wiederholen lassen in ei- genen Wor- ten
Anschluss an Vorwissen	Kenntnisstand der Studieren- den in Erfah- rung bringen	Verknüpfungen im Gehirn zu Vorwis- sen/Vorerfahrungen fördern	Theorie und Praxis mitein- ander verbin- den	Zusammen- fassung in ei- genen Wor- ten durch Studierende
Aktives Auseinan- dersetzen	Aktivierende Methoden	Fragen an die Stu- dierenden stellen/Stu- dierende zum Nach- fragen motivieren (angstfreie Lernatmo- sphäre schaffen)	Studierende zum Selbstler- nen animieren	
Gegenseitiges Erklären	Sehr wir- kungsvoll we- gen Eigenfor- mulierungen der Studenten	Reflexion des eigenen Wissensstandes (Wissen/Nichtwissen)	Schließen von Wissenslücken mithilfe ande- rer Erklärender	
Wiederholun- gen/Üben	Stärkung neu- ronaler Netze im Gehirn	Wiederholungen in zeitlichen Abständen	Abspeichern im Langzeitge- dächtnis	

B. Schwierige Situationen in der juristischen Lehrpraxis

Um diese wichtigen Fragen geht es in diesem Abschnitt: 353

- Welche schwierigen Situationen können dem Dozenten in der Lehrveranstaltung begegnen?
- Wie geht er angemessen mit diesen sog Stolpersteinen um?

Schwierige oder zumindest unangenehme Situationen im Lehralltag kommen immer wieder vor. Bedeutsam ist hier als Dozent zur richtigen Zeit auf angemessene Weise zu reagieren, damit sich aus einer bedeutungslosen Situation keine Eskalation entwickelt.

Viele Störungen lassen sich von vornherein vermeiden. Bspw. ist ein gewisses Maß an Hintergrundgeräuschen während einer Lehrveranstaltung durchaus normal, da in der Regel niemand durchgehend 90 Minuten voll konzentriert sein kann. Als Dozent gilt es sich dies zu vergegenwärtigen und im konkreten Fall nicht überzureagieren, da anderenfalls schnell eine Eskalation der Situation erfolgen kann. Ein Reagieren ist aber spätestens dann erforderlich, wenn andere Studierende gestört werden und ein wirksames Lehren und Lernen nicht mehr möglich erscheint. Doch auch dann gilt es zu beachten sich zu keiner unbesonnenen Reaktion verleiten zu lassen. Denn der Dozent sollte immer im Hinterkopf behalten, dass bei einer zu starken Reaktion auf einen störenden Studenten die anderen Studierenden trotz Störung mit diesem sympathisieren können, so dass die Gefahr besteht in eine Auseinandersetzung mit der gesamten Gruppe zu kommen. Der Dozent sollte aus diesem Grund ein Bewusstsein für gruppendynamische Prozesse entwickeln und diese immer im Blick haben. 354

Allgemein gilt: Ein respektvoller und wertschätzender Umgang auch mit schwierigen Studierenden verhindert ein belastetes Arbeitsklima. Alle Studierenden sollten gleichbehandelt werden. 355

Im Folgenden werden einige mögliche Stolpersteine und deren Lösungsmöglichkeiten stichwortartig aufgezeigt. 356

Fragen, die der Dozent nicht beantworten kann: 357

- Frage zum besseren Verständnis und zur Zeitgewinnung wiederholen: Antwort gefunden?
- Ehrlich zugeben, sofern man die Antwort wirklich nicht weiß (Dozent zwar Experte, jedoch nicht allwissend) und Antwort in der nächsten Einheit nachliefern
- Rechercheauftrag für die nächste Sitzung an den die Frage stellenden Studierenden
- Ggfs. via Internet/Online-Datenbanken/Unterlagen/vorhandenem Wissen in der Lehrveranstaltung selbst mit dem Plenum klären/herleiten oder in der Pause nachschauen
- Anlegen einer Frageliste zur Klärung offener Fragen

Roten Faden verlieren:

- Wiederholen der letzten Gedanken
- Zusammenfassen der bisherigen Kernaussagen
- Etwas trinken und Zeit gewinnen
- Studierenden inhaltliche Fragen stellen
- In den eigenen Unterlagen (unauffällig) nachsehen

- Eventuell eine Minipause einbauen
- Studierende über eine bestimmte Aussage diskutieren lassen (Mini-Aktivierung) und nachschauen
- Blackout zugeben
- Situation mit humorvollem Spruch auflösen

Schweigen nach einer Frage:

- Verdeutlichen der eigenen Begeisterung für das Fach (als Dozent)
- Nutzen für die Studierenden aufzeigen
- Stille aushalten/Studierenden genügend Zeit zum Nachdenken geben (unterschiedliche Wahrnehmung der vergehenden Zeit)
- Frage umformulieren
- (weitere) Hinweise geben
- Nachfragen, warum keiner antwortet (Frage zu leicht/zu schwer?)
- Studierende kurz mit dem Partner über die Frage diskutieren lassen und dann Frage noch einmal stellen (geringere Hemmschwelle zu antworten)
- Offensichtlich falsche Antwort geben und nach Zustimmung der Studierenden fragen
- Mindeststandard an aktiver Beteiligung während des gesamten Semesters einfordern, so dass jeder zu Wort kommt

Es antworten wenige oder immer dieselben Studierenden:

- Nutzen der eigenen Mitarbeit aufzeigen
- Blickkontakt zu anderen Studierenden suchen und diese anregen zu antworten
- Ggfs. nachfragen warum nur wenige antworten
- Andere Studierende gezielt mit Namen ansprechen (persönliche Atmosphäre schaffen)
- Gewohnheiten entwickeln: Nach der Reihe jeden Studierenden aufrufen
- Aktivierende Methoden einsetzen
- Ggfs. in manchen Gruppen akzeptieren

Störende Studierende:

- Leise Hintergrundgeräusche akzeptieren
- Aufstellen von Regeln
- Respekt gegenüber den Mitstudierenden ansprechen
- Aktivierende Methoden einsetzen, die auch die Möglichkeit zu (fachlichen) Gesprächen bieten
- Deeskalationsstufen:
  - Störende Studenten anschauen, aber weitersprechen
  - Störende Studenten anschauen und kurz aufhören weiterzusprechen
  - Nachfragen, ob Unklarheiten oder Fragen bestehen
  - Studenten mitteilen, dass die Störung zu Ablenkungen führt/auf persönliche Beeinträchtigung hinweisen

B. Schwierige Situationen in der juristischen Lehrpraxis

- Studenten bitten etwaige Gespräche einzustellen
- Ggfs. Studenten auffordern die Veranstaltung zu verlassen

Zu spät kommende oder zu früh gehende Studierende:

- Regeln aufstellen
- Auf Pünktlichkeit hinweisen
- Offen ansprechen und Gründe in Erfahrung bringen, um dementsprechend darauf zu reagieren oder diese zu akzeptieren (zB Prüfung in vorheriger Veranstaltung)
- Zu Beginn/am Ende Prüfungsrelevantes besprechen
- Zu Beginn/am Ende Wiederholungen einbauen

Desinteressierte Studierende:

- Bis zu einem bestimmten Grad akzeptieren („Von der Schwierigkeit es allen recht zu machen ...")
- Auf akademische Freiwilligkeit hinweisen
- Nutzen aufzeigen
- Medienmix durchführen
- Aktivierende Methoden einsetzen
- Veranschaulichungsbeispiele einsetzen
- Klausurrelevanz verdeutlichen
- Mitarbeit konsequent einfordern
- Feedback einholen

Vielredner/Besserwisser/Abschweifer:

- Respektvoll behandeln
- Positiv einbeziehen
- Grenzen aufzeigen
- Andere Studierende direkt ansprechen
- Aussagen hinterfragen und „Kompetenz" überprüfen
- Zum Thema zurückführen: auf Lernziele verweisen
- Notfalls: Vieraugengespräch

Zeitplanung funktioniert nicht (zu spät/zu früh fertig):

- Offen ansprechen und um Verlängerung bitten
- Ggfs. Inhalte weglassen und in der nächsten Einheit behandeln bzw. zum Eigenstudium auslagern
- Aktivierende Methoden einsetzen
- Fragen stellen lassen
- Prüfungsfragen erstellen lassen
- Aufgabe erteilen

Nervöser Dozent:

- Akzeptieren
- Gute inhaltliche Vorbereitung
- Gründe für Nervosität herausfinden
- Adrenalin ausnutzen (Höchstleistungen)
- Positiv denken
- Situation relativieren
- „Übung macht den Meister"

Technische Störungen:

- Vorab technische Möglichkeiten des jeweiligen Raumes in Erfahrung bringen und zeitig ausprobieren
- Medienmix einplanen
- Ersatzmedien vorbereiten
- Technischen Ansprechpartner ermitteln
- Ruhe bewahren und ggfs. kurze Pause machen
- Studierenden eine Aufgabe geben und sich währenddessen um eine Lösung kümmern
- Spontan weiter machen, ggfs. freie Rede und mit Tafel weiterarbeiten
- Offen ansprechen und studentische Hilfe einholen

Zusammenfassung der wesentlichen Aspekte dieses Abschnitts:

- Bei Störungen muss die Lehrperson Ruhe bewahren und souverän reagieren. Hier ist ein professionelles Verhalten gefordert.
- Entscheidend ist ein wertschätzender Umgang miteinander!
- Mit steigender Erfahrung erhöht sich in der Regel auch die Fähigkeit schnell und zielführend Probleme in der Lehrveranstaltung zu beheben.

C. Richtig präsentieren

358 Um diese wichtigen Fragen geht es in diesem Abschnitt:

- Wie nutzt der Dozent den Raum am besten?
- Wie stellt der Dozent Kontakt zu den Teilnehmern her?

Die wesentlichen Komponenten einer Präsentation sind neben dem Inhalt und der Vortragstechnik des Dozenten auch die Teilnehmer. Sie stehen im Fokus jeder unterrichtenden Tätigkeit. Eine Präsentation oder – weitergezogen – eine (Lehr-)Veranstaltung, die nicht am Publikum ausgerichtet ist, wird wenig Erfolg haben. Letztlich lässt sich dieser am Ergebnis der „Abstimmung mit den Füßen" erkennen.

1. Veranstaltungsraum

a) Wahl des Veranstaltungsraums

359 In vielfacher Hinsicht spielt der Veranstaltungsraum eine nicht vernachlässigbare Rolle bei einer effizienten Wissensvermittlung. Zwar lässt sich dessen Wahl im universitären

C. Richtig präsentieren

Bereich nicht immer direkt beeinflussen, hängt sie doch von verschiedenen Kriterien ab. Grundlegend ist dabei die Anzahl der Teilnehmer, die bereits festlegt, welche Raumgröße genutzt werden kann. Zwangsläufig lässt sich eine Veranstaltung mit 100 Teilnehmern in einem Raum, der für 40 Personen ausgelegt ist – unabhängig von rechtlichen Vorgaben – dort nicht sinnvoll abhalten. Ein überfüllter Raum kann zu einer erheblichen Unruhe führen, da ein Großteil der Teilnehmer nicht einen regulären Platz ergattern konnte. Sie sitzen dann bspw. auf dem Boden, den Fensterbänken oder mehrere Teilnehmer nutzen zusammen eine Sitzgelegenheit. Daneben verursacht der Eindruck der Überfüllung uU gleichzeitig ein Stressgefühl.

Aber umgekehrt ist auch ein zu großer Raum nicht sinnvoll für eine Veranstaltung nutzbar. Wird eine Veranstaltung mit zehn Teilnehmern im größten Hörsaal der gesamten Universität durchgeführt, so hat der Dozent die Wahrnehmung, dass er in leere Reihen spricht. 360

b) Positionierung im Raum

Die Übergröße des Raums führt zusätzlich dazu, dass sich die Teilnehmer über ihn verteilen. Im Extremfall sitzen sie dann gemeinsam in der letzten Reihe, während der Dozent weiterhin an seinem Rednerpult verharrt. In solch einer Situation hilft es, die Teilnehmer zu bitten, sich in den ersten Reihen zu platzieren. Dem Problem, dass überwiegend nur die letzten Reihen besetzt sind, kann auch dadurch begegnet werden, dass der Dozent sich hin zu den Teilnehmern begibt und sozusagen vor der letzten Reihe seinen Unterricht durchführt. Er stellt sich damit schlichtweg vor die Teilnehmer. Dieses Vorgehen findet allerdings dort seine Grenzen, wo der Dozent – insbesondere aus technischen Gründen – sich an seinen Rednerplatz begeben muss. Das kann zB der Fall sein, weil er an einem Overheadprojektor eine Folie wechseln oder etwas notieren möchte. Daneben kann es sein, dass er seine PowerPoint-Präsentation weiterschalten muss. Weiterhin bringt ein Unterricht „vor der letzten Reihe" nur dann etwas, wenn niemand in den vorderen Reihen, also hinter dem Vortragenden sitzt. In diesem Fall würde er diese Teilnehmer ausschließen. Sollten die Teilnehmer aus der „letzten" Reihe nicht nach vorne wechseln wollen – zB weil sie die Mehrheit darstellen –, so kann der Dozent diejenigen in den vorderen Reihen bitten, sich ebenso nach hinten zu setzen. 361

Zusätzlich steht noch eine weitere Möglichkeit zur Verfügung: Der Dozent kann seinen Unterricht von der Seite aus gestalten. Damit steht er nicht mehr vor der Gruppe, sondern positioniert sich „neben" den Teilnehmern. Im Regelfall wird er sich auf die an der Außenseite der Sitzreihe bei größeren Hörsälen befindliche Treppe, ansonsten den dortigen Gang begeben. Von diesem Platz aus kann er sowohl die Teilnehmer in den vorderen als auch den hinteren Reihen erreichen. Diese Stelle birgt allerdings dann einen Nachteil in sich, wenn die Sitzreihen eine bedeutende Länge aufweisen und auf dem gegenüberliegenden Ende sich ebenso Studenten befinden. Dann wird sich im Zweifelsfall empfehlen, die Teilnehmer zu bitten, sich in der Mitte des Raums zu platzieren. Ansonsten werden nicht alle in einem einigermaßen sinnvollen Rahmen erreicht werden können. 362

Im Regelfall – ein passender Raum entsprechend der Anzahl der Teilnehmer – positioniert sich der Dozent mittig vor den Sitzreihen. An diesem Platz kann davon ausgegangen werden, dass er von allen Teilnehmern ohne Weiteres gesehen werden kann. Ob das der Fall ist, kann er einfach dadurch feststellen, ob er selbst alle Anwesenden sieht. Leider befinden sich in manchen Veranstaltungsräumen Säulen an Stellen, die nicht 363 gerade besonders zweckmäßig sind. Dadurch ergibt sich ein „Schatten", der die in ihm sitzenden Teilnehmer ausblendet. Der Dozent kann dieses Problem dadurch lösen, dass er entweder die Teilnehmer bittet, sich einen anderen Platz zu suchen. Oder er wechselt regelmäßig seinen Standort und nimmt dadurch eine Perspektive ein, mit der er auch die Teilnehmer im Schatten berücksichtigen kann.

364 In vielen Veranstaltungsräumen befinden sich Pulte, Tische oder ähnliche Ablageflächen. Ihr Standort ist meist in der Mitte des Raums, also an dem Platz, den der Dozent regelmäßig einnimmt. Oft befinden sich dort zugleich die Bedieneinheiten für die Raumtechnik, insbesondere den Beamer. Das führt dazu, dass sich die Pulte nicht mehr einfach an den Rand schieben lassen. Stattdessen sind sie wegen der Verkabelung fest mit dem Boden verbunden. Der Nachteil dieser Objekte im Raum ist, dass sie den Kontakt mit den Teilnehmern behindern. Platziert der Dozent auf ihnen noch seine Aktentasche und Jacke, so nimmt die Barriere noch mehr Raum ein, die Kontaktaufnahme wird noch schwieriger. Deshalb sollten diese persönlichen Gegenstände entweder am Rand des Raums oder auf einem Stuhl unterhalb des Pultes oder Tisches abgelegt werden. Wesentlich ist dabei, dass sie sich nicht zwischen dem Dozenten und seinen Teilnehmern befinden. Nur so lässt sich vermeiden, dass eine Barriere aufgebaut wird.

365 Ein weiteres, wichtiges Kriterium für die Wahl des Standortes im Raum ist die Projektionsfläche. Ihre Positionierung ist abhängig von der Raumgröße. In kleineren – meist Seminarräume – befindet sich die Leinwand mittig an der Wand hinter dem Dozenten. Das hat zwar einerseits den Vorteil, dass sie von allen Teilnehmern in etwa gleichmäßig wahrgenommen werden kann. Andererseits bedeutet diese Position für den Dozenten das Problem, dass er die Fläche durch sich selbst verstellen kann. Er steht somit „im Weg". Für ihn kann sich daraus ein weiteres Problem ergeben: Durch die mittige Anordnung der Leinwand ist der Beamer entsprechend positioniert. Steht der Dozent nunmehr vor der Leinwand, so wird er zwangsläufig in das Objektiv des Beamers blicken und dadurch geblendet werden. Andererseits kann er diese Blendung als Hinweis darauf verstehen, dass er im Raum gerade einen falschen Platz gewählt hat.

366 In (größeren) Hörsälen wird die Projektionsfläche ebenso mittig an der Wand angebracht sein. Durch die Größe des Raums stellt sich hier aber regelmäßig nicht das Problem, dass der Dozent durch seine Anwesenheit vor ihr einen Schatten auf sie wirft.

367 Mittlerweile häufiger anzutreffen ist die Konfiguration, in der die Fläche nicht mehr mittig an der Wand angebracht ist, sondern jeweils an deren Außenseiten spiegelbildlich zwei Leinwände montiert wurden. Das ist insbesondere dann der Fall, wenn der Veranstaltungsraum weniger in die Tiefe als in die Breite geht. Durch diese Anordnung ist sichergestellt, dass auch die Teilnehmer auf den äußeren Plätzen die Präsentation verfolgen können. Für den Vortragenden hat sie den Vorteil, dass er das Problem umgeht, durch seinen Standpunkt einen Schatten auf der Fläche zu verursachen. Ein Nachteil für ihn besteht allerdings, sollte er an der Leinwand etwas aufzeigen wollen. Hier wird er lediglich an einer der beiden Wände agieren können und muss in Kauf nehmen, dass unter Umständen nicht alle Teilnehmer ihm seine Aufmerksamkeit schenken können.

368 Das Problem des Schattenwurfs lässt sich bei der Nutzung eines Overheadprojektors deutlich reduzieren: Da der Dozent bei der Arbeit mit seinen Folien direkt am Gerät steht, kann er nicht die Projektion stören. Das wird erst dann zum Problem, wenn er

C. Richtig präsentieren

sich von ihm wieder entfernt und im Raum umher geht. Um zu vermeiden, dass er in den Lichtstrahl tritt und dadurch einen Schatten wirft, lässt sich bspw. am Boden eine Markierung anbringen. Sie zeigt dem Vortragenden, in welchem Bereich der Projektor das Licht ausstrahlt. Hierzu wird vor der Veranstaltung kurz anhand des laufenden Geräts geprüft, an welcher Stelle sich der Lichtstrahl ausbreitet. Daraufhin wird eine entsprechende Markierung angebracht. Alternativ lässt sich über Merkmale am Boden, wie zB die Fugen von Fliesen, der richtige Bereich einnehmen.

Soll anhand einer Overheadfolie etwas aufgezeigt werden, so empfiehlt sich das direkt auf der Folie am Projektor vorzunehmen. Begibt sich der Dozent stattdessen an die Projektionsfläche, so ist das mit mehreren Nachteilen verbunden: Zunächst ist davon auszugehen, dass er in den Lichtstrahl blicken wird, dadurch selbst geblendet ist und den Blickkontakt zu den Teilnehmern verliert. Aufgrund der unterschiedlichen Helligkeit zwischen der Fläche und des sie umgebenden Raums steht der Vortragende außerdem in einem dunkleren Bereich. Das macht es für die Teilnehmer schwieriger, ihn wahrzunehmen. Ein weiteres Problem stellt der Umstand dar, dass der Dozent mit seinem Arm – trotz etwaiger gelegentlich schräg anmutender Verrenkungen – nicht alle Stellen der Leinwand erreichen kann. Somit wird sein Aufzeigen unpräzise. Für die Hörer bleibt damit ein Rest an Unsicherheit. Soweit dies möglich ist, sollte der Dozent auf einen Laserpointer oder einen Teleskopstab zurückgreifen. In manchen Fernbedienungen für PowerPoint (sog Presenter) ist ein solcher Laserpointer bereits integriert. Damit ist zwar nicht das Problem gelöst, dass er neben der Projektionsfläche steht. Allerdings lässt sich damit zumindest der Hinweis präziser gestalten. **369**

Für Nutzer eines Overheadprojektors gestaltet sich die Sache im Vergleich zu denen eines Beamers deutlich einfacher: Sie haben die Möglichkeit, auf der Folie den Hinweis anzubringen. Dies kann entweder dadurch geschehen, dass sie die relevante Stelle auf der Folie mit einem Stift hervorheben, indem sie zB einen Kreis darum ziehen oder sie unterstreichen. Will oder kann der Dozent auf der Folie keine Anmerkung anbringen, so kann er zB einen Stift auf der Folie ablegen, der als eine Art Pfeil dient. Alternativ lassen sich auch andere Gegenstände wie zB Büroklammern oder Schlüssel nutzen. Manche Dozenten falten sich aus einem Stück Papier einen kleinen Papierflieger, den sie als Hinweisgeber nutzen. Im Handel finden sich stellenweise flexible, transparente Stäbe mit einem Ende in Form einer Miniatur-Hand. Damit kann der Dozent ebenso auf einen bestimmten Aspekt auf der Folie hinweisen. **370**

Generell sollte beim Aufzeigen direkt an der Projektionsfläche darauf geachtet werden, dass der Dozent sich weiterhin den Teilnehmern zuwendet. Gerade in dieser Situation besteht die Gefahr, dass er ihnen den Rücken zudreht. Das kann einerseits dazu führen, dass sie ihn – sollte er weiterreden – nur noch schwer verstehen. Andererseits verliert er – wenn auch nur für einen kurzen Zeitraum – den Kontakt zu ihnen. **371**

c) Interaktion mit den Teilnehmern

Der Kontaktaufbau zu den Teilnehmern geschieht in erster Linie über den Blick. Deshalb sollte es Ziel eines jeden Dozenten sein, so viel Blickkontakt wie möglich zu halten. Das fängt bereits vor Beginn der Veranstaltung an, zu der der Vortragende bereits einige Minuten früher erscheint. Hier kann er sowohl mit den bereits Anwesenden als auch den später Erscheinenden schon die ersten Blicke austauschen. Sie stellen eine Art nonverbalen Gruß dar und zeigen, dass der Dozent sich jetzt auf die Veranstaltung einstimmt. Gerade in kleineren Gruppen kann die Kontaktaufnahme noch dadurch **372** unterstützt werden, dass er auf dem Niveau eines Small-Talks in die Runde fragt, wie aktuell die Stimmung sei. Ziel einer solchen Frage ist es dabei nicht, in eine tiefergehende Diskussion einzusteigen. Stattdessen soll sie lediglich der Auflockerung dienen.

373 Gerade in größeren Räumen gestaltet sich der Blickkontakt mit den Teilnehmern etwas schwieriger. So wird es hier nahezu unmöglich sein, mit allen zumindest einmal während der Veranstaltung Kontakt aufzunehmen. Hier empfiehlt es sich – was bei ansteigenden Sitzreihen so vorteilhafter ist –, den Raum in Form des Buchstabens „M" mit den Augen abzufahren. Aufgrund der größeren Distanz zwischen den Teilnehmern und dem Dozenten entsteht dadurch bei ihnen der Eindruck, als würde er dennoch jedem Einzelnen in die Augen sehen. Ferner bringt diese Methode den Vorteil mit sich, dass gerade die Hörer in den äußeren Bereichen des Raums nicht beim Blickkontakt ausgespart werden. Zusätzlich empfiehlt sich hier, regelmäßig die äußeren ebenso wie die ersten Reihen gezielt anzublicken.

374 Der (kontinuierliche) Blickkontakt hat für den Referenten einen weiteren Vorteil: Er kann am Gesichtsausdruck seiner Teilnehmer ablesen, ob sie seinen Ausführungen folgen (können). Etwaige Unsicherheiten oder Unklarheiten lassen sich aus deren Gesichtern ablesen. Diese Erkenntnis gibt dem Dozenten die Möglichkeit, bei seinem Publikum gezielt nachzufragen, ob irgendwelche Probleme aufgetreten sind. Nicht unbedingt muss dies mit seinen Ausführungen zusammenhängen. So können auch äußere Faktoren auftreten, die zu einer Störung für die Teilnehmer führen.

375 Der Kontakt zu den Anwesenden kann noch über eine weitere „Technik" hergestellt werden: Der Dozent spricht sie mit ihrem Namen an. Allerdings findet sich das nur selten im universitären Bereich, was mit der Größe der Veranstaltungen zu tun hat. Am ehesten können die Teilnehmer noch in kleinen Veranstaltungen angesprochen werden. Voraussetzung ist, dass der Referent überhaupt die Namen kennt. Das Aufstellen von Namensschildern wird dabei oft als Relikt aus der Schulzeit angesehen und deshalb vermieden. Allerdings ist es die effektivste Möglichkeit, gerade im kleinen Rahmen ohne großen Lernaufwand die Namen parat zu haben. Alternativ können die Teilnehmer auch gebeten werden, ihre Namen zu nennen. Erfahrungsgemäß haben sie auch kein Problem damit, wenn der Dozent in verschiedenen Veranstaltungen jeweils erneut nachfragt.

376 Auch in Vorlesungen spricht nichts dagegen, die Teilnehmer mit ihren Namen anzusprechen. Das bietet sich vor allem bei denjenigen an, die sich regelmäßig in der Veranstaltung durch Wortmeldungen beteiligen. Denn ansonsten bleibt nur, diese in unpersönlicher Weise anzusprechen („Der Student mit dem roten Pullover!"). Um deren Namen zu erfahren, kann der Dozent schlichtweg nach diesem fragen. Ist er sich nicht sicher, wie der Student darauf reagieren wird, so bietet sich diese Frage nach Ende der Veranstaltung an.

d) Bewegung im Veranstaltungsraum

377 Eine weitere Möglichkeit, einen entsprechenden Kontakt zu halten besteht darin, sich innerhalb des Veranstaltungsraums zu bewegen. Das Entscheidende darin ist allerdings, dass die richtige Dosis zwischen Gehen und Stehen gefunden wird. So sollte der Unterricht für den Dozenten weder einen Marathonlauf darstellen, noch sollte er wie eine Marmorsäule für 90 Minuten an einem einzigen Ort stehen bleiben. Gerade

C. Richtig präsentieren

bei Aspekten, die eine längere Darstellung ohne Interaktion mit den Teilnehmern bedürfen, empfiehlt sich im Raum ein Wechsel des Standortes.

Stehen und Gehen lassen sich durchaus als Teile des Unterrichts einbauen. So kann der Dozent bspw. durch einen Wechsel seines Platzes versinnbildlichen, dass er gerade hinsichtlich seiner Ausführungen den Standpunkt ändert. Das kann zB in einer Veranstaltung für die ersten Semester dazu genutzt werden, zwischen dem Tatbestand und den Rechtsfolgen zu unterscheiden: Wird über den Tatbestand referiert, so nimmt der Dozent eine linke Position im Raum ein. Geht es um die Rechtsfolgen, steht er rechts. Entsprechend lässt sich dies bei der Darstellung von Meinungsstreitigkeiten nutzen: Auf der linken Position stellt der Vortragende die herrschende Meinung dar, auf der rechten die Gegenansicht. Das lässt sich beliebig fortsetzen: So kann auch eine Streitigkeit aus mehr als zwei Meinungen im Raum wiedergegeben werden. Dementsprechend findet sich die vermittelnde Meinung in der Mitte des Raums. 378

Eine Beispiel für die Nutzung dieses Konzepts ist die Regelung des § 150 Abs. 1 BGB: Nach ihr vertauschen sich bei einer modifizierenden Annahme die Perspektiven von Antragenden und Annehmenden. Dieser Wechsel lässt sich ebenso durch die richtige Platzierung im Veranstaltungsraum den Teilnehmern darstellen. 379

Der Raum lässt sich noch unter einem anderen Aspekt nutzen, was teilweise als Konzept der sog Raumanker bezeichnet wird. Hierzu nimmt der Dozent in Abhängigkeit von verschiedenen Situationen im Unterricht eine bestimmte Position ein. Zur Verdeutlichung soll hier eine Propädeutische Übung dienen. Sie besteht aus verschiedenen Elementen: Einerseits wird ein Fall besprochen. Andererseits werden auch theoretische Elemente erläutert. Daneben sollen sich die Hörer in der Veranstaltung beteiligen, indem sie zB zur Lösung beitragen. Diese drei Komponenten lassen sich anhand einzelner Positionen im Raum unterstützend symbolisieren. Wird an der Falllösung gearbeitet, befindet sich der Dozent zB auf der linken Seite des Raums. Sollen theoretische Aspekte erörtert werden, platziert er sich in der Mitte und geht es um die Beteiligung der Teilnehmer, findet er seine Stelle im rechten Drittel. Anhand der Positionierung „wissen" die Hörer bereits, welche Phase der Besprechung nunmehr stattfindet. Wichtig dabei ist allerdings, dass die einzelnen Positionen sauber voneinander getrennt werden. Ansonsten ist davon auszugehen, dass der bezweckte Effekt verwässert. So sollte der Dozent strikt darauf achten, dass er auf der mittigen Position lediglich theoretische Aspekte bespricht und dort vermeiden, zB den Fall zu besprechen. Auch empfiehlt es sich, die einmal eingenommenen Positionen in den darauffolgenden Veranstaltungen beizubehalten. 380

Die Nutzung der Raumanker kann noch erweitert werden: Will der Dozent zB seine Teilnehmer um Ruhe bitten, so kann er hierzu ebenso einen bestimmten Platz definieren. Hat er an dieser Stelle mehrmals seine Forderung artikuliert, so ist davon auszugehen, dass die Hörer dies mit dem Standort verknüpft haben. Sollte in einer der späteren Sitzungen der Vortragende zur Ruhe ermahnen wollen, so kann ihn dabei die Einnahme der bereits bekannten Position unterstützen: Die Teilnehmer haben bereits verinnerlicht, dass an dieser Stelle der Dozent um Ruhe bitten wird. 381

Allerdings sollten nicht mehr als drei bis vier solcher Positionen in einem Raum gesetzt werden. Ansonsten wird es schon für den Dozenten schwieriger, diese konkret voneinander abzugrenzen. Sollten die einzelnen Stellen verwässert werden, ist davon auszugehen, dass der erzielte Effekt hinfällig ist. Nur bei einer konsequenten und präzisen Einnahme der jeweiligen Plätze kann sich der Vortragende darauf verlassen, dass er 382 durch diese Methode eine Vereinfachung seiner Lehrpraxis erfährt. Andererseits sollte der Umgang mit diesem Konzept nicht überschätzt werden, hat es doch lediglich einen unterstützenden Charakter, der an der einen oder anderen Stelle auch verpuffen kann. Eine sehr unruhige Gruppe wird sich allein durch die Einnahme der vorher definierten Stelle nicht deutlich „beruhigen" lassen.

2. Gestik

383 Zu einer ansprechenden Veranstaltung gehört auch der gezielte Einsatz von Gestik und Mimik. Wie schon bei der Mischung aus Gehen und Stehen ist auch hier die richtige Dosis wichtig. Ihre Verwendung stellt aber keinen Selbstzweck dar. Beides soll stattdessen die (verbalen) Aussagen des Dozenten unterstreichen. Aus diesem Grund ist eine zu hektische Gestik genauso wenig zielführend wie deren komplettes Fehlen.

384 Beim Einsatz der Gestik und Mimik sollte der Dozent darauf aus sein, einen offenen Eindruck gegenüber den Teilnehmern und dem Thema zu signalisieren. Deshalb empfiehlt sich hier die Einnahme einer Position, die es möglich macht, die Arme und Hände während des Vortrags oberhalb der Gürtellinie zu bewegen. Für eine offene Geste ist zusätzlich erforderlich, dass die Arme nicht vor der Brust verschränkt werden. Dadurch wird den Hörern eine gewisse Verschlossenheit signalisiert. Nichts anderes gilt für Arme, die ohne jedwede Körperspannung an den Seiten herunterhängen. Diese schwache Geste transportiert den Eindruck, als würde auch der Dozent nicht besonders stark sein.

385 Probleme können die Verwendung von Gegenständen in den Händen mit sich bringen. So hat zB ein Stift in der Hand den Nachteil, dass er von einem Dozenten als Verlängerung des Arms betrachtet werden kann. Damit besteht die Gefahr, dass er ihn als eine Art Objekt auf die Teilnehmer richtet. Dadurch ersetzt er sozusagen den Zeigefinger. Ein weiterer Nachteil von Gegenständen in der Hand ist, dass sie dazu verführen, mit ihnen herumzuspielen. Das führt dazu, dass die Teilnehmer sich zunehmend auf das „Spielzeug" konzentrieren. Denn damit lassen sich schöne „Tricks" anstellen: Der Stift lässt sich nach oben werfen, mit dem Zeigestab lässt sich das Dirigieren üben und mit Moderationskarten kühle Luft zufächern. Es soll schon vorgekommen sein, dass Hörer eine Strichliste angefertigt haben, wie oft der Vortragende einen Teleskopstab auseinandergezogen und wieder zusammengeschoben hat. Deshalb sollten diese „Werkzeuge" aus der Hand gelegt werden, sobald sie nicht mehr benötigt werden.

386 Diese Regel gilt allerdings dort nicht, wo der Referent Hilfsmittel nutzt, die er während der gesamten Veranstaltung benötigt. Zu denken ist hier insbesondere an Moderationskarten als Spickzettel oder einen Presenter als Fernbedienung für die PowerPoint-Präsentation. Auf diese Gegenstände wird er kontinuierlich angewiesen sein. Deshalb empfiehlt es sich nicht, sie aus der Hand zu legen. Das hätte den Nachteil, dass er regelmäßig zwischen seinem Standort und der Ablagefläche wechseln müsste. Das kann gerade dann zum Nachteil werden, wenn zwischen beiden Punkten ein „längerer" Weg zurückzulegen ist. In diesem Fall „pendelt" dann der Dozent hin und her. Diese Hilfsmittel sollten deshalb nur dann aus der Hand gelegt werden, wenn sicher ist, dass sie für einen längeren Zeitraum nicht benötigt werden, zB weil eine Gruppenarbeit durchgeführt wird. Ansonsten empfiehlt sich, Karten oder Presenter ausschließlich in einer Hand zu halten, die der Referent vorher für sich festgelegt hat. Das verhindert, dass er anfängt, herumzuspielen und das Objekt von einer in die andere Hand gibt.

C. Richtig präsentieren

Manche Dozenten ziehen es allerdings vor, in der Hand einen Gegenstand zu halten. Dieser vermittelt ihnen eine gewisse Sicherheit, können sie sich doch daran „festhalten". Hier empfiehlt sich die Verwendung eines kleinen Objektes, zB einer 5-Cent-Münze oder einer Büroklammer. Trotz der relativ geringen Größe im Gegensatz zu anderen Hilfsmitteln wie zB einem Stift, kann auch eine Büroklammer dazu verleiten, mit ihr herumzuspielen. Schlimmstenfalls biegt der Dozent sie auseinander. Deshalb stellen selbst solche kleinen Gegenstände kein Allheilmittel dar. Auch bei ihrer Verwendung muss der Redner sich davor hüten, sie als Spielzeug zu missbrauchen. 387

3. Mimik

Bei der Mimik gilt nichts anderes wie bei der Gestik: Ein gezielter und wohl dosierter Einsatz ist hier das richtige Mittel der Wahl. Deshalb sollte sie einen entspannten Eindruck vermitteln. Dazu zählen ein natürliches Lächeln und ein der Situation entsprechender Gesichtsausdruck. 388

Teilweise leiden Dozenten – gerade nach einem längeren Spracheinsatz – an einer Verspannung der Gesichtsmuskeln. Das kann einerseits seine Ursache in einer allgemeinen Anspannung des Dozenten aufgrund Lampenfieber haben. Andererseits stellt ein Sprechen über einen längeren Zeitraum eine oft ungewohnte Situation dar, die zu einer körperlichen Reaktion in Form einer Verspannung führen kann. Dem kann der Dozent entgegenwirken, indem er vor der Veranstaltung und – wenn es die Situation erlaubt – während ihr die Gesichtsmuskulatur kurz lockert. Hierzu bietet sich folgende Technik an: Im ersten Schritt wird bei geschlossenem Mund mit der Zungenspitze der Mundraum abgetastet, insbesondere die hintere Seite der Zähne. Das Wesentlichste an dieser Übung besteht allerdings darin, dass mit der Zungenspitze der Bereich vor den Zähnen abgetastet wird. Im zweiten Schritt wird die Übung mit geöffnetem Mund ausgeführt. Jetzt wird versucht, die Zunge so weit wie möglich aus ihm zu strecken. Dabei sollte versucht werden, mit der Zungenspitze die Nasenspitze zu erreichen, was allerdings nur selten gelingt. 389

4. Sprache

Die Sprache ist das wichtigste Instrument des Dozenten. Trotz aller mittlerweile zur Verfügung stehender Technik sorgt sie dafür, dass die Teilnehmer direkt erreicht werden. Eine Veranstaltung stellt keine Kinovorstellung dar, in der die Gäste passiv den Film konsumieren. Stattdessen dient sie einer Interaktion zwischen den Teilnehmern und dem Dozenten mit dem Ziel der Wissensvermittlung. Deshalb bringt die schönste PowerPoint-Präsentation nichts, wenn sie durch den Dozenten nicht erläutert wird. 390

Die Sprache ist allerdings im Vergleich zu den bisherigen Aspekten wie etwa der Gestik und Mimik deutlich komplexer. Hier sind ihre Lautstärke, Geschwindigkeit, Betonung und Modulation zu berücksichtigen. Um all diese Aspekte gezielt steuern zu können, ist oft ein jahrelanges Training erforderlich wie es zB Schauspieler genießen. Dennoch können Dozenten bei gezielter Wahrnehmung hinsichtlich einzelner Aspekte ihres Sprechens erhebliche Fortschritte erzielen. 391

a) Lautstärke

Hier gilt die einfache Faustformel: Der Dozent sollte so laut sprechen, dass er von allen Teilnehmern im Raum verstanden wird. Auch die Teilnehmer in der letzten Reihe 392 sollen den Dozenten genauso gut verstehen wie in der ersten, selbst wenn ein gewisses Hintergrund-Gemurmel existiert. Was sich einfach anhört, ist es allerdings nicht. Eine kräftige – nicht unbedingt laute – Stimme erfordert eine entsprechende Physiologie, zumal es anstrengend wird, über einen längeren Zeitraum eine hohe Lautstärke durchzuhalten.

aa) Handmikrofon

393　Deshalb empfiehlt sich gerade bei größeren Räumen die Nutzung eines Mikrofons. Hier stehen verschiedene technische Lösungen zur Verfügung. Zunächst existiert das klassische Handmikrofon, das mittlerweile regelmäßig in einer kabellosen Variante ausgestaltet ist. Dieses Mikrofon hat den Nachteil, dass es eine Hand des Dozenten bindet. Das stellt zwar kein Problem dar, solange er frei spricht. Möchte er allerdings etwas anschreiben, hat er Moderationskarten in der Hand oder will er den Presenter bedienen, benötigt er seine zweite Hand. Um dieses Problem zu umgehen, finden sich in manchen Räumen spezielle Umhängevorrichtungen für Mikrofone. Sie sind als Halsband ausgestaltet, das im unteren Teil eine Halterung aufweist, in die das Mikrofon gesteckt wird. Diese Halsbänder haben den Nachteil, dass sie nicht starr am Körper des Dozenten bleiben. Sie pendeln bei jeder Bewegung hin und her. Im ungünstigen Fall reibt das Mikrofon an Kleidungsstücken, was zu einem Störgeräusch führt. Wegen der damit verbundenen Schwierigkeiten sollte der Umgang mit dieser Variante geübt werden. Dazu zählt auch die richtige Entfernung zum Mikrofon zu finden. Allerdings sind bei dessen Verwendung – wie gezeigt – erhebliche Nachteile gegeben. Soweit möglich sollte deshalb auf die Nutzung eines Handmikrofons verzichtet werden. Gänzlich sollte davon Abstand genommen werden, es in einem Mikrofonständer zu fixieren. Das nimmt dem Vortragenden jedwede Bewegungsmöglichkeit im Veranstaltungsraum.

bb) Ansteck- und Bügelmikrofone

394　Durchgesetzt haben sich heutzutage Ansteck- oder Bügelmikrofone, die über ein Kabel mit einer kompakten Sendeeinheit verbunden sind. Bei der ersten Variante wird das Mikrofon mit einer Klammer an der Kleidung des Dozenten angebracht. Wesentlich ist dabei die Entfernung zum Mund. So sollte vermieden werden, dass das Mikrofon sowohl zu niedrig als auch zu hoch angebracht wird. Als Faustregel gilt hier, es auf der Höhe der Achseln zu befestigen. Vor einer Anbringung sollte geprüft werden, ob empfindliche Textilien getragen werden. So mancher Ansteckclip hat bereits die eine oder andere Krawatte ruiniert. Das Ansteckmikrofon eignet sich im Übrigen nicht dazu, direkt hinein zu sprechen. Seine Charakteristik erfordert zwingend einen gewissen Abstand zum Sprecher. Ein Nachteil dieser Form ist im Verbindungskabel zum Sender zu sehen. Dieses hängt meist lose herab. Damit kann sich der Dozent bei einer zu starken Gestik darin verfangen und das Mikrofon von seiner Kleidung reißen. Hier empfiehlt sich, dieses unterhalb der Kleidung zu führen.

395　Das Bügelmikrofon hat den Vorteil, dass das notwendige Kabel nicht im Bereich der Brust verläuft, sondern wegen der Anbringung am Bügel über den Rücken zur Sendeeinheit geführt wird. Damit ist ein Störfaktor zumindest reduziert. Dennoch wird von vielen diese Art von Mikrofon als unangenehm empfunden. Das liegt am eigentlichen Mikrofon, das sich etwa auf Höhe der Mundwinkel und der Wange befindet. Viele Dozenten finden diese Positionierung als unangenehm, liegt sie doch noch im Gesichtsfeld und erweckt damit den Eindruck, als würde sich dort ein Fremdkörper befinden. Teilweise wird auch der durch den Bügel verursachte Druck als störend empfunden. Im Gegensatz dazu verursacht ein Ansteckmikrofon keine solchen Unannehmlichkeiten. Daneben kann es noch dort zu Problemen führen, wo sich gerade im Gesichtsfeld Haare befinden, denn sie können Störgeräusche verursachen.

Welche der beiden Varianten sinnvoller erscheint, ist allerdings Geschmackssache und hängt in erster Linie von den persönlichen Präferenzen ab. 396

Allerdings hat die Nutzung eines Mikrofons einen Nachteil: Mit ihm lassen sich Zuhörer nicht direkt allein durch die Stimme ansprechen. Kann sich der Dozent ohne technische Unterstützung direkt an die Teilnehmer wenden, indem er schlichtweg seine Stimme an sie richtet, fehlt ihm durch die gleichmäßige Beschallung des Raums diese Möglichkeit. Das nimmt ihm die Chance, allein mithilfe der Stimme sich an unruhige Personen zu wenden. 397

b) Sprechgeschwindigkeit

Die Sprechgeschwindigkeit trägt erheblich zur Verständlichkeit des Vorgetragenen bei: Redet der Dozent zu schnell, sinkt sie deutlich ab. Eine zu schnelle Sprechweise kann ferner mit dem Problem verbunden sein, dass der Sprecher um Luft „kämpfen" muss, was den Eindruck von Hektik vermittelt. Umgekehrt führt eine zu langsame Sprechweise dazu, dass die Zuhörer „einschlafen". Teilweise wird dies auf Seiten der Teilnehmer als besonders störend empfunden. Andererseits ist mit einem langsamen Sprechen der Vorteil verbunden, dass Störlaute wie zB „äh", „hmm" oder „ok" deutlich verringert werden. 398

Sowohl Schnell- als auch Langsam-Sprecher sollten ihre Geschwindigkeit anpassen. Allerdings erfordert das einige Übung. Zunächst müssen sich beide darüber im Klaren sein, dass sie ihre Geschwindigkeit ändern sollten. Erst wenn sie sich überhaupt darüber bewusst sind, dass das Tempo nicht angepasst ist, lässt sich das Verhalten ändern. Also muss sich der Redner erst einmal daran erinnern, seine Geschwindigkeit zu überprüfen. Hierzu empfiehlt es sich, an für ihn sichtbaren Orten eine Erinnerung zur Überprüfung anzubringen. Das kann zB eine Haftnotiz an der Gesetzessammlung, ein Hinweis auf den Moderationskarten oder an der Aktentasche sein. Auch außerhalb der Veranstaltung gibt es Möglichkeiten, sich selbst daran zu erinnern, das eigene Tempo zu überprüfen. So lässt sich zB am Telefon eine entsprechende Notiz befestigen. 399

Hat sich der Dozent seiner (aktuellen) Geschwindigkeit vergewissert, so kann er im nächsten Schritt das Tempo nach oben oder unten anpassen. Dabei geht es beim Schnell-Sprecher nicht darum, übertrieben langsam vorzutragen. Eine normale Sprechgeschwindigkeit ist vollkommen ausreichend. Das gilt ebenso für den Langsam-Sprecher, dessen Ziel es nicht sein sollte, sich bei seinem Vortrag zu „überschlagen". Um das Gefühl für eine angemessene Sprechgeschwindigkeit zu entwickeln, empfiehlt es sich, die Sprecher in Fernsehnachrichten zu beobachten. Dabei geht es in der ersten Phase zunächst darum, lediglich deren Tempo zu realisieren und bewusst wahrzunehmen. Dadurch gewinnt der Zuschauer ein Gespür dafür, was eine angemessene Geschwindigkeit ist. In der zweiten Phase des Trainings werden die Äußerungen des Nachrichtensprechers leise nachgesprochen. In der letzten Phase wird der Ton am Gerät immer leiser gestellt, womit dieser zunehmend in den Hintergrund tritt. Gleichzeitig spricht der Dozent die Aussagen mit seiner eigenen Stimme in der Geschwindigkeit des Nachrichtensprechers nach, wobei am Ende dessen Äußerungen nur noch leise 400 zu vernehmen sein sollten. Durch diese Übung gewinnt der Dozent neben einer angemessenen Geschwindigkeit auch den Eindruck, dass ein langsameres bzw. schnelleres Sprechen trotz der anfänglich fehlenden Gewohnheit für ihn persönlich machbar ist.

401 Hat der Dozent das für ihn passende Tempo entdeckt, so kann er im nächsten Schritt versuchen, an passenden Stellen Sprechpausen einzulegen. Diese haben für ihn den Vorteil, kurz in sich zu gehen, um seine Sprechgeschwindigkeit überprüfen zu können. Für die Teilnehmer stellen diese gleichzeitig einen Vorteil dar, wenn der Redner damit wichtige Punkte hervorheben will. Im Übrigen nehmen viele Vortragende an, solche Pausen würden beim Publikum als eine „Ewigkeit" empfunden werden. Allerdings täuscht diese Annahme: Solche Pausen werden von den Teilnehmern als deutlich kürzer wahrgenommen als vom Dozenten.

c) Betonung

402 Die (richtige) Betonung erlaubt dem Dozenten, wichtige Aspekte in seinen Ausführungen hervorzuheben. Sie kann sogar die ganze Aussage eines Satzes verändern. ZB kann der Satz „Das Opfer wurde nach dem Messerstich am Nachmittag gerettet!" zwei Aussagen enthalten: Einerseits kann der Messerstich am Nachmittag stattgefunden haben, andererseits aber auch die Rettung. Lediglich durch die entsprechende Betonung lässt sich erkennen, was gemeint ist. Daneben dient die Betonung zur Markierung: So lässt sich der Satz „Geld allein macht nicht glücklich!" ua so betonen, um ein bestimmtes Thema (hier: „Geld allein") oder lediglich ein eigenständiges Wort (hier: „allein") hervorzuheben.

403 Übertragen auf die Unterrichtssituation kann der Dozent zB bei Beginn der Veranstaltung das Thema der Einheit markieren: „Heute befassen wir uns im Rahmen der Rechtsgeschäftslehre mit den *Willenserklärungen*." Soll sodann dargestellt werden, dass nunmehr lediglich das Merkmal der Erklärung betrachtet werden soll, kann der Vortragende hier Wert auf die Betonung legen: „Willens*erklärung*".

404 Die Betonung kann insbesondere durch die Veränderung der Sprechgeschwindigkeit und der Lautstärke erreicht werden. Aber auch durch den Einsatz von Sprechpausen können Schwerpunkte gesetzt werden. Alle Varianten haben den Vorteil, dass sie die Aufmerksamkeit der Hörer fordern: Plötzlich ändert sich etwas im Vortragsstil. Allerdings verwässert der Effekt, wenn Betonungen zu oft in den Vortrag eingestreut werden. Dann zählen sie lediglich zur Persönlichkeit des Dozenten und verdeutlichen damit nicht zwingend eine wichtige Aussage. Deshalb sollte pro Satz – wenn nicht gar nur pro Gedanken – eine Passage betont werden. Das kann entweder ein einzelnes Wort oder eine längere Passage sein, die aber noch keine komplette Länge eines Satzes aufweist.

405 Eine weitere Möglichkeit, um wichtige Passagen zu betonen, stellt der Einsatz von Sprechpausen dar. Sie erlauben es innerhalb eines Satzes Abschnitte zu markieren, die einer Pause folgen. Zweckmäßigerweise steht nach diesem Abschnitt nochmals eine Pause. Auch einzelne Wörter lassen sich mit der Nutzung von Pausen darstellen. So lässt sich zB bei der Aussage „Eine Willens- [PAUSE] Erklärung besteht aus zwei Elementen." bereits klar erkennen, um welche es sich hierbei handelt. Neben dieser Aufspaltung in zwei Bestandteile kann noch anders vorgegangen werden: Wurde bei dem Beispiel zur Willenserklärung lediglich hervorgehoben, dass es einen subjektiven und einen objektiven Tatbestand gibt, so kann die Pause auch eingesetzt werden, um Unterschiede zu erläutern. So verdeutlicht die Aussage „Widerspruchs- [PAUSE]

C. Richtig präsentieren 4

Bescheid" einerseits, dass sich der Bescheid mit einem Widerspruch befassen muss, andererseits kann dadurch zum Ausgangsbescheid abgegrenzt werden.

Zusammenfassung der wesentlichen Aspekte dieses Abschnitts: 406

- Die Sprache ist das wichtigste Werkzeug des Dozenten.
- Mit der Sprache kann der Dozent neben der reinen Informationsvermittlung die Teilnehmer auch emotional erreichen und gezielt ansprechen.
- Die Lautstärke richtet sich in erster Linie nach der Größe des Raums. Sie kann durch den Einsatz von Mikrofonen besser gesteuert werden. Hiervon gibt es verschiedene Varianten, die nach den Präferenzen des Vortragenden zu beurteilen sind und jede für sich ihre Vor- und Nachteile haben.
- Die Sprechgeschwindigkeit macht einen weiteren Aspekt aus. Weder zu schnell noch zu langsam wird von den Teilnehmern als angenehm empfunden.
- Um die angemessene Sprechgeschwindigkeit zu finden, ist es wichtig, sich selbst seine eigene Geschwindigkeit zu vergegenwärtigen. Erst dann ist überhaupt eine Anpassung möglich.
- Letztlich stellt die Betonung eine Möglichkeit dar, um wichtige Aspekte während des Vortrags hervorzuheben und die Aufmerksamkeit der Teilnehmer zu erhöhen. So können insbesondere einzelne Wörter mit dem Ziel betont werden, sie zu markieren.

5. Lernstile und -typen

Um diese wichtigen Fragen geht es in diesem Abschnitt: 407

- Welche Lernstile und -typen gibt es?
- Wie geht der Dozent mit diesen Lernstilen und -typen um?

Die Forschung zum Thema Lernen hat in den letzten Jahren erhebliche Fortschritte erfahren. So werden das Gehirn im Allgemeinen und der Lernvorgang im Besonderen besser verstanden als noch vor zehn oder 20 Jahren. Trotzdem sind viele Fragen (noch) offen geblieben. Herauskristallisiert hat sich allerdings, dass es verschiedene Lernstile und -typen gibt. Sie hängen individuell vom Lernenden ab, lassen sich aber in drei Typen einteilen. Zuerst ist der auditive Typ zu nennen. Er lernt am besten, indem er zuhört. Für ihn sind Vorlesungen der richtige Ort zur Aufnahme von Wissen. Neben ihm existiert der visuelle Typ. Sein Lernstil ist davon geprägt, dass er zB anhand grafischer Darstellungen lernt. Letztlich ist der haptische Lerntyp vorzufinden. Er erinnert am besten in einer gefühlsbetonten Atmosphäre. Bei dieser Einteilung darf nicht übersehen werden, dass es keine Festlegung auf einen einzigen Typ gibt. Einerseits existieren mannigfaltige Mischformen zwischen den einzelnen Lerntypen. Andererseits ist die Frage des Lerntyps abhängig von der jeweiligen Situation: So kann eine Person in einer bestimmten Situation eher visuell, in einer anderen eher auditiv lernen. 408

Für den Dozenten dürfte diese Einteilung an sich zweitrangig sein. Wesentlich für ihn ist stattdessen der Umstand, dass es überhaupt verschiedene Lerntypen gibt. Eine Klassifikation kann nur dann sinnvoll sein, wenn er gleichzeitig wissen würde, wie seine Veranstaltungsgruppe zusammengesetzt ist. Wichtig ist daneben, dass sich der Dozent über seinen eigenen Lernstil bewusst wird. Das ist deshalb relevant, weil seine Art des Vortrags hiervon geprägt sein wird. So wird der visuelle Redner in erster 409

Linie zur Visualisierung neigen und unter Umständen (komplexe) Sachverhalte verbal nicht besonders intensiv besprechen. Im Gegensatz dazu wird der auditive Typ weniger grafische Darstellungen präferieren und stattdessen reden.

410 Letztlich geht es für den Vortragenden darum, dass er versucht, alle Lerntypen im Unterricht „gleichzeitig" anzusprechen und für sich erkennt, wenn bei ihm gerade sein eigener Stil dominiert. So bietet sich für die Studenten mit einer überwiegend visuellen Prägung eine Visualisierung zumindest der wichtigen Inhalte an. Um den auditiven Typen anzusprechen, kann der Dozent wichtige Aspekte nochmals verbal hervorheben. Gleichzeitig sollte er darauf achten, dass zB bei einer Anschrift an der Tafel oder auf dem Overheadprojektor diese nochmals kurz erläutert wird. Möglicherweise hilft es dem auditiven Typen zusätzlich, wenn der Gesetzestext und der Sachverhalt nicht nur eigenständig gelesen, sondern gleichzeitig vorgelesen werden. Die Gestaltung des Unterrichts für den haptisch orientierten Studenten gestaltet sich bei dem – angeblich – trockenen Jurastudium schwieriger. Im Vergleich zu den anderen Studiengängen findet sich hier kaum plastisches Anschauungsmaterial. Dennoch kann sich der Lehrende einem Hilfskonstrukt bedienen: Er kann eine Sprache nutzen, die so plastisch und anschaulich wie möglich ist. Damit hat dieser Lerntyp vor sich zwar immer noch kein reales Objekt liegen. Sein Vorstellungsvermögen wird aber angesprochen und er kann sich zumindest in bestimmte Situationen hineinfühlen. Auch die anderen Lerntypen werden durch eine besonders plastische Darstellung angeregt und können sich damit uU deutlich mehr identifizieren.

411 Zusammenfassung der wesentlichen Aspekte dieses Abschnitts:

- Lernen ist abhängig von vielen Aspekten. Entsprechend gibt es keine zwingende Festlegung auf einen Lernstil.
- Der Dozent sollte seine Veranstaltung sowohl unter visuellen, auditiven und haptischen Gesichtspunkten betrachten.

6. Visualisierung

412 Um diese wichtigen Fragen geht es in diesem Abschnitt:

- Welche Methoden stehen zur Visualisierung juristischer Inhalte zur Verfügung?
- Was sind die Unterschiede der einzelnen Methoden?
- In welchen Situationen lassen sich die einzelnen Methoden am besten einsetzen?

Die Juristen haben es im Vergleich zu anderen Studiengängen deutlich schwieriger: Die Chemiker können spektakuläre Versuche vorführen, die Biologen blühende Pflanzen und die Soziologen bunte Grafiken ihren Studenten zeigen. In der Rechtswissenschaft findet sich dagegen nur Text, sieht man von der StVO mit der Auflistung der Straßenschilder ab. Aber gerade deshalb ist die Visualisierung in der Lehre wesentlich wichtiger als in anderen Studiengängen. Was bei den anderen Fachbereichen allein schon wegen der anschaulichen Inhalte von selbst dargestellt wird, muss bei den Juristen bewusst umgesetzt werden.

a) Visualisierung zur Ergänzung

413 Bei der Visualisierung geht es allerdings nicht darum, bunte Bilder an die Wand zu werfen. Stattdessen soll (lediglich) der Lehrinhalt verdeutlicht werden. Das kann von

C. Richtig präsentieren

einem einfachen Zeitstrahl, der die tatsächlichen Geschehnisse darstellt, über eine Strichzeichnung bei einzelnen schuldrechtlichen Beziehungen bis hin zu einer Hervorhebung im Gesetzestext gehen. In erster Linie soll der bereits vorhandene Inhalt durch eine grafische Darstellung – auch wenn sie noch so simpel ist – unterstützt werden. Eine Visualisierung dient nicht dem Zweck, erst neue Inhalte zu schaffen. Sie verfolgt also keinen Selbstzweck, sondern dient stattdessen zur Veranschaulichung im Unterricht, hat also lediglich einen unterstützenden Charakter. So muss eine Veranstaltung auch ohne eine Visualisierung durchgeführt werden können. Im Gegensatz dazu kann eine Visualisierung niemals ohne Vorlesung sein.

Die Art der Darstellung ist abhängig sowohl vom Inhalt als auch von der Art der Veranstaltung. Während in einer Vorlesung vorrangig abstraktes Wissen dargestellt wird und deshalb die Arbeit am Gesetzestext im Vordergrund steht, geht es in einer Propädeutischen Übung in erster Linie um die Visualisierung eines Sachverhaltes. Damit lässt sich keine Methode finden, die für alle Veranstaltungsarten vorrangig genutzt werden kann. **414**

Ziel einer Visualisierung ist es, einen (vermeintlich) abstrakten Inhalt für die Hörer begreifbarer zu machen. So enthält eine grafische Darstellung einerseits eine Reduzierung des Inhalts. Andererseits sorgt die Verbildlichung dazu, dass ein eher abstrakter Text anschaulicher dargestellt wird. Geht man davon aus, dass ein Teil der Zuhörerschaft – vereinfacht gesagt – eher visuell, der andere eher auditiv lernt, so spricht eine Visualisierung vornehmlich die erste Gruppe an. **415**

Der Visualisierung sind grundsätzlich keine Grenzen gesetzt. Es gibt somit keine festen Regeln, nach denen ein bestimmter Sachverhalt zwingend darzustellen ist. Allerdings sollten gewisse logische Faktoren bedacht werden. Gemeint ist damit zB, dass die bekannte Schreibrichtung („von links oben nach rechts unten") genauso berücksichtigt wird wie der Aufbau vom Allgemeinen zum Speziellen. **416**

Ansonsten ist der Dozent beim Entwurf frei in seiner Kreativität, allerdings auch auf diese angewiesen. Letztlich ist die Anwendung einzelner grafischer Darstellungsmethoden auch mit einem Schuss Mut verbunden, etwas Neues auszuprobieren und ggfs. festzustellen, dass das Publikum damit nichts oder nur wenig anfangen kann. Teilweise wird es erstaunt sein, wenn sich an der Tafel plötzlich verschiedene Kreidefarben finden oder die PowerPoint-Präsentation mit bunten grafischen Elementen aufgelockert wird. Aber auch diese Rückmeldung ist ein Bestandteil im Entwicklungsprozess einer guten Lehre. **417**

In der praktischen Umsetzung lassen sich einzelne Visualisierungsmethoden einfarbig anwenden. Allerdings bringt die Verwendung verschiedener Farben den Vorteil mit sich, dass zusätzliche Informationen oder eine Unterscheidung zwischen einzelnen Aspekten wie zB Parteien dargestellt werden können. Nichts anderes gilt, wenn im Gesetzestext verschiedene Passagen markiert werden sollen, wie zB die einzelnen Alternativen im Bereicherungsrecht. So wird auf den ersten Blick deutlich, was einerseits der Dozent anspricht und andererseits, was Aussage des Gesetzes ist. **418**

b) Darstellung von Leistungsbeziehungen

Sofern für Leistungsbeziehungen Pfeile genutzt werden, sollte für jede ein einzelner dargestellt werden. Der doppelte Pfeil (ein Strich mit jeweils einem Pfeil am Ende) kann zu Verwirrung führen. Durch ihn wird nicht klar, welche Partei zu welcher Leis- **419** tung konkret verpflichtet ist. Außerdem stellt er nicht klar heraus, dass verschiedene Beziehungen vorhanden sind.

420 Die Darstellung von Leistungsbeziehungen ist ein gutes Beispiel wie Farben in der Lehre einfach aber präzise genutzt werden können. Die Leistungsbeziehungen können mittels Pfeilen zwischen den einzelnen Beteiligten in derselben Farbe dargestellt werden, wie auch die Beteiligten selbst. Wird der Verkäufer in roter Farbe dargestellt, so kann diese ebenso für den Pfeil verwendet werden, der auf den Käufer verweist.

421 Im Rahmen dieser Visualisierung ist der Dozent nicht nur auf Pfeile zwischen den Vertragsparteien angewiesen. So kann er zB eine gestörte Leistungsbeziehung dadurch kennzeichnen, in dem er auf der Linie ein Blitz-Symbol oder ein Kreuz anbringt. Dadurch wird die Störung auf einen Blick versinnbildlicht.

c) Zeitstrahl

422 Die „beliebteste" Visualisierungsmethode in der juristischen Lehre ist der Zeitstrahl. Er dient dazu, verschiedene Geschehnisse chronologisch auf einer Linie anzuordnen, die regelmäßig waagerecht von links nach rechts verläuft. Gleichzeitig werden auf ihr bestimmte Ereignisse durch eine senkrechte Gerade dargestellt, der mit dem Datum und einer kurzen Beschreibung versehen wird.

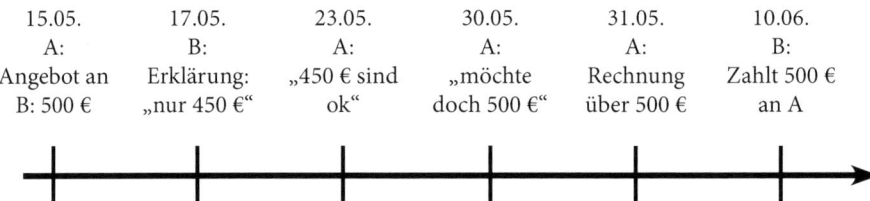

423 Auf dem Zeitstrahl lassen sich verschiedene Aspekte auftragen. Das können zB Ereignisse beim Kläger und beim Beklagten sein. Sie können mit verschiedenen Farben dargestellt werden. Daneben besteht die Möglichkeit Zeitpunkte, die eine Partei betreffen, oberhalb des Strichs, die die andere Partei betreffen, unterhalb der Geraden anzubringen.

424 Anhand des Zeitstrahls lassen sich vor allem einige wenige Zeitpunkte visualisieren. Sollen aber mehr als fünf bis sieben Ereignisse aufgetragen werden, so wird die Darstellung sehr schnell unübersichtlich. Die vermeintlich freien Bereiche auf dem Zeitstrahl können dazu verleiten, dass die Grafik überfrachtet und deutlich mehr eingetragen wird als zur wirklichen Veranschaulichung notwendig ist.

425 Diese Methode stößt weiterhin dort an ihre Grenzen, wo der Sachverhalt nicht nur aus einer Chronologie besteht, sondern sich komplexer darstellt. So lässt sich zwar anhand dessen darstellen, wann zB eine Klage und daraufhin die Widerklage erhoben wurde. Was aber Gegenstand dieser beiden Verfahren ist, kann mit dem Zeitstrahl nicht visualisiert werden. Für solche Sachverhalte muss zusätzlich zum Zeitstrahl zu einer anderen Methode gegriffen werden.

C. Richtig präsentieren

Der Zeitstrahl kann aber auch dort verwendet werden, wo sich Entwicklungen abzeichnen (können). So kann zB ein noch andauerndes Ereignis mit einem durchgezogenen Strich symbolisiert werden. Tritt nach dem Ereignis eine Änderung der Sachlage ein, lässt sich das etwa mit einer gepunkteten Linie verdeutlichen. Als Beispiel soll die aufschiebende bzw. auflösende Bedingung dienen. Bei Ersterer „geschieht" vor dem Bedingungseintritt (noch) nichts, die auflösende stellt das Gegenteil dar. Das lässt sich jeweils durch die Kombination von durchgezogener und gepunkteter Linie darstellen:

Auflösende Bedingung

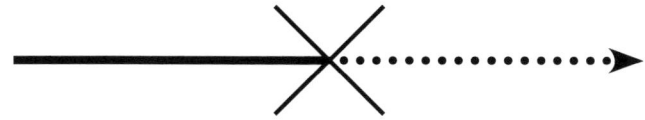

Aufschiebende Bedingung

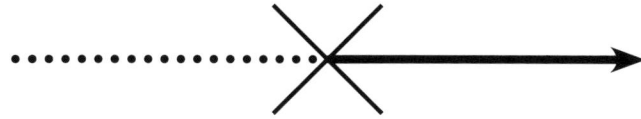

d) Struktur-Diagramm

Das rechtswissenschaftliche Studium ist davon geprägt, sich mit Strukturen zu beschäftigen. Das sind insbesondere die Zusammenhänge im Gesetz, das Verhältnis einzelner Normen zueinander und deren hierarchischer Aufbau. Einzelne Beziehungen schließen sich dabei gegenseitig aus, andere ergänzen sich. All diese Strukturen lassen sich grafisch darstellen. Soll zB der Begriff der Rechtsobjekte erläutert werden, so enthält dieser sowohl sich gegenseitig ausschließende Elemente („Sachen" und „Rechte") wie auch eine hierarchische Gliederung („Sachen, die beweglich sind"). Gerade solche Verhältnisse lassen sich besonders gut und einprägsam ohne großen Aufwand visualisieren. Dabei ist nicht einmal eine überragende Zeichenkunst erforderlich, reicht doch die Verwendung eines einfachen Strichdiagramms vollkommen aus.

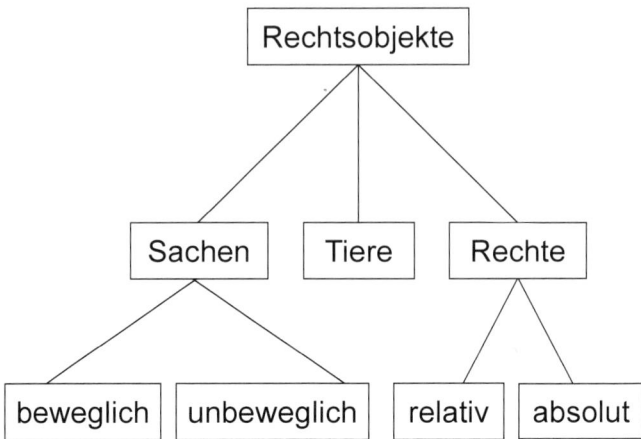

428 Dabei kann der Dozent die Grafik noch mit weiteren Aspekten („vertretbar"/„nicht vertretbar", „verbrauchbar"/„nicht verbrauchbar") ergänzen. Letztlich setzt nur die Größe der Darstellungsfläche eine Grenze. Dabei ist allerdings Vorsicht geboten, soll die Zeichnung doch nicht mit zu vielen Informationen überladen werden. Auch hier gilt, dass sich der Vortragende auf das Wesentliche konzentrieren sollte.

429 Auch die grafische Darstellung an sich lässt viele kreative Spielräume zu. So müssen zwischen den einzelnen Begriffen nicht zwingend Verbindungslinien gezogen werden. Auf diese kann auch verzichtet werden. Ein Beispiel hierfür ist die sog Normenpyramide aus dem Staatsrecht. An ihr wird die Hierarchie der einzelnen Normarten veranschaulicht. Bei dieser Darstellung konnte gänzlich auf die Linien verzichtet werden. Das hatte seinen Grund darin, dass sie nur eine Hierarchie darstellt und parallele Begriffe nicht in ihr visualisiert werden.

e) Visualisierung am Gesetzestext

430 Gerade in den Anfangssemestern fällt es manchen Studenten schwer, die einzelnen Tatbestandsmerkmale in den Normen zu erkennen und danach zu differenzieren. Das tritt einerseits vor allem im Strafrecht auf, wo zwischen dem objektiven und subjektiven Tatbestand unterschieden werden muss. Andererseits besteht das Problem dort, wo eine Vorschrift verschiedene Regelungen enthält. In beiden Fällen empfiehlt es sich, anhand des Gesetzestextes die jeweiligen Passagen zu markieren. In Abhängigkeit vom eingesetzten Lehrmedium können zur besseren Unterscheidbarkeit Farben verwendet werden.

D. Nachbereitung der Veranstaltung

So kann zB beim Betrug der objektive und subjektive Tatbestand wie folgt markiert werden:

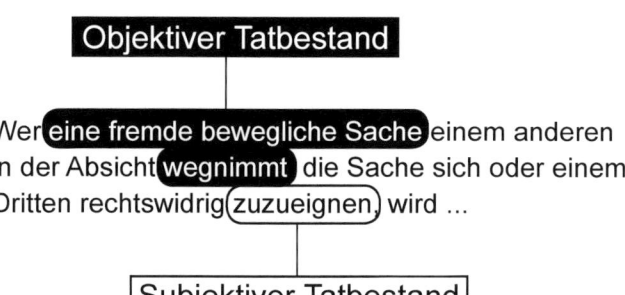

Entsprechendes lässt sich bei Regelungen anwenden, die Alternativen oder mehrere Varianten enthalten:

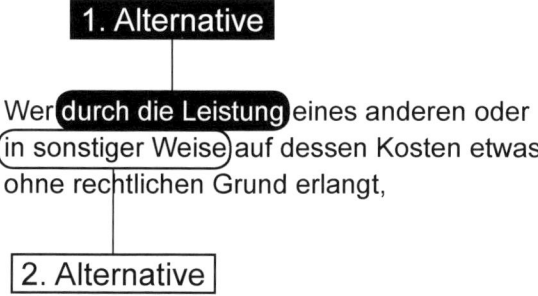

Daneben kann noch ein weiterer Aspekt durch die Markierung der einzelnen Passagen in den Vorschriften herausgehoben werden: Gerade für Veranstaltungen im ersten Semester oder für solche von Teilnehmern aus den Nebenfächern kann durch die Markierung einerseits der Tatbestandsmerkmale und andererseits der Rechtsfolge klar die Systematik einer gesetzlichen Regelung dargestellt werden. Besonders den Studienanfängern fällt es in der Regel schwer, zwischen diesen beiden Elementen einer Norm zu unterscheiden.

Zusammenfassung der wesentlichen Aspekte dieses Abschnitts:

- Die Visualisierung von Lehreinheiten ist ein wichtiges Element einer Veranstaltung.
- Der Einsatz der einzelnen Visualisierungstechniken ist abhängig vom jeweiligen Inhalt.

D. Nachbereitung der Veranstaltung

Nach jeder Veranstaltung sollte sich der Dozent kurz die Zeit nehmen, die Veranstaltung Revue passieren zu lassen. Dabei sollte er sowohl einen Schwerpunkt auf seinen Vortragsstil als auch auf die vermittelten Inhalte setzen. Anhand dieser selbstkritischen

Überprüfung der eigenen Veranstaltung hat der Vortragende erst die Möglichkeit, einerseits aus seinen Fehlern zu lernen, andererseits aber auch zu erkennen, dass viele Punkte an seinem Unterricht gut und werthaltig sind. Wesentlich ist dabei, dass sich der Dozent unmittelbar nach der Veranstaltung mit seinem Vortrag auseinandersetzt. Umso mehr Zeit verstrichen ist, umso stärker verwässert die Erinnerung und die wirklich relevanten Punkte geraten in Vergessenheit. Etwaige für ihn wichtige Aspekte kann er schriftlich festhalten und bei der Vorbereitung auf seine nächste Veranstaltung nochmals ins Gedächtnis rufen.

436 Der Dozent hat ferner die Möglichkeit, sich bei den Teilnehmern direkt ein Feedback einzuholen. Gemeint ist damit nicht die Rückmeldung im Rahmen der universitären Evaluation. Stattdessen kann er regelmäßig in die Runde fragen, was den Studenten an der Veranstaltung gefällt und was dagegen in ihren Augen verbesserungswürdig ist. Zwar wird sich ein Großteil der Hörer bei dieser Frage (zunächst) zurückhalten. Dennoch führt eine ehrlich gemeinte Frage auch zu einem entsprechend ehrlich gemeinten Feedback.

Tool 5: Aktivierende Methoden für Veranstaltungen

Der Einsatz aktivierender Methoden in juristischen Lehrveranstaltungen lohnt sich durchaus, sofern er effektiv und zielgerichtet erfolgt. Der Dozent, welcher sich dieser im Folgenden dargestellten Methoden für seine Lehrpraxis bedienen will, sollte seine eigene Auswahl immer von den zu behandelnden inhaltlichen Themen, von der Art der Lehrveranstaltung, von der Studierendenzahl, jedoch auch von der Motivation der Mehrheit (!) seiner Studierenden abhängig machen.

In der Literatur zur allgemeinen Hochschuldidaktik findet sich eine Fülle an Methoden für die Lehre. Dennoch bieten sich nicht alle Methoden für juristische Veranstaltungen an. Im Folgenden wurde daher eine Auswahl didaktischer Methoden vorgenommen, welche sich besonders gut für die Lehrtätigkeit eines Juristen eignet. Die nachfolgenden Methoden sind zudem leicht in der Handhabung und können, in den meisten Fällen, ohne allzu großen Materialaufwand in der juristischen Lehre eingesetzt werden. Hierbei eignen sich manche Methoden mehr für das eine Rechtsgebiet, andere wiederum vielmehr für andere Rechtsgebiete.

A. Methoden zum Kennenlernen und zur Erwartungsabfrage

1. Vorstellung mit Leitfragen

Ziel: Persönliches Kennenlernen der Studierenden, Fundament für eine gute und erfolgreiche Arbeitsatmosphäre, Freisprechen der Studierenden und des Dozenten, Erwartungsabfrage

Methode: Die einfachste und möglichst schnellste Variante einer Vorstellungsrunde in Propädeutischen Übungen, Proseminaren, Schwerpunktseminaren usw, also in Veranstaltungen mit überschaubarem Studierendenzahl (max. 30 Personen), ist das Stellen von Leitfragen und die mündliche Vorstellung der Studierenden anhand dieser Leitfragen. Der Dozent überlegt sich vorab drei bis vier Leitfragen, die ua auf das Fach, die Semesterzahl und den Schwierigkeitsgrad der Veranstaltung angepasst sind. Die Fragen stellt der Dozent entweder mündlich vor oder er notiert diese kurz für alle sichtbar an der Wandtafel.

Beispiele für Leitfragen für ein Proseminar:

- „Wie heiße ich?"
- „In welchem Semester bin ich?"
- „Habe ich bereits Erfahrungen mit dem wissenschaftlichen Arbeiten? Habe ich zumindest schon eine oder mehrere Hausarbeiten geschrieben?"
- „Welche wichtigen Fragen möchte ich in der Veranstaltung beantwortet haben?"
- „Was sind meine Erwartungen an dieses Seminar?"

Der Dozent sollte den Studierenden kurz die Zeit geben über die Fragen nachzudenken. Danach stellt sich jeder kurz anhand der Fragen im Plenum vor.

Materialien: Keine bzw. max. eine Wandtafel und Kreide oder Whiteboard und Whiteboardmarker

Dauer: Einmalig ca. zwei Minuten für das Erklären der Methode, max. ein bis zwei Minuten bzgl. Nachdenken und Vorstellen pro Studierender

Erweiterung/Abwandlung:

Sofern der Dozierende mehr Zeit für die Vorstellungsrunde investieren möchte und er eine Pinnwand, Pinnnadeln, Stifte und Moderationskarten zur Verfügung hat, können die Studierenden die Leitfragen, welche bereits als Überschriften an der Pinnwand angepinnt sind, zunächst schriftlich auf Moderationskarten beantworten. Danach erfolgt eine kurze mündliche Vorstellung eines jeden mit Anpinnen der Karten. Diese Variante bietet sich insbesondere im Rahmen von (ganztätigen) Blockveranstaltungen an. Hier kann im Laufe des Tages immer wieder auf die Antworten auf der Pinnwand Bezug genommen werden und, sofern der Dozent zu Beginn auch nach den Erwartungen der Studierenden gefragt hat, besteht zudem am Ende der Veranstaltung die Möglichkeit darüber zu sprechen, ob sich die Erwartungen erfüllt haben oder wenn nicht, warum diese nicht erfüllt werden konnten.

2. Geografische Reihe

Ziel: Vorstellung in einer Gruppe

Methode: Diese Methode bietet sich vor allem für Veranstaltungen im ersten Semester an, wenn die Teilnehmer sich untereinander noch nicht kennen und zunächst das Eis zu brechen ist. Sie kann aber genauso dann eingesetzt werden, wenn sich eine Gruppe neu formiert. Denkbar sind zB Blockseminare. Der Vorteil dabei ist, dass die Studenten kurz miteinander kommunizieren müssen, um die Aufgabe zu lösen. Der Dozent bittet hierbei die Hörer, sich nach bestimmten Kriterien im Raum zu verteilen. So kann zB die Aufgabe darin bestehen, sich in Abhängigkeit von einer bestimmten Entfernung aufzustellen. Hierzu definiert der Dozent einen Fixpunkt im Veranstaltungsraum, der den aktuellen Ort symbolisiert. Von diesem Punkt aus gesehen reihen sich die Teilnehmer nach verschiedenen Kriterien ein. Bspw. sollen sie sich danach positionieren, wie weit ihr Wohnort vom definierten Punkt entfernt ist. Als weiteres Kriterium kann das Alter genutzt werden oder das bisher weiteste Reiseziel. Bei diesen Abfragen ergeben sich meist überraschende Ergebnisse.

Materialien: Keine

Dauer: Vorstellung der Methode und Durchführung je Kriterium: Etwa drei bis fünf Minuten

Abwandlung:

Diese Methode kann in ihrer abgewandelten Variante auch dazu genutzt werden, bei den Teilnehmern Feedbacks abzufragen. In einer kurzen Pause besteht dabei die Möglichkeit, die Hörer um eine Rückmeldung zum bisherigen Verlauf der Veranstaltung zu bitten. Hier sollten allerdings keine geschlossenen Fragen gestellt werden. Stattdessen empfiehlt es sich die Einordnung auf einer Skala etwa nach dem Schulnotensystem. Eine Aufgabe könnte zB lauten „Zeigen Sie durch Ihre Aufstellung, was sie bis jetzt von diesem Seminar mitnehmen konnten."

Die Nutzung von Schulnoten hat zwar den Nachteil, dass sich gerade bei einer größeren Gruppe an einigen wenigen Noten eine Häufung auftreten wird, was allerdings nicht als schlimm einzustufen ist. Die Methode hat in erster Linie einen rein auflockernden Charakter. Alternativ kann neben dem Schulnotensystem auch das Punktesystem der juristischen Ausbildung herangezogen werden. Das führt zu einer besseren räumlichen Verteilung. Gerade in einer Veranstaltung für die ersten Semester hat das den interessanten Nebeneffekt, dass die Teilnehmer diese für sie relevante Skala ken-

A. Methoden zum Kennenlernen und zur Erwartungsabfrage

nenlernen. Aufgabe des Dozenten ist es hier zu definieren, wo die Skala beginnt und endet.

Ein Feedback kann auch zu externen Faktoren erbeten werden. Bspw. können die Teilnehmer gefragt werden, ob sie eine gute Anreise hatten oder den Raum schnell gefunden haben. Bei längeren Veranstaltungen kann daneben nach der Mittagspause diese Methode genutzt werden, um abzufragen, wie den Teilnehmern das Mittagessen geschmeckt hat. Hierbei bietet sich wieder die Nutzung des Notensystems an.

3. Partnerinterview

Ziel: Kennenlernen, Schaffung einer persönlichen Atmosphäre, Auflockerung   441

Methode: In einer kleinen Veranstaltung von ca. 12–16 Studierenden interviewen sich zwei Sitznachbarn oder, falls diese sich schon kennen, zwei sich persönlich nicht bekannte Studierende gegenseitig über die Wünsche an die Lehrveranstaltung, das Studium und zB die Freizeit. Danach erfolgt eine kurze gegenseitige Vorstellung im Plenum.

Materialien: Allenfalls Blatt und Stift zum Notizen machen

Dauer: Max. fünf Minuten für das Interview und je eine Minute pro Vorstellung

4. Aufzeigen von Gemeinsamkeiten

Ziel: Informationsbeschaffung zum Vorwissen, Eis brechen, Kurz-Aktivierung   442

Methode: Für Großveranstaltungen wie Vorlesungen oder Veranstaltungen ab einer Gruppengröße von 30 Studierenden bleibt aus Organisations- und Zeitgründen nur die Möglichkeit Fragen an das Plenum zu stellen, welche durch Handzeichen beantwortet werden sollen.

Beispiele für Fragen:

- „Wer besucht parallel zur Vorlesung die propädeutischen Übungen?"
- „Wer hat die Grundlagenvorlesung XY besucht?"
- „Wer hat den Studienschwerpunkt XY gewählt?"

Materialien: Keine

Dauer: Ein bis zwei Minuten

5. Zuruffrage

Ziel: Abfrage der Erwartungen der Studierenden, Aktivierung   443

Methode: Die Studierenden rufen ihre Erwartungen dem Dozenten zu, so dass dieser diese auf eine Wandtafel oder auf ein Flipchart anschreibt. Dabei sollte er um eine knappe und präzise Formulierung bitten.

Materialien: Wandtafel und Kreide oder Flipchart und Stifte

Dauer: Max. fünf Minuten

6. Visitenkarte

Ziel: Persönliches Kennenlernen, Abbauen von Unsicherheiten, Einstieg in ein Thema   444

Methode: Die Studierenden sollen ein DIN A3 oder DIN A4-Blatt in vier gleich große Rechtecke aufteilen, wobei in die Mitte des Blattes der eigene Name in einen Kreis geschrieben wird. In jedes Rechteck schreiben die Studierenden einen vom Dozierenden vorgegebenen Satzanfang (zB „Rechtsstaat heißt für mich ...", „Unter das Rechtsstaatsprinzip fallen folgende Aspekte ...", „Die Verletzung der rechtstaatlichen Grundsätze hat zur Folge, dass ...", „Am Thema Rechtsstaat interessiert mich besonders ..."), welcher als Impuls dient. Jeder Studierende vervollständigt dann für sich alle vier Satzanfänge, so dass jeder seine eigene „Visitenkarte" entwickelt. Anschließend stellt sich jeder Student mithilfe seiner Visitenkarte im Plenum vor.

Der Dozent hat auch die Möglichkeit die Visitenkarten mit den Satzanfängen bereits im Vorfeld zu erstellen und diese dann in die Sitzung mitzubringen (Zeitersparnis!).

Die Methode der Visitenkarte kann sehr gut vor allem in Propädeutischen Übungen, Proseminaren oder in Grundlagenfächern mit max. bis zu 15 Studierenden eingesetzt werden.

Materialien: DIN A3 oder DIN A4 Blätter, Stifte; ggfs. vorgefertigte Visitenkarten

Dauer: Ungefähr fünf Minuten für die Erstellung, je eine Minute pro Student für die Vorstellung

B. Methoden für eine Hinführung zum Thema

1. Vorwissensaustausch

445 Ziel: Aktivierung des Vorwissens und Ermittlung des Kenntnisstandes der Studierenden, Schaffung einer angstfreien Lernatmosphäre, Hinleiten zum Thema

Methode: Bei dieser Methode geht es darum, dass sich die Studierenden zunächst in Gruppen (max. fünf Personen) über ihren aktuellen Wissensstand austauschen. Hierfür stellt der Dozent erst einmal die zu behandelnden Themen der Lehreinheit (zB im Proseminar: Literaturbeschaffung, Umgang mit Literatur, Texte lesen und verstehen sowie eigenen Text schreiben können) vor. In Kleingruppen sollen die Studierenden dann ihren Kenntnisstand besprechen. Die Studierenden können hierzu auch Notizen machen. Anschließend stellt jeweils ein Student die Ergebnisse der Gruppe im Plenum dar, welche dann gemeinsam besprochen werden. Zur Visualisierung können die Ergebnisse an der Tafel notiert werden.

Diese Methode lässt sich sehr einfach in Propädeutische Übungen und in Proseminare integrieren. Da in diesen juristischen Veranstaltungen die Studierendenzahl meist überschaubar ist, eine andere Atmosphäre als in Vorlesungen herrscht (weniger anonym) und der Sinn und Zweck der Veranstaltungen eine andere ist (siehe hierzu die Lernziele), erfährt der Dozent den Stand des Vorwissens seiner Studierenden und hat damit die Chance auf die individuellen Bedürfnisse seiner Studierenden einzugehen und auf deren thematische Stärken und Schwächen im Laufe der Einheit zu reagieren.

Materialien: Tafel und Kreide oder Whiteboard und Marker

Dauer: Ungefähr zehn Minuten

2. Stichwort-Picker

Ziel: Einführung in ein neues Thema, Anregung zum Selbststudium

446

Methode: Für die Teilnehmer werden spezifische Begriffe aus dem konkreten Rechtsgebiet ausgewählt, die auf Moderationskarten festgehalten werden. Dabei sollte es sich um Begriffe handeln, die nicht bereits ohne eine Recherche erklärt werden können, sondern die eine Beschäftigung mit dem jeweiligen Thema voraussetzen. Die Moderationskarten mit den Begriffen werden am Anfang einer Veranstaltung den Teilnehmern zur freien Auswahl gestellt. Statt reinen Begriffen können zB auch Paragrafen verwendet werden. Schon allein aus zeitlichen Gründen sollte jeder Hörer nur ein Stichwort wählen. Aufgabe ist es nun, sich mit dem Begriff so zu beschäftigen, dass in einer der nächsten Veranstaltungen ein kurzer Vortrag von nicht mehr als drei Minuten darüber gehalten werden kann. Der Teilnehmer ist frei in der Wahl seines Inhalts. Er kann zB etwas zur Geschichte des Begriffs, zu seiner Bedeutung für die Praxis oder zu einer aktuellen mit ihm im Zusammenhang stehenden Entscheidung Ausführungen machen. Der Vortrag an sich findet – da die Recherche außerhalb durchgeführt werden muss – erst in einer der nächsten Sitzungen statt. Dabei muss natürlich den Studenten mitgeteilt werden, wann genau sie ihr Stichwort vorstellen sollen. Idealerweise ist dieser Termin bereits auf der Moderationskarte (auf der Rückseite) vermerkt.

Die Anzahl der Stichworte richtet sich nach der Größe der Gruppe. Es sollten so viele zur Verfügung gestellt werden, dass jeder einen Begriff wählen kann. Idealerweise wählt der Dozent mehr Begriffe aus als Teilnehmer vorhanden sind. Dadurch hat auch der letzte Hörer noch die Möglichkeit, eine Wahl zu treffen.

Diese Methode bietet zugleich die Möglichkeit, dass sich die Studenten mit der aktuellen Literatur auseinandersetzen. In den Anfangssemestern empfiehlt sich deshalb, ihnen Fundstellen zu benennen. Das ist in den höheren Semestern nicht mehr zwangsläufig nötig. Im Gegenteil: Hier kann man den Teilnehmern Stichworte an die Hand geben, die sie selbst ohne jedweden Hinweis auf die Literatur recherchieren sollen.

Material: Moderationskarten mit jeweils einem konkreten Stichwort zum aktuellen Thema, (grober) Zeitplan, wann der jeweilige Vortrag durchgeführt werden soll

Dauer: Einmalig etwa fünf Minuten für die Einführung in die Methode und sodann jeweils etwa fünf Minuten für den Vortrag und ggfs. die anschließende Ergänzung durch den Dozenten

Erweiterung/Abwandlung:

Stichwort-Team

Lässt die Gruppengröße es nicht zu, dass jeder Teilnehmer ein eigenes Stichwort bekommt, so können Teams gebildet werden. Dann erhält jedes Team einen Begriff mit der Aufgabe einer gemeinsamen Recherche und eines gemeinsamen Vortrags in einer der nächsten Stunden.

Methode zur Wiederholung

Die Methode kann statt zur Einführung in ein neues Thema auch dazu gewählt werden, vorhandenes Wissen zu wiederholen. Dazu werden keine neuen Begriffe auf den Moderationskarten vermerkt, sondern – etwa aus dem vorherigen Semester – bereits bekannte. Die Darstellung der Stichworte kann dann entweder in einer der folgenden Veranstaltungen oder direkt im Anschluss stattfinden. Sollte letztere Variante gewählt werden, so ist mit einem erheblich größeren Zeitaufwand (mindestens 60 Minuten) zu rechnen.

3. Bronze – Silber – Gold

447 Ziel: Einführung in ein neues Thema, Wiederholung, Übung einer Prüfungssituation

Methode: Den Teilnehmern werden kurze Sachverhalte in drei verschiedenen Schwierigkeitsstufen zur Auswahl gestellt. Die Aufgabe besteht darin, die damit verknüpfte Fallfrage zu lösen. Dadurch wird die Gestaltung von Übungsfällen dem Leistungsniveau in den Veranstaltungen gerecht. So können die Studenten mit geringeren Kenntnissen ebenso beteiligt werden wie Studenten, die über ein umfangreiches Wissen verfügen. Die jeweilige Aufgabe kann sowohl an einzelne Studenten als auch eine Gruppe ausgegeben werden.

Die erste Schwierigkeitsstufe zeichnet sich dadurch aus, dass sie mit einem guten juristischen Grundlagenwissen gelöst werden kann. Bei ihr sind keine besonderen Anforderungen gegeben. Die Aufgabe sollte sich mit lediglich einer kurzen Konsultation des Gesetzestextes lösen lassen. Soll diese Methode im Schwerpunktbereich genutzt werden, so können hier allerdings grundlegende Kenntnisse dieses Rechtsgebiets vorausgesetzt werden. Die zweite Stufe gestaltet sich bereits anspruchsvoller. Bei ihr geht es nicht mehr nur um Grundlagenwissen. Stattdessen werden bei ihr bereits vertiefte Kenntnisse gefordert. Hier reicht es nicht mehr bloß aus, sich kurz mit dem Gesetz auseinanderzusetzen. Ausreichend ist hier eine Art „vertiefter Überblick". Auf der dritten Schwierigkeitsstufe werden detaillierte Kenntnisse vorausgesetzt, die bereits den aktuellen Meinungsstand in Literatur und Rechtsprechung abdecken, die Aufgabe ist aber mit dem bisher vermittelten Wissen lösbar.

Nachdem die Teilnehmer die Aufgabe gewählt haben, die der gewünschten Schwierigkeitsstufe entspricht, erhalten sie Gelegenheit zu deren Lösung. Die hierfür benötigte Zeit lässt sich lediglich individuell anhand des Umfangs der Fallfragen bestimmen. Sie sollte allerdings für alle drei Schwierigkeitsstufen gleich bemessen sein. Der Umfang der Bearbeitungsdauer kann von etwa zehn Minuten bis zu über eine Stunde betragen, sollte allerdings bereits am Anfang klar definiert werden.

Ist die Zeit abgelaufen, erhalten alle Teilnehmer eine kurze Lösungsskizze zu ihrer Fallfrage. Erfahrungsgemäß empfiehlt sich hier, den Studenten eine kurze Phase einzuräumen, in der sie sich mit der Skizze auseinandersetzen und an den Dozenten ggfs. Fragen stellen können.

Materialien: Übungsaufgaben in drei Schwierigkeitsstufen samt entsprechenden Lösungsskizzen

Dauer: Einmalig etwa drei Minuten für die Einführung in die Methode, sodann zwischen zehn und etwa 60 Minuten für die Lösung des Falles. Für das anschließende Studium der Lösungsskizze und ggfs. Fragen an den Dozenten weitere zehn bis 20 Minuten.

Erweiterung/Abwandlung:

Super-Gold

Konnten die Aufgaben innerhalb der drei Schwierigkeitsstufen bisher mit dem vorhandenen Wissen gelöst werden, wird in der Erweiterung eine weitere, vierte Schwierigkeitsstufe eingeführt. Bei ihr müssen sich die Teilnehmer mit einer Aufgabe auseinandersetzen, die in dieser Form mit dem vorhandenen Wissen nicht zwingend gelöst werden kann. Insbesondere setzt sie sich mit Problemen auseinander, die erst zu einem späteren Zeitpunkt oder gar nicht behandelt werden. Die Studenten werden in diesem Fall also mit einer sehr anspruchsvollen Aufgabe konfrontiert. Da in der Veranstaltung lediglich der Gesetzestext zur Verfügung steht, simuliert diese vierte Schwierigkeitsstufe zugleich eine herausfordernde Prüfungssituation.

Hausaufgabe

Die Fallfragen können ebenso als Hausaufgabe den Studenten mitgegeben werden. Sie können dann entweder in Einzel- oder Gruppenarbeit eine Lösung entwickeln, die in der nächsten Sitzung kurz vorgestellt wird. Dabei sollte – in Abhängigkeit von der Anzahl der Teilnehmer – die Vortragsdauer auf maximal fünf Minuten begrenzt werden.

4. Brainstorming

Ziel: Abfragen des Vorwissens der Studierenden, Förderung der Kreativität, Reflektieren der eigenen Ideen/Gedanken, Hinführen zum Thema

Methode: Bei dieser bekannten Methode formuliert der Dozent eine Frage oder ein Problem so präzise wie möglich, zB „Welche Voraussetzungen müssen erfüllt sein, damit eine Verfassungsbeschwerde Erfolg hat?". Danach werden die Studierenden aufgefordert zügig und spontan alle Vorschläge zu nennen, die ihnen einfallen. Die Antworten werden nicht bewertet und auf Zuruf gesammelt. Im einfachsten Fall können die Gedankeneinfälle an die Tafel (auch möglich Flipchart oder Overheadfolien) geschrieben werden.

Als Regeln können festgehalten werden, dass jede Idee zulässig ist und kurz und knapp ausgesprochen wird. Es findet keine Bewertung oder Kritik zu einer geäußerten Aussage statt. Es geht vor allem darum möglichst viele Gedanken zu sammeln unabhängig von deren Qualität. Die Studierenden dürfen sich von den Ideen der anderen inspirieren lassen. Dabei hat der Dozent die Aufgabe seine Studierenden immer wieder neu zu motivieren, sofern es eine „Durststrecke" geben sollte.

Nach der Sammel- und Aufschreibphase folgt die Auswertung. In diesem Schritt werden die Gedanken gemeinsam gesichtet, geordnet bzw. in die richtige Reihenfolge gebracht und einer Bewertung unterzogen. Diese Methode lässt sich auch problemlos im Rahmen von größeren Veranstaltungen einsetzen.

Materialien: Tafel und Kreide oder Whiteboard und Whiteboardmarker

Dauer: Fünf bis max. 20 Minuten

Abwandlung/Erweiterung:

Das klassische Brainstorming kann dahingehend abgewandelt werden, dass die Studierenden zunächst für sich selbst in Einzelarbeit zu einem bestimmten Lernstoff Ideen und Gedanken sammeln, welche dann im Anschluss entweder in Kleingruppen oder gleich im Plenum zusammengebracht werden. Um sich wiederholende Punkte zu vermeiden, kann das Zusammentragen dadurch gekürzt werden, dass jeder bzw. jede Kleingruppe nur noch einen neuen inhaltlichen Gesichtspunkt hinzufügt.

Der Unterschied zum klassischen Brainstorming ist derjenige, dass in diesem Fall die Gedankengänge der Studierenden durch die anderen nicht in eine bestimmte Richtung beeinflusst werden können, da zunächst jeder für sich seine eigenen inhaltlichen Aspekte zusammenträgt bevor es zu einer Sammlung der Ergebnisse im Plenum kommt.

Materialien: Blatt und Stifte, Tafel und Kreide bzw. Whiteboard und Whiteboardmarker

Dauer: Fünf bis sechs Minuten für die Einzelarbeit, max. zehn bis zwölf Minuten für das Zusammentragen und die Auswertung

5. Brainwriting

449 Ziel: Überprüfen des thematischen Vorwissens, Reflektieren des eigenen Lernprozesses, Hinleiten zum Thema

Methode: Beim Brainwriting, welches die schriftliche Form des Brainstormings darstellt, sollen die Studierenden in Zweierteams Lösungsvorschläge für eine Frage (zB „Was fällt Ihnen zum Erlaubnistatbestandsirrtum ein?") oder ein gestelltes Problem entwickeln. Dabei wird in der Art vorgegangen, dass die erste Zweiergruppe zwei ihrer Gesichtspunkte (zB Prüfungsort, Schuldtheorien) auf eine Overheadfolie oder ein Blatt Papier notiert, die daraufhin an die nächste Zweiergruppe weitergereicht wird. Das zweite Paar lässt sich durch die aufgeschriebenen Ideen der ersten Gruppe zu neuen Aspekten anregen, ergänzt diese und gibt die Folie bzw. das Blatt wiederum weiter an das nächste Paar usw.

Das Brainwriting kann sehr gut in Propädeutische Übungen oder Proseminare eingebaut werden. Bei einer größeren Teilnehmerzahl als zwölf Studierende können auch mehrere Folien bzw. Blätter in Umlauf gebracht werden, um so längere Wartezeiten zu vermeiden. Insgesamt jedoch sollte die Veranstaltung nicht mehr als 30 Studierende umfassen, da anderenfalls leicht der Überblick verloren gehen kann.

Abschließend werden die Folien bzw. Blätter mit dem Overheadprojektor bzw. Visualizer präsentiert und die Vorschläge miteinander besprochen. Zudem kann der Dozent im weiteren Verlauf der Lehreinheit immer wieder auf die gefundenen Ergebnisse der Studierenden Bezug nehmen.

Materialien: Folien, Stifte und Overheadprojektor oder Blätter, Stifte und Visualizer

Dauer: Fünf bis sieben Minuten für das Sammeln, fünf bis acht Minuten für das Präsentieren und Besprechen

6. Mind-Map

450 Ziel: Finden und Sammeln von Ideen, Aktivierung von Vorkenntnissen, Anregung zum Mitdenken, Wecken von Interesse, Hinführung zum Thema

Methode: Die Mind-Map ist ein grafisches Hilfsmittel, die es ermöglicht Ideen, Gedanken, Lösungsvorschläge, Zusammenhänge oÄ ohne strenge Struktur gehirn-gerecht aufzuschreiben. Der Einsatz dieser Methode empfiehlt sich nicht nur in der juristischen Lehre, sondern eignet sich auch hervorragend als Lerntechnik für den Studierenden, um zB komplexe Meinungsstreitigkeiten zu lernen oder aber auch als Spickzettel für einen freien Vortrag im Rahmen von Referaten. Diese kreative Arbeitstechnik, welche der vernetzten Struktur des Gehirns entspricht, wird leider unterschätzt. Zumal man die wichtigsten Aspekte und Zusammenhänge eines Stoff- oder Rechtsgebiets, Themas usw samt seiner in der Klausur zumindest gedanklich zu prüfenden Probleme auf einen Blick erkennen kann (zB Zulässigkeit und Begründetheit einer Anfechtungs- oder Verpflichtungsklage).

Für die Lehrveranstaltung gilt: Die Studierenden sollen in die Mitte eines quer liegenden DIN A4 Blattes den zu bearbeitenden Begriff schreiben und diesen einkreisen. Ausgehend vom zentralen Begriff ist es nun Aufgabe der Studierenden ihren Assoziationen freien Lauf zu lassen und diese als Stichworte nach allen Richtungen zu notieren. Dabei werden die Verbindungen zwischen den Stichworten mit Linien oder Pfeilen dargestellt. Nach und nach können auch Unterpunkte zu den bereits hinzugefügten Stichworten entwickelt werden. Diese Unterpunkte werden wiederum mit Linien oder Pfeilen mit dem hinzugefügten Stichwort verbunden. Auch Zeichnungen, Symbole und unterschiedliche Farben können als Unterstützung verwendet werden.

Abschließend werden alle oder, aus Zeitgründen, nur einzelne Mind-Maps im Plenum vorgestellt.

Eine etwas zeitsparende Alternative ist es mit dem Plenum gemeinsam an der Tafel eine Mind-Map zu erstellen. Hierbei kann entweder der Dozent die zugerufenen Stichpunkte an der Tafel in Form einer Mind-Map sammeln oder die Studierenden schreiben ihre Ideen selbst – wie oben beschrieben – an die Tafel.

Materialien: Papier und Stifte, ggfs. Tafel und Kreide oder Whiteboard mit Marker

Dauer: Fünf bis sieben Minuten für die Erstellung der Mind-Map, fünf bis zehn Minuten für die Besprechung im Plenum

7. Impulsbegriffe

Ziel: Einstieg in ein (neues) Thema, Entwickeln und Formulieren eigener Gedanken, Anregen zum Mitdenken

Methode: Das Setzen von Impulsen durch den Dozenten ermöglicht einen schnellen und prägnanten Einstieg in ein Thema. Aufgabe des Dozenten ist es sich vorab Satzanfänge zu einem bestimmten Thema zu überlegen und diese ggfs. auf eine Folie oÄ zu schreiben, welche dann als Impuls für die Studierenden herangezogen werden. Jeder Student muss für sich den Satz vollenden, indem er seine Ideen aufschreibt. Im Anschluss lässt der Dozent, je nach Gruppengröße der Veranstaltung, entweder die Ergebnisse aller Studierenden vorstellen oder aber er ruft einzelne Studierende auf, um eine Auswertung der Ergebnisse vorzunehmen.

Beispiele für Satzanfänge:

- „Wenn ich an Demokratie denke, …"
- „Parteien sind für mich …"
- „Mit Wahlen verbinde ich …"

Materialien: vorgefertigte Folien oder Overheadprojektor oder Visualizer, Blätter und Stifte

Dauer: Insgesamt fünf bis acht Minuten

8. Schriftliches Gespräch

Ziel: Sammeln von Ideen, Herausfinden von Vorwissen und Vorverständnis, Fokussieren der Aufmerksamkeit auf ein Thema

Methode: Wie sich bereits aus dem Begriff „schriftliches Gespräch" ergibt, wird im Rahmen dieser Methode zunächst nur schriftlich miteinander kommuniziert. Es darf also nicht miteinander gesprochen werden. Der Dozent fertigt vorab drei oder vier Flipchart-Papiere mit einem bestimmten Thema bzw. mit diversen Unterthemen, Fragestellungen oder provokanten Thesen an. Aufgabe der Studierenden ist es auf jedem Papier Kommentare, Ansichten, Vorschläge, Stellungnahmen, Anmerkungen etc zu diesem Thema aufzuschreiben. Jeder Student hat dabei die Möglichkeit, das Geschriebene der Anderen zu kommentieren oder weiterzuentwickeln. Auch die Verwendung von Zeichnungen und Symbolen ist erlaubt. Nachdem alle Papiere beschriftet sind, können diese ggfs. an der Tafel oder der Wand aufgehängt werden. Danach werden diese im Plenum entweder durch den Dozenten oder durch einzelne Studierende zusammengefasst und in der Gesamtgruppe besprochen.

Beispiele für Thesen:

- „Europa heißt für mich ..."
- "Unter der Europäischen Union versteht man ..."
- „Der Europäischen Kommission werden zu weitreichende Befugnisse eingeräumt ..."
- „Die Mitgliedstaaten haben ihre eigene nationale Souveränität verloren."

Materialien: Flipchart-Papiere und Stifte, ggfs. Klebeband zum Befestigen

Dauer: Ungefähr fünf bis acht Minuten für die Erstellung, ca. zehn Minuten für die Zusammenfassung

9. Schätzen

Ziel: Erzeugen von Aufmerksamkeit, Wecken von Interesse, thematischer Einstieg

Methode: Schätzfragen an Studierende zu stellen ist eine sehr einfach zu handhabende Methode, welche in der Regel in die Lehrveranstaltung ohne allzu großen Aufwand eingefügt werden kann. Insbesondere in Großveranstaltungen können die Studierenden per Handzeichen auf vorgegebene Antwortmöglichkeiten einer Schätzfrage antworten. In kleineren Lehrveranstaltungen können auch offene Fragen gestellt werden, die die Studenten nicht nur selbst beantworten können sollten, sondern ihre Antwort auch begründen müssen. Entweder schreiben die Studierenden zunächst ihre Antworten auf oder aber sie beschäftigen sich nur gedanklich mit der Frage und äußern ihre Ergebnisse im Plenum. Möglich ist auch komplexe Fragen und Antworten zu visualisieren.

Die Formulierung der Fragen muss eindeutig und von den Studierenden beantwortbar sein. Das Stellen von Fragen animiert zum Nachdenken, so dass die Konzentration der Studierenden gefördert wird. Außerdem wird Spannung erzeugt, da die Studierenden wissen wollen, ob sie mit ihrer Einschätzung richtig liegen oder nicht.

Beispiele für Schätzfragen:

- „Wie viele Einwohner hat die Bundesrepublik Deutschland?"
- „Wann ist das Grundgesetz in Kraft getreten? 1945, 1949 oder 1954?"
- „Wann wurde die Europäische Union gegründet?"

Materialien: ggfs. Blatt und Stift, ggfs. Visualisierungsobjekt

Dauer: Max. bis zu fünf Minuten

B. Methoden für eine Hinführung zum Thema

10. Losglück

Ziel: Aufzeigen und Überprüfen bereits vorhandenen Wissens, Einstieg in ein Thema, Erklären von Begriffen, Begründen von Antworten; zugleich auch Zusammenfassung, Ergebnissicherung, Wiederholung und Vertiefung von Inhalten

454

Methode: Nachdem der Dozent das entsprechende Thema vorgegeben hat, müssen die Studierenden in Kleingruppen (drei bis fünf Personen) eine bestimmte Anzahl von themenspezifischen Begriffen (zB alle Irrtümer im Strafrecht oder Probleme im Minderjährigenrecht) sammeln und dabei pro Moderationskarte ein Stichwort aufschreiben. Hierbei bilden die gesamten Karten einer Kleingruppe einen Stapel, welcher verdeckt an die nächste Kleingruppe gereicht wird. In jeder einzelnen Gruppe wird daraufhin eine Karte von einem Gruppenmitglied gezogen, der das Wort den anderen Mitgliedern erklärt bzw. erläutert oder begründet. Die anderen Mitglieder der Kleingruppe haben dann die Gelegenheit Berichtigungen oder Ergänzungen vorzunehmen, bei Bedarf Fragen zu stellen oder Kommentare abzugeben. Zuletzt besteht die Möglichkeit im Plenum nicht beantwortete Fragen oder Unklarheiten zu klären.

Zeit sparen kann der Dozent dadurch, dass er die Karten vorbereitet.

Materialien: Moderationskarten und Stifte

Dauer: 20–40 Minuten, bei vorbereiteten Moderationskarten ca. 10–15 Minuten

11. Gruppenpuzzle

Ziel: Hinleiten zum Thema, Erkennen und Herstellen von Zusammenhängen, auch Wiederholung und Vertiefung

455

Methode: Der Dozent bereitet Moderationskarten zu einem bestimmten Thema oder zu einer bestimmten Theorie oÄ vor, welche von den Studierenden in die richtige Reihenfolge gebracht werden müssen. Er kann hierbei an alle Studierenden inhaltlich identische Karten verteilen, so dass alle Gruppen dasselbe Thema bearbeiten müssen oder aber jede Kleingruppe erhält eine andere Theorie zugeteilt. Hier bieten sich Kleingruppen mit max. drei Mitgliedern an. Entweder bekommt jede Gruppe einen eigenen gemischten Kartensatz, mit dem sie arbeiten kann, oder aber alle Gruppen versammeln sich um einen Tisch, auf welchem die Karten wie Puzzleteilchen vermischt liegen. Im letzteren Fall können sich die Studierenden zur leichteren Erfassbarkeit auch Notizen machen. Abschließend stellt jede Gruppe ihr Ergebnis im Plenum vor und begründet diese. Über die einzelnen Ergebnisse kann dann diskutiert werden.

Beispiele für vorformulierte Karten:

- „Voraussetzungen der Zulässigkeit und Begründetheit eines behördlichen oder gerichtlichen Verfahrens"
- „Instanzenzüge verschiedenster Rechtsgebiete und ihre jeweiligen Funktionen"

Materialien: Vorformulierte Karten, ggfs. Blatt und Stifte

Dauer: Puzzle zusammensetzen ca. fünf Minuten, Präsentation und Begründung bis zu 15 Minuten

12. Jura-Alphabet

456 Ziele: Einführung in ein neues Thema, Wiederholung

Methode: Die Teilnehmer sollen zu allen Buchstaben des Alphabets einen Begriff finden, der mit dem aktuellen Thema oder Rechtsgebiet korrespondiert. Die Methode kann auch bei neuen Themen durchgeführt werden. Dann ist die Aufgabe der Hörer die Begriffe zu verwenden, die ihnen bereits zu diesem Gebiet bekannt sind. Zu einzelnen Buchstaben werden die Studenten schnell einen Begriff finden, zu anderen wird es längere Zeit benötigen. Nicht auszuschließen ist, dass vereinzelt nichts gefunden wird, was insbesondere bei den seltener vorkommenden Buchstaben der Fall sein wird.

Die Methode kann sowohl im Einzelnen als auch in der Gruppe stattfinden. In der Variante als Einzelarbeit hat jeder Teilnehmer für jeden Buchstaben einen Begriff zu finden. Um Zeit zu sparen, können hier auch bestimmte Vorgaben gemacht werden. So können zB zehn Begriffe ausreichen.

Soll die Methode in der Gruppe durchgeführt werden, so besteht einerseits die Möglichkeit, dass alle Teilnehmer der Veranstaltung – was sich vor allem bei kleineren Gruppen anbietet – gemeinsam an der Lösung arbeiten. Denkbar ist auch, dass mehrere Gruppen getrennt voneinander das komplette Alphabet abarbeiten. Hier lässt sich zusätzlich ein Wettbewerb einbinden: Die Gruppe, die als erste allen Buchstaben einen Begriff zugeordnet hat, hat gewonnen.

Materialien: Für die Einzelarbeit Papier und Stifte, für die Gruppenarbeit einzelne oder – bei mehreren Gruppen – mehrere Schreibflächen, etwa in Form von Flipchart-Papier oder mehreren Tafeln

Dauer: Erläuterung und Durchführung der Methode: etwa 30 Minuten

Erweiterung:

Gerade bei den Gruppenarbeiten bietet es sich an, dass der Dozent zum Schluss einzelne Begriffe kurz erläutern lässt. Hierzu kann ein Mitglied aus der Gruppe entweder einen oder mehrere Begriffe erklären. Haben verschiedene Gruppen die Aufgabe bearbeitet, so kann der Dozent auch Begriffe aus der Auflistung der anderen Gruppe erläutern lassen (Mitglied der Gruppe A erläutert einen Begriff der Gruppe B und umgekehrt). Für die Erläuterung sollten nochmals etwa fünf bis höchstens zehn Minuten vorgesehen werden.

13. Kreuzwörter

457 Ziele: Einführung in ein neues Thema, Wiederholung

Methode: Ähnlich wie in der Methode „Jura-Alphabet" schreiben die Teilnehmer ihnen bekannte Begriffe auf. Allerdings wird hier zunächst vom Dozenten ein (ggfs. längeres) Wort vorgegeben. Aufgabe der Studenten ist es nun, mit dem vorhandenen Begriff – ähnlich wie bei einem Kreuzworträtsel – weitere Wörter zu ergänzen. Damit die Darstellung wegen der unterschiedlichen Schrift nicht zu unübersichtlich wird, sollten die Wörter nur senkrecht und waagerecht angeordnet werden.

Materialien: Schreibfläche und Stifte, ein (längeres) Wort, das zweckmäßigerweise in der Mitte der Fläche angeordnet wird

B. Methoden für eine Hinführung zum Thema

Dauer: Erläuterung und Durchführung der Methode: etwa 20 bis 30 Minuten

Abwandlung/Erweiterung

Kreuzwörter mit Erläuterung

Statt lediglich die einzelnen Begriffe auf der Schreibfläche anzuordnen, kann der Teilnehmer, der das Wort anschreibt, gleichzeitig dessen Hintergrund erläutern. Hierfür sollten weitere 15 bis 20 Minuten vorgesehen werden.

Kreuzwörter-Ping Pong

Sind mindestens zwei Gruppen vorhanden, so können sie jeweils in Abhängigkeit von der anderen einen Begriff ergänzen. Dabei steht jeder Gruppe eine Schreibfläche mit einem vom Dozenten vorgegebenen (selben oder gleichen) Wort zur Verfügung. Nach einer Verständigung darüber, welche Gruppe beginnt, schreibt die erste einen Begriff hinzu. Danach ergänzt die zweite Gruppe auf ihrer eigenen Schreibfläche einen Begriff. Allerdings darf ein Wort nur einmalig verwendet werden. Die Gruppe, die als letztes ein Wort ergänzt, hat gewonnen. Aufgabe des Dozenten hierbei ist es, dafür zu sorgen, dass die verwendeten Begriffe mit dem Thema noch im Zusammenhang stehen. Damit die Auflistung nicht zu unübersichtlich wird, sollte die Gruppe zunächst das Wort dem Dozenten mitteilen. Ist dieser damit einverstanden, kann es auf der Schreibfläche ergänzt werden. Für diese Erweiterung sollten mindestens 20 bis 30 zusätzliche Minuten veranschlagt werden.

14. Pro und Contra-Debatte

Ziel: Thematischer Einstieg, Aktivierung von Vorkenntnissen der Studierenden, Ausdrücken von eigenen Interessen, Lernen zu argumentieren, Förderung der Kommunikationsfähigkeit, Akzeptieren gegensätzlicher Meinungen, Reagieren auf die Gruppendynamik, auch Erschließen von Inhalten sowie zur Wiederholung und Vertiefung

458

Methode: Die Pro und Contra-Debatte ist ein Streitgespräch zwischen den Studierenden, mit dem sie gegensätzliche Standpunkte ausdrücken können. Hierfür stellt der Dozent eine Entscheidungsfrage oder ein strittiges Thema in den Raum. Die Studierenden werden jeweils in eine Pro- und Contra-Gruppe aufgeteilt. Dies kann nach einem Zufallsprinzip oder nach Interessen geschehen. Der Dozent entscheidet sich, ob er den Studierenden zunächst Zeit einräumt, um sich noch Argumente zu überlegen oder ob relativ spontan diskutiert werden kann. Wichtig ist es den Studierenden nahe zu bringen nicht lediglich die eigene Meinung zu vertreten, sondern es geht auch darum sich in gegensätzliche Ansichten hineinzudenken und Argumente hierfür zu finden. Die Diskussion selbst kann entweder offen gestaltet werden, in der jeder Student zu Wort kommt, der etwas sagen möchte. In diesem Fall besteht die Gefahr, dass sich nicht alle Studierenden an der Debatte beteiligen. Oder aber die Diskussion erfolgt nach dem Ping Pong-Verfahren, so dass im Wechselverfahren immer ein Studierender pro Gruppe nicht nur das eigene (Gegen-)Argument bringen, sondern das (Gegen-)Argument der Gegengruppe auch widerlegen muss. Die (Gegen-)Argumente jeder Gruppe sollten dabei zu Zwecken der Ergebnissicherung an der Tafel oder auf Folien visualisiert werden.

Beispiele für eine Pro und Contra-Debatte:

- „Sollte die Todesstrafe in Deutschland wieder eingeführt werden?"
- „Soll das Mindestwahlalter auf 16 Jahre herabgesetzt werden?"

- „Soll das Rauchverbot in Bayern wieder abgeschafft werden?"
- „Soll das Alter für die Deliktsfähigkeit einer Person abgeändert werden?"

Diese Methode bietet sich in Veranstaltungen an, in denen viele kontroverse Themen existieren oder bei denen es keine eindeutige Lösung in die eine oder andere Richtung gibt. Zum Verständnis vieler juristischer Meinungsstreitigkeiten, welche in den meisten Fällen mindestens zwei gegensätzliche Ansichten und einen vermittelnden Weg erfassen, kann diese Methode wirksam eingesetzt werden. Da Studierende oft den Fehler machen juristische Streitstände lediglich auswendig zu lernen, ist es möglich mit dieser Art von Debatte den Studierenden die Argumente der einzelnen Theorien näher zu bringen, damit sie diese verstehen und dann in einer Klausur in der Lage sind nicht nur abstrakt ihr Wissen abzuspulen, sondern mithilfe der Argumente das abstrakte Wissen auch auf den konkreten Fall zu übertragen bzw. anzuwenden. Dieser Schritt wird in der Klausurbearbeitung leider oftmals „übersprungen". Deshalb ist es zu empfehlen diese Methode in die juristischen Veranstaltungen zum besseren Verständnis immer wieder einzubauen.

Materialien: Visualisierungsgegenstände

Dauer: Zehn bis 50 Minuten je nach Gruppengröße und Vorbereitungszeit

Abwandlung/Erweiterung:

Eine weitere Variante ist, dass die Studierenden zudem einen Seitenwechsel vornehmen müssen, um sich auch in die Gegenposition versetzen zu können.

C. Methoden zur Erschließung von Inhalten

1. Entscheidungsraum

Ziel: Thematischer Einstieg, Hineinversetzen in andere Auffassungen, Verstehen unterschiedlicher Meinungen, Förderung der Entscheidungsfreudigkeit, Steigerung der Argumentationsfähigkeit, Reflektion eigener Argumente

Methode: Im Rahmen der Methode „Entscheidungsraum" geht es darum, dass die Studierenden dazu gebracht werden zu provozierenden Thesen oder Aussagen ihre Haltung zu kommunizieren und über ihre eigenen Argumente nachzudenken. An zwei Stellen im Raum befinden sich jeweils Aushänge mit „Ja!" und „Nein!" bzw. mit „Stimme zu" und „Stimme nicht zu". Anstelle dieser Plakate besteht auch die Möglichkeit zwei Ecken des Raumes als gegensätzliche Positionen zu bestimmen, in denen sich die Studierenden stellen können, um einen bestimmten Standpunkt auszudrücken bzw. im umgekehrten Fall in die Ecke gehen, die nicht ihrer Position entspricht (abhängig vom Arbeitsauftrag).

Die Studenten versammeln sich vor beiden Plakaten. Der Dozent wirft dann eine Frage oder These in den Raum. Daraufhin müssen sich die Studenten in einer bestimmten Zeit für eine Möglichkeit entscheiden und sich vor dem Aushang, welcher ihre Position vertritt, positionieren. Den Studierenden ist es auch erlaubt in dieser Phase mit den anderen Studierenden zu kommunizieren und sich dann zu entscheiden. Wichtig ist nur, dass die Studierenden ihre Wahl im Anschluss begründen können und dabei lernen den eigenen Standpunkt zu reflektieren bzw. sich in andere (Rechts-)Ansichten zu versetzen. Diese Vorgehensweise kann beliebig oft wiederholt werden.

C. Methoden zur Erschließung von Inhalten

Beispiele für Thesen:

- „Europa schafft es nicht sich gegen die USA zu behaupten."
- „Die Europäische Union gehört abgeschafft."
- „Dem Bundespräsidenten steht ein materielles Prüfungsrecht zu."

Materialien: Vorbereitete Thesen bzw. Aussagen, ggfs. Plakate

Dauer: Max. fünf bis acht Minuten

Abwandlung/Erweiterung:

Die Thesen können auch in der Veranstaltung durch die Studierenden selbst entwickelt werden, was noch einmal fünf bis sechs Minuten beansprucht. Die Thesen sollten klar und deutlich formuliert und im besten Falle auch provokativ bzw. zugespitzt sein.

2. Fishbowl

Ziel: Förderung des Austausches und von Diskussionen, auch zur Ergebnissicherung und -präsentation

Methode: Der englische Begriff „Fishbowl" steht in diesem Kontext für „Fischglas" oder "Aquarium". Damit ist gemeint, dass sog Zuschauer von außen auf einen Innenkreis, bestehend aus diskutierenden Studierenden, blicken ohne in das Geschehen einzugreifen.

Die Studierenden erhalten ein diskussionsreiches Thema. Sie bekommen ein paar wenige Minuten Zeit, um über dieses Thema nachzudenken. Sodann sollen entweder freiwillige oder ausgewählte Studierende über das Thema vor dem restlichen Plenum debattieren. Hierzu setzen sich diese Studenten nach vorne, damit sie von den anderen gut beobachtet werden können. Hierbei sollten einige wichtige Diskussionsregeln (siehe hierzu „Lehrmethode der Diskussion") kurz erläutert werden. Der Dozent gibt das Zeitfenster für die Diskussion vor und moderiert diese. Damit das Plenum seinerseits nicht in Passivität verfällt, bekommt es den Auftrag den Diskussionsverlauf zu beobachten und zu notieren, wie sich die Argumente entwickeln. Das Plenum selbst diskutiert nicht mit. Erst am Ende im Rahmen der Reflexionsphase wird mit dem gesamten Plenum über die jeweiligen Argumente gesprochen und sich über das Gehörte ausgetauscht.

Beispiele für Diskussionsthemen:

- „Muss der Beitrag des Gehilfen für den Erfolg der Haupttat kausal sein oder genügt lediglich deren Förderung?"
- „Dürfen höchstpersönliche Tagebuchaufzeichnungen des Verdächtigen in der Hauptverhandlung als Beweismittel verwendet werden?"
- „Besteht für die Staatsanwaltschaft auch bei außerdienstlich erlangter Kenntnis von Verdachtsmomenten die Pflicht zur Aufnahme von Ermittlungen?"

Materialien: ggfs. Blatt und Stifte für Notizen

Dauer: Ungefähr zehn bis 15 Minuten, je nach Komplexität des Themas

Abwandlung/Erweiterung:

Um in einem begrenzten Rahmen auch eine aktive Beteiligung der Zuschauer zu ermöglichen, kann der Dozent zu den Diskutierenden einen freien Stuhl hinzustellen.

Sofern ein Zuschauer aus dem Plenum ein eigenes Argument hinzufügen möchte oder einen Einwand hat, darf er sich kurz auf diesen leeren Stuhl setzen, seinen Standpunkt erläutern und wieder in den Außenkreis zurücksetzen.

Weiterhin lässt sich das Fishbowl auch gut als Anschlussmethode zu einer Gruppenarbeit einsetzen, um über die Ergebnisse der jeweiligen Gruppen zu diskutieren.

3. Lawinengespräch

461 Ziel: Austausch verschiedener Auffassungen, Verbesserung der eigenen Argumentationsfähigkeit, Untersuchung von Fragestellungen und Entwickeln von Lösungsmodellen

Methode: Das Lawinengespräch ermöglicht es komplexe Fragestellungen oder Texte zu bearbeiten. In einem ersten Schritt besprechen sich die Studierenden in einer Zweiergruppe zu einer vorgegebenen Aufgabenstellung innerhalb einer bestimmten Zeit und machen Stichpunkte zu ihren Ergebnissen. Im zweiten Schritt treffen zwei Zweiergruppen aufeinander (nunmehr Viererguppe) und diskutieren über ihre jeweiligen Ergebnisse, wobei sie sich auf einen gemeinsamen Lösungsweg einigen müssen. Denkbar ist es auch, dass sich die neuen Viererguppen jeweils zu Achtergruppen zusammenschließen usw. Im letzten Schritt werden die Ergebnisse im Plenum vorgestellt und besprochen.

Beispiele für (komplexe) Fragestellungen:

- „Wie wirkt sich der error in persona des Täters auf den Anstifter aus?"
- „Ist die Teilnahme an einem Unterlassungsdelikt möglich?"
- „Hat die Staatsanwaltschaft eine Pflicht zur Anklageerhebung auch dann, wenn sie ein Verhalten entgegen der höchstrichterlichen Rechtsprechung für straflos hält?"

Materialien: Formulierung von Fragen bzw. Auswahl der Texte (Kopien)

Dauer: Abhängig von Umfang der Aufgabenstellung, Größe der Kleingruppen und der Phase der Bildung neuer Gruppen ca. zehn bis 60 Minuten

4. Lernstationen

462 Ziel: Eigenständige Bearbeitung von Inhalten, Lösen von Aufgaben

Methode: Diese Methode ist zeitlich umfangreich in ihrer Ausführung. Hierfür errichtet der Dozent im Veranstaltungsraum verschiedene Lern- bzw. Informationsstände zu einem bestimmten Thema oder zu verschiedenen Unterpunkten. In jeder Lernstation befinden sich Literatur und/oder behördliche oder gerichtliche Entscheidungen in bspw. Blatt- oder Buchformat. Zusätzlich kann der Dozent auch diverse Informationen auf Flipchart-Papier verschriftlichen und in den Stationen aufhängen. Außerdem erstellt der Dozent im Vorfeld Arbeitsblätter für jede Lernstation. Diese Arbeitsblätter sind dergestalt aufbereitet, dass sie sich durch Zuhilfenahme der bereitgestellten Informationen lösen lassen.

Diese Methode eignet sich eher für Veranstaltungen mit einer max. Teilnehmerzahl von 30. Beispielhaft können bei insgesamt 20 Studierenden entweder vier Lernstationen mit je fünf Studierenden oder fünf Lernstationen mit je vier Studierenden errichtet werden. Entscheidend ist, dass der Arbeitsauftrag den Studierenden klar und unmissverständlich erklärt wird. Auch eine bestimmte Bearbeitungszeit für das Lösen der Aufgaben muss vorgegeben werden (zB je nach Anzahl der Lernstationen und Komple-

C. Methoden zur Erschließung von Inhalten

xität der zu lösenden Aufgaben zehn bis 15 Minuten pro Station). Jede Gruppe muss dabei jede Station besuchen und sich mit den entsprechenden Aufgaben beschäftigen. Nachdem jede Gruppe alle Aufgaben bearbeitet hat, werden die Ergebnisse im Plenum diskutiert.

Beispiele für verschiedene Themen in den Lernstationen:

- „Statthafte Klageart bei der Anfechtung von Nebenbestimmungen?"
- „Sind Nebenbestimmungen von Ermessensverwaltungsakten teilbar?"

Oder:

- „Rechtmäßigkeit einer hoheitlichen Warnung?"
- „Hat der Bundespräsident eine Äußerungsbefugnis inne?"

Materialien: Literatur bzw. anderweitiges Informationsmaterial sowie Arbeitsblätter für alle Lernstationen jeweils in Anzahl der Gruppen, ggfs. vorbereitete Flipchart-Papiere

Dauer: 60 bis 90 Minuten je nach Anzahl der Lernstationen und Schwierigkeitsgrad der zu bearbeitenden Aufgaben

Abwandlung/Erweiterung:

Alternativ können auch kürzere Fälle in den einzelnen Lernstationen bearbeitet werden.

5. Murmelgruppe

Ziel: Aktivierung, Wiederherstellung der Konzentrationsfähigkeit, Auflockerung, Erklären von Inhalten, Vertreten der eigenen Position gegenüber Anderen, auch Wiederholung und Vertiefung möglich

Methode: Die Methode ist in ihrer Anwendung sehr einfach und wirkungsvoll. Der Dozent stellt hierzu eine vorbereitete Frage, Aussage oder These oÄ ins Plenum. Auch kann diese Methode jederzeit in die Lehrveranstaltung spontan eingebaut werden, sofern dem Dozenten eine passende Frage einfällt. Die Studierenden haben 30 bis 90 Sekunden Zeit, um mit ihren Sitznachbarn über die gestellte Aufgabe zu diskutieren („murmeln" oder „schnattern"). Danach werden einzelne Zweiergruppen aufgefordert ihre Ergebnisse kurz vorzustellen, so dass im Plenum mögliche Antworten zusammengetragen werden können. Auch erhöht sich nach dem „Murmeln" in der Regel die Bereitschaft sich freiwillig zu Wort zu melden, weil unrichtige Antworten nicht auf den Einzelnen, sondern auf die Gruppe zurückfallen.

Die Murmelgruppe eignet sich auch sehr gut für Großgruppen. In vorwiegend dozentenzentrierten Vorlesungen mit überwiegend rezeptiven Phasen können mithilfe dieser Methode alle Studierende aktiviert werden. Der Umstand, dass vor allem in Großveranstaltungen manche Studenten diese Gelegenheit zum Austausch privater Erlebnisse oder anderer Geschehnisse nutzen, muss nicht unbedingt als Nachteil ausgelegt werden, da auch durch diesen kurzzeitigen Wortwechsel die Konzentrationsfähigkeit nach einer längeren Aufmerksamkeitsphase verbessert bzw. wiederhergestellt werden kann. In Großgruppen lässt sich der Dozent entweder einzelne Ergebnisse zurufen oder aber er löst die Aufgabe selbst im Plenum. In diesem Fall können die Studierenden überprüfen, ob sie mit ihren Ergebnissen richtig lagen oder nicht.

Beispiele für Fragen:

- „Gilt der Vorbehalt des Gesetzes auch für die Leistungsverwaltung?"
- „Besteht immer ein Beurteilungsspielraum bei unbestimmten Rechtsbegriffen?"
- „Wann ist ein Verkehrszeichen bekannt gegeben?"

Materialien: Ggfs. vorbereitete Fragen oÄ.

Dauer: Ungefähr zwei Minuten für das Murmeln und zwei Minuten für die Besprechung

6. Schwärzen

Ziel: Konzentriertes Lesen von Texten, Herausarbeiten wichtiger Informationen aus Texten, Wichtiges von Unwichtigem trennen können

Methode: Die Studierenden lesen zunächst einen ausgeteilten Text. Danach sollen sie alle Informationen, die ihnen nicht wichtig erscheinen, mit einem schwarzen Stift wegstreichen. Anschließend werden die Ergebnisse im Plenum besprochen.

Diese Methode ist eher ungewohnt, aber sehr wirkungsvoll! Im Rahmen der Fallbesprechung lernen die Studierenden beim Lesen des Sachverhaltes, dass sie nur das Wichtigste unterstreichen sollen. Das Schwärzen erfolgt gerade umgekehrt: Die Studierenden werden angehalten alles Unwichtige im Sachverhalt wegzustreichen. Auf diese Weise sollen die Studenten lernen sich auf das Wesentliche zu konzentrieren und in der Fallbearbeitung eine angemessene Schwerpunktsetzung vorzunehmen.

Auch bietet sich diese Methode für das Lernen Zuhause an. Um sich theoretisches Wissen anzueignen, müssen sich Studenten in der Regel mit unzähliger Literatur befassen und Texte, Urteile oder anderweitige Entscheidungen oÄ lesen. Auch hier müssen sie lernen alles Unwichtige auszusieben. Gerade in den Anfangssemestern ist das Schwärzen ideal zum Einüben der richtigen Schwerpunktsetzung.

Materialien: Texte in Kopien und Stifte

Dauer: Abhängig von der Länge des Textes, zehn bis 15 Minuten plus anschließende Diskussion mit max. zehn Minuten

7. Think-Pair-Share

Ziel: Eigenständige Bearbeitung von Inhalten, aktive inhaltliche Auseinandersetzung, strukturierter Austausch verschiedener Ansichten, auch Wiederholung und Vertiefung

Methode: Think-Pair-Share ist eine weitere Methode, welche sich sehr gut für die Diskussion insbesondere gegensätzlicher Ansichten, Themen oÄ eignet. Die Studierenden sollen durch diese Methode animiert werden über die Aufgabenstellung nachzudenken und lernen ihre Gedanken zu strukturieren. Zunächst denkt in der ersten Phase, die sog Think-Phase, jeder Student für sich über die Frage/Aufgabenstellung nach. Dann geht jeder einzelne Student mit einem anderen Studenten zusammen (sog Pair-Phase), um sich mit diesem auszutauschen. In der letzten Phase, die sog Share-Phase, stellen die einzelnen Zweiergruppen einem anderen Paar ihre Ergebnisse vor.

C. Methoden zur Erschließung von Inhalten

Beispiele für Fragen:

- „Wann liegt ein unmittelbares Ansetzen zur Tatbestandsverwirklichung beim unechten Unterlassungsdelikt vor?"
- „Kann zu einem qualifizierten Delikt angestiftet werden, wenn der Täter bereits zur Begehung des Grunddelikts entschlossen ist?"
- „Ist die Teilnahme am Unterlassungsdelikt möglich?"

Materialien: Vorbereitete Fragen oder Aufgabenstellung; ggfs. Flipchart-Papier und Stifte; Klebeband zum Aufhängen

Dauer: 15 bis 60 Minuten je nach Komplexität und Umfang der Fragen/Aufgabenstellung

Abwandlung/Erweiterung:

Optional können auch die Studenten vorab in Gruppen eingeteilt werden. Jede Gruppe erhält ein Flipchart-Papier, welches in mehrere Felder, entsprechend der Anzahl der Gruppenteilnehmer, aufgeteilt wird. Das Feld in der Mitte bleibt dabei jedoch frei. In der Think-Phase notieren die Studenten jeweils eigenständig in eines der Textfelder (ein Textfeld pro Student) ihre Lösung zu der obigen Fragestellung. In der anschließenden Pair-Phase lesen die Studenten die Antworten ihrer Mitstudierenden durch und tauschen sich lediglich bei Verständnisproblemen aus. Sodann wird in der Share-Phase gemeinsam in der Gruppe entschieden was als Gruppenergebnis in die Mitte des Feldes geschrieben wird, wobei hier die aufzunehmenden Aspekte zahlenmäßig beschränkt werden können. Im Anschluss werden die Gruppenergebnisse im Plenum dargestellt und besprochen.

8. Wandzeitung

Ziel: Einstieg in ein Thema, selbstständige Erarbeitung von Inhalten durch die Studierenden, intensive Auseinandersetzung und Festigung des Lernstoffs, Zusammenfassung, Wiederholung und Vertiefung

466

Methode: Auch wenn diese Methode auf den ersten Blick zeitlich und organisatorisch etwas aufwändig erscheint, garantiert sie dennoch einen hohen Lernerfolg. Hierfür bereitet der Dozent verschiedene Wandplakate (handschriftlich oder gedruckt; Größenordnung: Flipchart-Blätter) vor, auf denen die wichtigsten Informationen des zu vermittelnden Themas verständlich und nachvollziehbar dargestellt sind. Die Anzahl der Wandzeitungen richtet sich sowohl nach den zu präsentierenden Inhalten als auch nach der Zahl der Studierenden. Insbesondere soll vermieden werden, dass sich die Studierenden bei zu wenigen Wandpostern gegenseitig beim Lesen im Wege stehen oder anderweitig stören. Gibt der Inhalt der Veranstaltung nicht allzu viele Wandplakate her, ist es auch möglich Wandplakate gleichen Inhalts in zweifacher Ausfertigung zu erstellen, um etwaige gegenseitige Behinderungen zu vermeiden. Diese Wandposter werden dann an der Tafel, der Wand oder auf Pinnwänden befestigt. Aufgabe der Studierenden ist es nun alleine oder zu zweit sich diese Wandzeitungen anzuschauen und über die präsentierten Inhalte nachzudenken. Vorteil der Partnerarbeit ist es, dass die Studierenden sich untereinander austauschen können und ggfs. einzelne Unklarheiten bereits mit dem Partner klären und somit einige ihrer Fragen selbst beantworten können. Bleiben dennoch Fragen offen oder bestehen noch Verständnisprobleme sind die Studierenden angehalten an den entsprechenden Stellen der Wandplakate ein Fragezeichen mithilfe von Haftnotizen anzubringen und hierauf zusätzlich mit einem Stichwort ihre Frage aufzuschreiben. Nachdem jeder Student alle Wandzeitungen betrachtet hat, geht der Dozierende auf alle notierten ungeklärten Fragen ein. Weil zu den anderen Inhalten keine Fragen gestellt wurden, bespricht der Dozent auch nicht mehr die übrigen Lerninhalte der anderen Wandplakate. In dieser abschließenden Besprechungsphase empfiehlt es sich, dass der Dozent den Studierenden Ausdrucke der Wandzeitungen als DIN A4 Blätter austeilt, damit diese sich bei Bedarf Notizen machen können.

Vorteil dieser Methode ist es, dass jeder Studierende die Gelegenheit hat ihn interessierenden Aspekten nachzugehen und seinem Lerntempo entsprechend sich mit Lerninhalten auseinanderzusetzen. Wie oben bereits erwähnt nimmt die Erstellung der Wandzeitungen durch den Dozenten zwar etwas Zeit in Anspruch. Allerdings relativiert sich dieser Zeitaufwand, sofern diese Wandplakate vom Dozenten immer wieder in Lehrveranstaltungen verwendet werden.

Materialien: (Vorbereitete) Flipchart-Blätter, Haftnotizen und Stifte, Klebeband, ggfs. Pinnwände und Nadeln

Dauer: Ca. drei bis vier Minuten zum Lesen eines Plakats und ggfs. zum Überlegen und Notieren von Fragen, Beantworten der Fragen ungefähr fünf bis sieben Minuten pro Plakat

Abwandlungen/Erweiterungen:

Weiterhin ist es auch möglich die Studierenden die Wandzeitungen selbst erstellen zu lassen. Dies kann auf zweierlei Weise erfolgen:

Entweder bekommen die Studierenden die Aufgabe als Vorbereitung für die nächste Lehreinheit die Wandplakate zu vorgegebenen Lerninhalten selbst zu gestalten. In der Lehrveranstaltung verinnerlichen sich die Studierenden dann die Plakate der anderen Studierenden und bringen auch hier ein Fragezeichen auf einer Haftnotiz an, sofern sie etwas nicht verstanden haben. In einem ersten Schritt beantworten die Ersteller der Wandzeitungen die Fragen ihrer Mitstudenten bzw. klären Missverständnisse auf. In einem zweiten Schritt kann der Dozent ggfs. noch den ein oder anderen wichtigen Aspekt aufgreifen und erläutern bzw. eine Kurzzusammenfassung der Inhalte geben, damit auch eine Überprüfung der Ergebnisse durch eine Lehrperson stattfindet.

Oder aber die Studierenden werden beauftragt in der Sitzung selbst in Kleingruppen zu vorgegebenen Themen die Wandzeitungen zu erstellen. Diese letzte Variante ist zwar am zeitintensivsten. Indes birgt sie den Vorteil, dass sich die Studierenden die Inhalte selbst erarbeiten müssen und dadurch die Chance eines höheren Lernerfolgs besteht.

Nach der Erstellungsphase wird wie gehabt vorgegangen: Aufhängen der Plakate im Raum, Besichtigung und Lesen der Wandzeitungen der anderen Studierenden, Haftnotizen mit Fragezeichen anbringen sowie Fragen bei Unklarheiten stellen, Beantwortung der Fragen im Plenum durch die Ersteller der Plakate, Überprüfung und Zusammenfassung durch den Dozenten.

Der Zeitaufwand bemisst sich nach Umfang der Inhalte und der Anzahl der aufgeschriebenen Fragen. Zu den oben genannten Zeitangaben kommen in dieser Variante noch die Zeiten der Erarbeitung der Wandzeitungen durch die Studierenden in der laufenden Sitzung hinzu. Diese sollten mit ungefähr 15 Minuten veranschlagt werden.

Auch in juristischen Lehrveranstaltungen kann diese Methode, wie im Folgenden aufgezeigt wird, Einzug finden.

C. Methoden zur Erschließung von Inhalten

Beispiele für Wandplakate im Rahmen eines Proseminars, in welchem es um das Erlernen der Grundsätze guter wissenschaftlicher Praxis oder guten wissenschaftlichen Schreibens geht:

Vorgegebene Themen könnten sein:

- Literaturrecherche
- Literaturverarbeitung: Texte lesen und verstehen
- Erstellen eines Inhaltsverzeichnisses
- Erstellen eines Literaturverzeichnisses
- Text schreiben
- Richtig Zitieren
- Fußnoten
- Vortrag
- Handout/Thesenpapier

Im Proseminar kann diese Methode sogar als Einführung in die Lehrveranstaltung dienen. Die Studierenden sollen zunächst für sich selbst einen Überblick verschaffen und dann in Kleingruppen wichtige Aspekte zu obigen thematischen Beispielen diskutieren und auf die Plakate notieren.

Denkbar ist es diese Methode auch in Propädeutischen Übungen jüngeren Semesters mit geringer Studierendenzahl zum Einsatz zu bringen. Vor allem zum Verständnis juristischer Meinungsstreitigkeiten kann diese Methode genutzt werden.

Beispiele für Wandplakate in einer Propädeutischen Übung zur Behandlung der actio libera in causa:

- Anwendungsbereich
- Fallkonstellationen
- Prüfungsort und -reihenfolge
- Tatbestandsmodell
- Ausdehnungsmodell
- Ausnahmemodell
- Werkzeugtheorie
- Unvereinbarkeitstheorie/Strafbarkeit nach § 323 a StGB

Auf diese Weise werden die Studierenden angehalten sich aktiv auch mit unliebsamen Meinungsstreitigkeiten auseinanderzusetzen und nicht lediglich alleine für sich passiv Inhalte zu konsumieren.

9. PQ4R-Methode

Ziel: Erarbeitung von Texten, intensive Auseinandersetzung mit Texten, besseres Verständnis von Texten, strukturiertes Vorgehen bei schwierigen Texten

Methode: Die PQ4R-Methode ist eine Lesemethode zur Bearbeitung von Texten und umfasst sechs Phasen.

Die erste Phase ist die Vorprüfung („Preview"): Hier geht es darum sich insgesamt einen Überblick zu verschaffen. Es werden alle Kapitel bzw. Abschnitte überflogen und Überschriften für einzelne Abschnitte gesucht.

Im Folgenden sind die Schritte zwei bis fünf auf jeden einzelnen Abschnitt separat anzuwenden.

Die zweite Frage erfasst das Formulieren von Fragen („Questions") zu den Abschnitten (in der Regel durch Umformulierung der jeweiligen Überschriften).

In der dritten Phase wird der Abschnitt gelesen („Read") und versucht obige Fragen zu beantworten.

Phase vier soll zum Nachdenken („Reflect") anregen. Während des Lesens wird der Text in Relation zum eigenen Vorwissen gesetzt und zum besseren Verständnis sich Beispiele überlegt.

In Phase fünf wird der gelesene Abschnitt wiedergegeben („Recite"). Hier versucht der Student sich an die im Text enthaltenen Inhalte zu erinnern und gleichzeitig die formulierten Fragen zu bearbeiten. Möglicherweise ist weiteres Lesen einzelner Passagen erforderlich.

Phase sechs ermöglicht einen Rückblick („Review"). Hier wird der vollständige Text noch einmal gedanklich durchgegangen und die wichtigsten Aspekte hervorgehoben. Wieder wird versucht die Fragen zu beantworten.

Diese Methode eignet sich nicht unmittelbar für die Fallbearbeitung selbst. Dennoch gehört es zum Alltag eines jeden Juristen sich mit schwierigen rechtlichen Texten auseinanderzusetzen, sei es beim Aneignen theoretischen Wissens, sei es das Lesen von komplexen Entscheidungen oder aber im Rahmen von wissenschaftlichen Arbeiten.

Materialien: Kopierte Texte, ggfs. Textmarker und Stifte

Dauer: Abhängig vom Schwierigkeitsgrad und Länge des Textes, bis zu 60 Minuten möglich

10. Pro und Contra-Debatte

468 Siehe oben.

D. Methoden zur Ergebnissicherung und Ergebnisvermittlung

1. Fishbowl

469 Siehe oben.

2. Lern-/Inputstopp

470 Ziel: Sicherung des individuellen Wissens, Verarbeiten und Umsetzen des Lernstoffes, Fördern des aktiven Zuhörens, Erfassen und Wiedergeben von Zusammenhängen auch in eigenen Mitschriften, Überprüfung der Kongruenz von Vermitteltem und tatsächlich Aufgenommenen, auch Wiederholung und Vertiefung

Methode: Nach einer kurzen Unterrichtseinheit von ca. 15–20 Minuten erfolgt ein kurzer Lern-/Inputstopp für drei bis fünf Minuten. Im Rahmen dieser Unterbrechung sollen die Studenten entweder alleine oder zu zweit eine Frage oder Aufgabe bearbeiten, welche auf die unmittelbar vorher vermittelten Informationen Bezug nimmt.

D. Methoden zur Ergebnissicherung und Ergebnisvermittlung

Die Fragestellung muss auch hier wieder klar und deutlich formuliert werden, damit keine Unklarheiten entstehen. Zur Bearbeitung dürfen die Studenten ihre eigenen Mitschriften benutzen. Die Ergebnisse werden sodann im Plenum diskutiert und durch den Dozenten verifiziert. Diese Vorgehensweise kann je nach Sitzungslänge mehrmals wiederholt werden.

Außerdem kann diese Methode sehr gut in Großveranstaltungen wie Vorlesungen integriert werden, um auch Massen an Studierenden aus der Anonymität und Passivität herauszuholen und zu aktivieren.

Beispiel für eine Frage:

„Was ist der Unterschied zwischen Tatbestands- und Verbotsirrtum?"

Materialien: Formulierte konkrete Fragen oder Aufgaben

Dauer: Drei bis fünf Minuten jeweils für den Stopp und die Diskussion

Abwandlung/Erweiterung:

Am Ende der Sitzung erfolgt nochmals ein etwas längerer Stopp (fünf bis zehn Minuten). Hierbei sollen die Studenten ohne ihre Mitschriften – sie legen diese weg – alles aufschreiben, was Inhalt dieser Veranstaltung war und dies danach mit ihren eigenen Aufzeichnungen vergleichen.

Der Lern-/Inputstopp kann auch dahingehend erweitert werden, dass nicht nur das bereits Dargebotene wiederholt, sondern darüber hinaus auch Neues entwickelt wird. Die Studenten können bspw. zur Formulierung von Fragen oder zur Entwicklung von Beispielen aufgefordert werden, die danach beantwortet bzw. besprochen werden.

3. Losglück

Siehe oben. 471

4. Wandzeitung

Siehe oben. 472

5. Zettelbox

Ziel: Klärung offener Fragen und Unklarheiten, Reduzierung von Verständnisproblemen, Überprüfung des eigenen Lernfortschritts 473

Methode: Vor dem Ende der Veranstaltung notieren die Studenten anonym ihre ungeklärten Fragen auf ein Blatt oder eine Karte und werfen sie in einen Behälter. Der Dozent oder einzelne Studierende beantworten die Fragen noch innerhalb der gleichen Sitzung.

Vorteil dieser Methode ist, dass in der Regel viele Unklarheiten beseitigt werden können und die Studierenden, welche sich aus unterschiedlichen Gründen (Frage zu einfach; Angst sich zu blamieren usw) nicht getraut haben ihre Fragen während der Veranstaltung zu stellen, bekommen so die Gelegenheit dies anonym nachzuholen. Die sofortige Beantwortung der offenen Fragen erhöht die Motivation der Studierenden bestimmte Lerninhalte noch einmal nachzuarbeiten.

Materialien: Blätter oder Karten und Stifte, Behälter

Dauer: Ungefähr fünf bis 15 Minuten (insbesondere abhängig von der Anzahl der Fragen)

Abwandlung/Erweiterung:

Alternativ können die Fragen auch erst in der nächsten Sitzung geklärt werden. Dies hat den Vorteil, dass der Dozent sich in Ruhe einen Überblick über die offenen Fragen verschaffen und sich ggfs. noch auf die ein oder andere unerwartete Frage vorbereiten kann.

E. Methoden zur Wiederholung und Vertiefung

1. Eins weiter nach rechts

Ziel: Wiederholung und Ergebnissicherung, Festigung und Auffrischung behandelter Themen

Methode: Die Studenten schreiben jeweils ein Schlagwort aus der aktuellen Veranstaltung auf eine Karteikarte. Dann reicht auf Kommando jeder Student seine Karte „nach rechts" an seinen Nachbarn weiter. Das jeweilige Schlagwort wird danach vom Sitznachbarn im Plenum kommentiert und ggfs. erläutert. Zufällig doppelt ausgewählte Schlagwörter können auch übersprungen werden.

Beispiele für Schlagwörter:

- „Fachaufsicht"
- „Rechtsaufsicht"
- „Befugnisumfang"

Material: Karten und Stifte

Dauer: Ca. 1 Minute pro Student

Abwandlung/Erweiterung:

Auch in Großveranstaltungen kann diese Methode zum Einsatz kommen. Optional können hier zwei Sitznachbarn sich auf einen gemeinsamen Punkt einigen und ihre Karte an das nächste Paar weitergeben. Diese Methode ist effizient, schnell und aufschlussreich.

2. Erfinden von Prüfungsfragen

Ziel: Wiederholung und Vertiefung des behandelten Lernstoffes, Überprüfung des eigenen Kenntnisstandes und Verständnisses, Reflektieren des eigenen Lernprozesses, aktive Auseinandersetzung mit den Inhalten

Methode: Aufgabe der Studierenden ist es in Einzelarbeit oder mit einem Partner zusammen Prüfungsfragen zu entwickeln. Der Dozent kann diese Methode in jeder Sitzung einsetzen und damit das Thema der Prüfungsfragen auf die jeweilige Sitzung begrenzen. Oder aber er nutzt diese Methode gegen Ende des Semesters, so dass Prüfungsfragen zu mehreren Sitzungen erstellt werden sollen. Als Hilfestellung für die Studenten sollte der Dozent verschiedene Arten von Prüfungsfragen anhand von Beispielen zunächst veranschaulichen. Nach einer bestimmten Bearbeitungszeit sammelt

E. Methoden zur Wiederholung und Vertiefung

der Dozent die Fragen ein und beantwortet, entweder selbst oder durch seine Studenten, einige ausgewählte Fragen in der nächsten Sitzung.

Zu Motivierungszwecken kann auch zugesagt werden eine von den Studierenden inhaltlich anspruchsvoll erstellte Prüfungsfrage auch tatsächlich in die Prüfung aufzunehmen.

Diese Methode kann im Studium in all den Rechtsgebieten eingesetzt werden, die in schriftlichen Prüfungen mit offenen Fragen arbeiten, zB in Grundlagenfächern wie Deutsche Rechtsgeschichte, Verfassungsgeschichte, oder aber in Fächern, welche sowohl aus einer Fallbearbeitung als auch aus einem Fragenteil bestehen. Beispiel hierfür könnte eine Klausur im Wirtschaftsstrafrecht oder im Schwerpunktbereich sein (jeweils abhängig von der jeweiligen Prüfungsordnung).

Materialien: Blatt und Stifte

Dauer: Abhängig von Schwierigkeitsgrad und Anzahl der zu erstellenden Fragen, max. aber 15–20 Minuten

3. Stichwort-Bingo

Ziel: Wiederholung, Einführung in ein neues Thema, Etablierung einer Lernkultur

Methode: Jeder Teilnehmer erhält dieselbe Anzahl von Karten (eine bis drei). Auf einer der Karten ist eine Frage oder eine Antwort zu einem bestimmten Thema notiert. Damit befindet sich im Raum sowohl ein Student, der über eine Karte mit der Frage als auch ein Student, der über eine Karte mit der Antwort verfügt. Die Fragen können durchaus verschiedene Schwierigkeitsstufen abdecken, sollten sich allerdings ohne große Recherchearbeit beantworten lassen. Die Leitlinie bei der Ausarbeitung der Fragen sollte sein, dass höchstens ein kurzer Blick in den Gesetzestext ausreichen muss. Eine zu lange Lektüre des Gesetzes verbraucht zu viel Zeit und stört die Dynamik dieser Gruppenmethode. Sollen an eine Person mehrere Karten ausgegeben werden, so empfiehlt sich darauf zu achten, dass jeder zumindest über eine Frage- und über eine Antwort-Karte verfügt. Aufgabe ist es nun, den Partner mit der richtigen Frage bzw. Antwort zu suchen. In diesem Rahmen beschäftigen sich die Teilnehmer mit den Karten der anderen Kommilitonen. Haben sich die Inhaber der Fragen- und der Antwort-Karte gefunden, so können sie kurz über die Antwort diskutieren. Wurden mehrere Karten an eine Person verteilt, so begibt sich diese nach Ende der Diskussion auf die weitere Suche.

Materialien: Karten mit Fragen und Karten mit den entsprechenden Antworten

Dauer: Einmalig etwa drei Minuten für die Einführung in die Methode und etwa zehn Minuten für die Suche nach dem Partner.

Abwandlung:

Aussagen-Bingo

In der Grundform wird bei der Methode davon ausgegangen, dass die Teilnehmer Fragen und Antworten kombinieren müssen. Das lässt sich allerdings dahingehend variieren, dass an sie Karten mit jeweils zwei gleichlautenden Aussagen verteilt werden, die richtig oder falsch sind (Beispiel: „Die Anfechtung wegen arglistiger Täuschung muss unverzüglich erklärt werden."). Aufgabe ist es nun, dass sich die Teilnehmer mit den gleichen Aussagen suchen und darüber entscheiden, ob sie richtig oder falsch sind.

Die Teilnehmer sollen dabei nicht das Gesetz konsultieren, sondern lediglich aus ihrem eigenen Wissensschatz die Richtigkeit der Aussage beurteilen.

Überzeugungs-Bingo

Diese Methode kann auch dazu genutzt werden, zwischen den Teilnehmern eine Diskussion über ihre Einstellungen und Überzeugungen zu einem bestimmten Thema anzustoßen. Das bietet sich zB in einer Veranstaltung für die Anfangssemester an, wenn es darum geht, mit ihnen eine Lernkultur zu erarbeiten. In diesem Fall können verschiedene Überzeugungen auf den Karten vermerkt werden (Beispiel: „Party ist wichtiger als Lernen!", „Ein guter Abschluss erlaubt es mir, meinen Berufswunsch zu verwirklichen." oder „Das Jurastudium erfordert konsequentes und konstantes Lernen."). Aufgabe der Studenten ist es, einen Partner zu finden, der über die Karte mit derselben Aussage verfügt. Zwischen den Teilnehmern soll eine kurze Diskussion über den jeweiligen Inhalt der Karte angeregt werden.

Paragrafen-Bingo

Die Grundform des „Stichwort-Bingo" lässt sich ferner dadurch variieren, dass einerseits eine Aussage und andererseits der dazu passende Paragraf auf den Karten notiert werden. So gibt es eine Karte bspw. mit der Aussage „Die Anfechtung bei einem Eigenschaftsirrtum muss unverzüglich erklärt werden." Die zweite Karte enthält dann den jeweiligen Paragrafen im entsprechenden Gesetz („§ 121 Abs. 1 BGB"). Dabei sollte – auch um den Studenten die Wichtigkeit einer präzisen Zitierweise vor Augen zu führen – die Fundstelle so konkret wie möglich angegeben werden. In der Veranstaltung suchen Teilnehmer dann jeden Partner der zutreffenden Aussage.

Diese Methode bietet sich weniger für das Anfangssemester, sondern eher in den höheren Semestern an. Sie erfordert ein gewisses Grundlagenwissen nicht nur im Hinblick auf die Aussage, sondern auch auf die relevanten Fundstellen im Gesetzestext.

Hier kann der Dozent ferner entscheiden, ob die Studenten den Gesetzestext zur Hilfe nehmen können oder ob sie ihren Partner lediglich anhand ihrer eigenen Kenntnisse suchen müssen. Denkbar wäre auch eine Mischform: Zunächst müssen die Teilnehmer ohne Unterstützung durch den Gesetzestext auf die Suche gehen. Nach einer gewissen Zeit – etwa drei bis fünf Minuten – können sie dann das Gesetz zur Hilfe nehmen. Diese Lösung bietet sich vor allem an, wenn der Dozent vermeiden will, dass am Ende noch Studenten auf der Suche sind, während die anderen bereits ihren Partner gefunden haben. Das spart einerseits Zeit und andererseits verhindert es, dass Einzelne „bloßgestellt" werden.

Paar-Bingo

Neben den bisher gezeigten Varianten gibt die Rechtswissenschaft noch eine weitere Möglichkeit her: Aus sprachlicher Sicht finden sich hier viele zusammengesetzte Begriffe. So etwa „Willenserklärung", „Widerspruchsbescheid" oder „eingeschränkte Schuldtheorie". Um den Teilnehmern zu verdeutlichen, dass hinter diesen Begriffen eine gewisse Logik steckt und auch aus der Herangehensweise an den Begriff eine Aufspaltung Sinn macht, werden die Wörter in ihre Einzelteile zerlegt. Der Begriff „Willenserklärung" wird in seine Bestandteile „Willens" und „Erklärung" zerlegt. Beide Teile werden auf getrennte Moderationskarten geschrieben. Die Moderationskarten werden an die Teilnehmer ausgegeben. Deren Aufgabe ist es nun, das jeweilige korrespondierende Wort innerhalb der Gruppe zu finden.

Bei Begriffen, die aus mehreren Wörtern zusammengesetzt sind („eingeschränkte Schuldtheorie") kann entweder das Adjektiv und das Substantiv getrennt vermerkt werden. Oder aber das Substantiv wird nochmals in seine Bestandteile zerlegt („Schuld" und „Theorie"). Dann müssen sich drei Teilnehmer finden, um den Begriff zu vervollständigen.

4. Thesen-Ergänzung

Ziel: Wiederholung 477

Methode: Die Teilnehmer erhalten vorbereitete Moderationskarten. Auf diesen befinden sich kurze Thesen. Beispiele: „Eine außerordentliche Kündigung ist immer möglich", „Der Bundespräsident wird durch die Bundesversammlung gewählt" oder „Die Anstiftung erfordert einen Vorsatz". Aufgabe der Teilnehmer ist es nun, diese Thesen mit ihren eigenen Worten zu ergänzen. Sie sollen also nicht lediglich die auf den Karten befindlichen Aussagen bestätigen. Stattdessen geht es darum, dass sie deren Hintergrund erläutern und ergänzende Informationen dazu geben. So könnte zB zur Wahl des Bundespräsidenten erläutert werden, wo sich eine entsprechende Regelung findet, wie lange eine Wahlperiode dauert und wie sich die Bundesversammlung zusammensetzt.

Diese Methode erfordert damit ein vertieftes Wissen der Teilnehmer. Deshalb sollte der Dozent damit rechnen, dass die Qualität der Antworten stark voneinander abweichen wird. Einzelne Teilnehmer werden ausführlichere Aussagen treffen, andere werden lediglich die auf ihren Karten stehenden Aussagen bestätigen und unter Umständen nur kurz ergänzende Informationen anbieten. Deshalb taugt diese Methode in erster Linie für Veranstaltungen in höheren Semestern und dort vor allem im Schwerpunktbereich. Denn die Schwierigkeit liegt darin, zunächst überhaupt ergänzende Informationen parat zu haben, was in vielen Fällen nur durch eine (kurze) Arbeit mit dem Gesetzestext möglich sein wird.

Materialien: Moderationskarten mit den Thesen

Dauer: Einmalig etwa drei Minuten für die Einführung in die Methode und höchstens drei Minuten je Student für dessen Ausführungen

5. Einspruch

Ziel: Wiederholung 478

Methode: Ähnlich wie die Methode „Thesen-Ergänzung" erhalten hier die Teilnehmer ebenso Moderationskarten mit vorgegebenen Thesen. Allerdings sind die darauf vermerkten Aussagen falsch. Beispiel: „Eine Rechtsverordnung wird vom Bundestag erlassen", „Durch den Abschluss eines Kaufvertrages wird der Käufer Eigentümer" oder „Von einem Versuch kann immer zurückgetreten werden". Die Aufgabe der Teilnehmer besteht nun darin, dass sie zu der falschen These kurz Stellung nehmen und sie richtigstellen. Idealerweise können sie zugleich angeben, wo die Lösung im Gesetzestext aufgefunden werden kann.

Materialien: Moderationskarten mit den falschen Thesen

Dauer: Einmalig etwa drei Minuten für die Einführung in die Methode und höchstens drei Minuten je Student für dessen Ausführungen

Erweiterungen/Abwandlungen:

Fehler in der Lösung

Statt einzelner Thesen können auch kurze Falllösungen auf den Karten vermerkt werden, die allerdings mit Fehlern versehen sind. Aufgabe der Teilnehmer ist es in diesem Fall, den Fehler in der Lösung zu entdecken und den Fall richtig zu bearbeiten. Diese Variante kann sowohl in Einzel- als auch in Gruppenarbeit durchgeführt werden. In Abhängigkeit von der Schwierigkeit der einzelnen – falschen – Fälle sollten mindestens fünf bis zehn Minuten zu deren Korrektur veranschlagt werden. Sodann sollten die Teilnehmer ihre Lösung vorstellen, wofür nochmals etwa fünf Minuten zu berücksichtigen sind.

Richtig und Falsch finden

Eine Kombination dieser Methode mit dem Stichwort-Bingo lässt sich ebenso umsetzen. So hat ein Teilnehmer eine Karte mit einer falschen Aussage und der andere Teilnehmer die Karte mit der richtigen Lösung. Bspw. kann die falsche These „Die Anfechtung eines Erklärungsirrtums ist an keine Frist gebunden" auf der einen Karte vermerkt werden. Auf der anderen – sozusagen der Lösungskarte – findet sich dann die richtige Aussage „Die Anfechtung eines Erklärungsirrtums ist unverzüglich zu erklären". Aufgabe des Teilnehmers mit der falschen These ist es nun, den Partner mit der richtigen Aussage zu finden.

Hier ist es nicht zwingend erforderlich, dass die Teilnehmer ihre Lösung vor den Anderen präsentieren. Gerade in höheren Semestern wird sich das erübrigen.

Falsche Aussage, richtiger Paragraf

Dies Abwandlung „Richtig und Falsch finden" kann noch dahingehend abgeändert werden, dass der Partner mit der richtigen Aussage lediglich eine Karte mit dem Paragrafen erhält. So findet sich auf der einen Karte wieder die falsche These „Die Anfechtung eines Erklärungsirrtums ist an keine Frist gebunden", auf der richtigen Karte allerdings die Fundstelle „§ 121 Abs. 1 BGB".

Wie bereits in der zweiten Abwandlung müssen die Teilnehmer ihre Lösung nicht unbedingt dem Plenum vorstellen.

6. Selbstkontrolle

479   Ziel: Wiederholung und Festigung bestehenden Wissens

Methode: Für manche Studenten erscheint es unangenehm, vor der gesamten Gruppe oder auch nur mit einzelnen Kommilitonen ihr Wissen messen zu müssen. Das mag verschiedene Gründe haben. Hauptsächlich wird sich der eine oder andere vor der Gruppe nicht blamieren wollen. Die hiesige Methode ermöglicht eine Aktivierung der Teilnehmer, ohne dass sie sich vor der Gruppe präsentieren müssen. Sie bietet sich deshalb gerade in den Anfangssemestern oder am Beginn der Vorlesungszeit an, wo die Teilnehmer noch nicht über denselben Wissensstand verfügen.

Wie bei den vorhergehenden Methoden wird eine These in den Raum gestellt. Der Unterschied liegt allerdings darin, dass hier der Dozent die Aussage vorgibt, ohne dass er hierzu Moderationskarten benutzt. Aufgabe der Teilnehmer ist es nun, für sich selbst zu beantworten, ob die Aussage richtig oder falsch ist. Diese Entscheidung kann entweder still erfolgen oder die Studenten vermerken für sich auf einem Zettel ihre Einschätzung.

E. Methoden zur Wiederholung und Vertiefung

Materialien: Vorgefertigte Thesen für den Dozenten, ggfs. Papier und Stifte für die Teilnehmer

Dauer: Einmalig etwa ein bis zwei Minuten zur Einführung in die Methode, Durchführung der Methode mindestens fünf bis zehn Minuten

Abwandlung:

Die Methode „Selbstkontrolle" kann dahingehend modifiziert werden, dass die Teilnehmer die These nicht nur mit „Ja" oder „Nein" bewerten sollen, sondern bspw. gleichzeitig den richtigen Paragrafen vermerken müssen. Damit kommt ihr die Simulation einer Prüfung gleich.

7. Gruppenlösung

Ziel: Wiederholung und Festigung vorhandenen Wissens, Übung der Fallbearbeitung   480

Methode: In den bisher dargestellten Methoden wurden nur einzelne punktuelle Fragen zur Beantwortung an die Teilnehmer ausgegeben. Teilweise lassen sich diese aufgrund einer geschlossenen Fragestruktur sogar lediglich mit „Ja" und „Nein" beantworten. Bei der Methode „Gruppenlösung" geht es über eine punktuelle Beantwortung hinaus. Stattdessen sollen die Studenten gemeinsam eine Falllösung erarbeiten. Hierzu hat der Dozent für einen Fall eine vollständige Lösung erarbeitet. Alle einzelnen Lösungsschritte sind auf einzelnen Moderationskarten wiedergegeben. So befindet sich jeweils auf einer Karte ein Lösungsschritt. Dabei kann es sich entweder um ein vollständiges Tatbestandsmerkmal samt Obersatz, Definition, Subsumtion und Ergebnis handeln oder aber jeder einzelne Aspekt wird auf einer Karte vermerkt. In der zweiten Variante befindet sich somit der Obersatz auf einer eigenen Karte, ebenso wie die Definition auf einer eigenen usw.

Die erste Variante bietet sich gerade in den Anfangssemestern an, wo zunächst die Subsumtionstechnik in ihren groben Zügen dargestellt werden soll. Ist diese Technik verfestigt, kann von den Teilnehmern verlangt werden, dass sie auch die einzelnen Unterpunkte getrennt erhalten. Gerade für Studienanfänger ist diese Technik nicht immer auf Anhieb zu verstehen. Das mag daran liegen, dass sie für einige zu abstrakt ist und ihnen die praktische Erfahrung fehlt. Durch das Auslegen von Karten in der richtigen Reihenfolge wird die Technik visuell als auch taktil besser dargestellt, was sie für Studenten besser nachvollziehbar macht.

Aufgabe der Teilnehmer ist es nun, gemeinsam die Moderationskarten so anzuordnen, dass am Ende eine vollständige Falllösung vorliegt. Hierzu kann es erforderlich sein, dass zunächst selbstständig eine Lösungsskizze erarbeitet wird. Damit liegt zumindest etwas zur groben Orientierung vor. Um Zeit zu sparen aber auch die Anforderungen zu erhöhen, kann von den Studenten verlangt werden, dass sie ohne vorhergehende Erarbeitung einer Skizze den Fall gemeinsam lösen.

Materialien: Aufteilung einer Falllösung auf mehrere Moderationskarten, zweckmäßigerweise jeweils für einen Lösungsschritt eine eigene Karte

Dauer: Für die Einführung in die Methode und deren Durchführung: etwa 30 Minuten

8. Resümee

Ziel: Zusammenfassung und Wiederholung des Gelernten; indirektes Feedback für den   481
Dozenten

Methode: Zum Ende einer Veranstaltung empfiehlt es sich, eine kurze Zusammenfassung zu geben. Das geschieht in den meisten Fällen durch den Dozenten. Es besteht allerdings auch die Möglichkeit, dass die Teilnehmer diese Aufgabe übernehmen. Letzteres hat vor allem den Vorteil, dass auf der Seite der Hörer der Inhalt unterschiedlich wahrgenommen wird. So sind für jeden Anwesenden verschiedene Aspekte wichtig. Aus der Sicht des Dozenten muss dessen Schwerpunktsetzung nicht derjenigen entsprechen, wie sie die Teilnehmer für sich vorgenommen hätten. Somit ist diese Methode zugleich ein (indirektes) Feedback an den Dozenten im Hinblick auf die Struktur seiner Veranstaltung.

Die Aufgabe der Teilnehmer ist es, die ein bis drei wichtigsten Aspekte der Veranstaltung stichpunktartig wiederzugeben. In der Grundvariante fragt der Dozent rundum die Teilnehmer nach diesen einzelnen Punkten. Dabei kann es vorkommen, dass einzelne Teilnehmer lediglich einen Aspekt als wesentlich erachten, andere können mehrere nennen. Aus Zeitgründen sollte sich darauf beschränkt werden, lediglich diese einzelnen Punkte zu nennen. Auf weitergehende Ausführungen sollte verzichtet werden.

Materialien: Keine

Dauer: Einführung in die Methode etwa zwei Minuten und – in Abhängigkeit von der Anzahl der einzelnen Aspekte – pro Teilnehmer ein bis zwei Minuten.

Abwandlung:

Leises Resümee

Die Methode kann dahingehend angepasst werden, dass die Teilnehmer ihre Zusammenfassung nur für sich selbst beantworten und sie nicht verbal an die Gruppe weitergeben. Hierbei empfiehlt sich, dass die Studenten ihre wichtigsten Aspekte kurz zu Papier bringen. Der Vorteil dieser Variante besteht darin, dass ein erheblicher Teil an Zeit eingespart wird. So kann die gesamte Methode innerhalb von höchstens fünf Minuten durchgeführt werden. Der Nachteil liegt allerdings darin, dass der Dozent kein Feedback für sich persönlich erhält. Dem kann er dadurch entgegnen, dass er sich am Ende der Veranstaltung die Stichpunkte von den Teilnehmern aushändigen lässt.

Gruppen-Resümee

Steht mehr Zeit zur Verfügung, so kann das Resümee im Rahmen einer Gruppenarbeit erstellt werden. Hier können Gruppen zwischen drei und fünf Personen gebildet werden. Aufgabe innerhalb jeder einzelnen Gruppe ist es, dass die Teilnehmer zunächst für sich selbst ein bis drei für sie persönlich wichtige Aspekte der Veranstaltung festhalten. Im zweiten Schritt werden diese Punkte innerhalb der Gruppe besprochen. Aufgabe ist es sodann, aus all den persönlichen Aspekten nunmehr die drei herauszufiltern, die nach Ansicht der Gruppe die wichtigsten der Veranstaltung waren. Das hat für die einzelnen Gruppenmitglieder den Vorteil, noch einmal selbst zu reflektieren, ob sie mit ihrer persönlichen Einschätzung richtig lagen. Ggfs. kann für sie daraus die Konsequenz folgen, sich nochmals mit dem Stoff der aktuellen Einheit zu beschäftigen und diesen zu vertiefen.

Die Teilnehmer benötigen hier Moderationskarten und Stifte. In dieser Variante sind aufgrund der Gruppenarbeit etwa 15 bis 20 Minuten zu veranschlagen.

Gruppen-Resümee mit Dozenten-Statement

In Erweiterung der Variante „Gruppen-Resümee" besteht die zusätzliche Möglichkeit, die Ergebnisse der Gruppe an einer Tafel oder Pinnwand festzuhalten. Der Dozent

E. Methoden zur Wiederholung und Vertiefung

hat dann die Möglichkeit, zu einzelnen oder allen Aspekten ein kurzes Statement abzugeben. Er kann hier insbesondere seine eigene Einschätzung zu der Wichtigkeit der einzelnen Punkte geben. Solch eine Priorisierung hilft vor allem den Studenten in den Anfangssemestern den richtigen Schwerpunkt zu setzen. Hierbei geht es allerdings nicht darum, nochmals Ausführungen zum bereits behandelten Stoff zu machen.

Auch hier sollten die Teilnehmer über Moderationskarten und Stifte verfügen. Für die abschließenden Bemerkungen des Dozenten sollten weitere fünf bis zehn Minuten vorgesehen werden.

9. Lückentext

Ziel: Wiederholung

482

Methode: Der Lückentext ist als didaktische Methode in erster Linie aus dem Fremdsprachenunterricht bekannt. Dort sollen die Teilnehmer in die Lücken die – ihrer Meinung nach – fehlenden Wörter einfügen. Diese Methode kann aber genauso in der Rechtsdidaktik genutzt werden. Einerseits kann der Gesetzestext mit Lücken versehen werden, andererseits ist das auch bei Definitionen möglich. Denkbar – allerdings eher mit experimentellem Charakter – ist ferner ein Lückentext in Form eines Fachaufsatzes.

Vom Dozenten wird hier erwartet, dass er den Text so mit Lücken versieht, dass die Teilnehmer zwar einerseits bei der Findung der richtigen Begriffe gefordert werden, allerdings durch eine zu starke Tilgung nicht überfordert werden. Um hier den richtigen Weg zu finden, ist etwas Erfahrung erforderlich, die aber bereits nach nur wenigen Texten vorliegt.

Bei der späteren Bearbeitung des Lückentextes durch die Teilnehmer stehen sodann zwei Varianten zur Verfügung: Einerseits können die fehlenden Begriffe vorgegeben werden („gestützte Variante"). Hierbei müssen die Hörer somit nur noch den fehlenden Begriff der richtigen Lücke zuordnen. Diese Form des Lückentextes bietet sich vor allem zu Beginn eines neuen Rechtsgebietes an, bei der den Studenten noch nicht ausreichende Kenntnisse vorliegen können. Allerdings lässt sich auch in dieser Variante die Aufgabe schwierig gestalten, wenn vor allem ähnliche Begriffe gelöscht werden. In der zweiten, der ungestützten Variante werden den Teilnehmern keine Auswahlmöglichkeiten an einzusetzenden Begriffen gegeben. Sie müssen auf ihr Wissen und ihren Erfahrungsschatz zurückgreifen, um die Aufgabe lösen zu können. Der Lückentext kann umso anspruchsvoller gestaltet werden, umso mehr relevante Wörter entfernt werden.

Zwar wird von den heutigen Jura-Studenten nicht verlangt, dass sie den Gesetzestext auswendig kennen. Allerdings führt ein lückenhafter Text dazu, dass sie sich mit dessen Inhalt intensiver auseinandersetzen. Die immer wieder vorkommende „Schwachstelle", dass die Lerner nicht den Gesetzestext konsultieren oder ihn möglicherweise gar nicht lesen, wird damit entgegnet.

Materialien: Vom Dozenten vorbereiteter Lückentext, entweder in Form des Gesetzestextes oder einer Definition

Dauer: Einführung in die Methode und Bearbeitung des Lückentextes: In Abhängigkeit vom Text etwa fünf bis zehn Minuten

Abwandlung:

Wörter-Polizei

Die Methode „Lückentext" kann dahin gehend abgewandelt werden, dass die Teilnehmer selbst den Text erstellen. Die Aufgabe für sie besteht darin, aus dem Text die relevanten Wörter zu löschen. Hierbei empfiehlt es sich, durch den Dozenten eine bestimmte Mindest- und Höchstzahl an zu löschenden Begriffen vorzugeben. Ansonsten besteht die Gefahr, dass entweder gar nichts oder zu viel aus dem Text entfernt wird.

Als Materialien sind hier die jeweils zu bearbeitenden Texte vorzubereiten.

Reduzierung aufs Wesentliche

Der Lückentext kann auch in einer „umgekehrten" Variante produziert werden. Hierbei wird den Teilnehmern die Aufgabe gestellt, sie sollen alle unwichtigen Wörter aus dem Text entfernen. Ziel ist es, dass am Ende der Bearbeitungszeit nur noch einige wenige Begriffe übrig bleiben, die die wesentlichen Aussagen des Textes enthalten. Diese Methode eignet sich zwar in erster Linie für längere Texte, wie zB Aufsätze oder Gerichtsentscheidungen. Sie kann aber auch bei Gesetzestexten und Definitionen genutzt werden. Grundsätzlich weisen diese beiden Textformen bereits eine starke Reduktion auf. Dennoch lassen sich darin weitere Wörter finden, die getilgt werden können. Als Beispiel dient § 812 Abs. 1 Satz 1 BGB: „Wer durch die Leistung eines anderen oder in sonstiger Weise auf dessen Kosten etwas ohne rechtlichen Grund erlangt, ist ihm zur Herausgabe verpflichtet." Der Gesetzestext enthält hier viele wesentliche Aussagen. Allerdings lässt er sich auf zwei übergeordnete Elemente reduzieren: Einerseits geht es um den Begriff „Leistung" und andererseits um den der Herausgabe, was letztlich bereits in der Überschrift des Paragrafen zum Ausdruck kommt. Die Reduktion einzig auf den Begriff der Leistung würde hier genauso wenig den gesetzgeberischen Willen wie die Verkürzung lediglich auf „Herausgabe" wiedergeben.

Auch hier hat der Dozent den zu bearbeitenden Text seinen Teilnehmern zur Verfügung zu stellen.

10. Faktenpräsentation

Ziel: Wiederholung und Vertiefung des Lernstoffs, Festigung vermittelter Inhalte, kritische Auseinandersetzung mit einem Teilbereich, Reflexion des eigenen Lernfortschritts

Methode: Die Studenten können ein Thema der vergangenen Sitzungen frei wählen, zu dem sie wichtige Kernaussagen zusammenfassen (ungefähr 15 bis 20 Minuten Bearbeitungszeit). Hierzu stehen den Studenten Folien und/oder Flipchart-Papiere zur Verfügung. Am Ende werden die Ergebnisse präsentiert und diskutiert.

Diese Präsentation der Fakten kann gut in der Mitte des Semesters eingebaut werden, um die bisher behandelten Themen noch einmal ins Gedächtnis zu rufen. Möglicherweise muss der Dozent hier Erinnerungshilfen geben. Der Student muss sich Gedanken darüber machen welches Thema er bearbeiten möchte, was die wesentlichen Inhalte dieses Themas sind, wie er die ausgewählten Inhalte strukturiert und nachvollziehbar darstellen kann. Inhaltliche Überschneidungen oder gar die identische Wahl desselben Themas ist nicht hinderlich, da etwaige unterschiedliche Schwerpunktsetzungen miteinander verglichen werden können. Diese Methode dient auch der Überprüfung des eigenen Lernfortschritts. Der Student wird mit den eigenen Schwächen und Stärken konfrontiert und hat so die Chance etwaige Lücken zu schließen.

E. Methoden zur Wiederholung und Vertiefung 5

Beispiel für ein ausgewähltes Thema (seitens des Studierenden):

- Notwehr gegen absichtlich provozierte Angriffe
- Fallbeispiel zur Veranschaulichung
- Prüfungsort?
- Vertretene Meinungen?
- Rechtsbewährungstheorie
- Rechtsmissbrauchstheorie
- Einwilligungstheorie?
- Ergebnis

In der Gestaltung der Darstellung ist der Student frei. Er kann sich hier auch die Methode „Mind-Map" zu Nutze machen.

Material: Folien, Overheadprojektor, Folienstifte, Flipchart mit Papier und entsprechende Stifte, Klebeband

Dauer: Ausarbeitung ca. 15 bis 20 Minuten, Präsentation und Diskussion: fünf Minuten pro Student

11. Gruppenpuzzle

Siehe oben. 484

12. Losglück

Siehe oben. 485

13. Murmelgruppe

Siehe oben. 486

14. Pro und Contra-Debatte

Siehe oben. 487

15. Strukturen finden

Ziel: Wiederholung und Vertiefung des Lernstoffs, Strukturierung vorhandenen Wissens, Verstehen und Nachdenken über inhaltliche Zusammenhänge 488

Methode: Die Studenten arbeiten allein, in Paaren oder in Kleingruppen. Diese erhalten eine Karte mit einem Begriff. Daraufhin sollen sie eine Struktur zur Einordnung des jeweiligen Begriffs in den jeweiligen thematischen Zusammenhang entwickeln. Die Ergebnisse werden dann – ggfs. mit Diskussion – im Plenum vorgestellt. Der Dozent hat in dieser Abschlussbesprechung die Aufgabe die Lösungen zu bewerten, etwaige Ergänzungen vorzunehmen, die Ergebnisse zusammenzufassen und diese zu visualisieren.

Strukturen finden ist nicht nur von Bedeutung im Rahmen von Aneignen theoretischen Wissens beim Lernen. Das Erlernen von Strukturen bzw. Prüfungsschemata ist das Fundament der Lösung eines jeden rechtlichen Falles. Insbesondere sollen die Studierenden diese Schemata nicht lediglich stur auswendig lernen, sondern sich auch

Gedanken über die Reihenfolge der Prüfungspunkte machen. Sie sollen strukturiert denken und strukturiert vorgehen. Dies erleichtert das bessere Verständnis bestimmter Inhalte.

Material: Vorbereitete Karten, Visualisierungsmedien

Dauer: 15 bis 20 Minuten für die Strukturierung, max. fünf Minuten pro Gruppe für die Erläuterung, max. 15 Minuten für die Besprechung

16. Probeklausur

489 Ziel: Wiederholung, Überprüfung des eigenen Lernprozesses, Umgang mit echter Klausursituation

Methode: Das Schreiben von Probeklausuren unter echten Klausurbedingungen ist wohl die beste Möglichkeit den Ernstfall der schriftlichen Prüfung zu üben. In der Regel bietet es sich an, dass der Dozent ab Semestermitte eine Probeklausur (auf freiwilliger Basis) schreiben lässt. Zwar ist diese Methode für den Dozenten zeit- und arbeitsaufwändig (Klausur erstellen, Lösungsskizze entwerfen, Durchführung und Korrektur der Klausuren, Besprechung usw). Allerdings stellt sie eine Chance für den Studierenden dar seinen aktuellen Kenntnisstand zu überprüfen und ggfs. sein Lernen zu überdenken.

Materialien: Erstellen einer Probeklausur, Blätter und Stifte, Korrektur, Besprechung samt Visualisierung

Dauer: Abhängig vom Semester der Studierenden, zwei- oder dreistündige Klausuren plus Korrektur und Besprechung

17. Spickzettel

490 Ziel: Verarbeiten von Inhalten, Wiederholung, richtige Schwerpunktsetzung üben, auf das Wesentliche konzentrieren, Reflexion über eigenen Lernfortschritt

Methode: Aufgabe der Studierenden ist es sich einen Spickzettel für eine fiktive Prüfung zu erstellen. Der Spickzettel soll sich auf die wichtigsten Inhalte der vorangegangenen Informationseinheit beziehen. Es kann als Methode aber auch am Ende der gesamten Sitzung eingesetzt werden. Durch den Herstellungsprozess werden die Inhalte wiederholt und verinnerlicht. Eine Präsentation der Spickzettel im Plenum findet nicht statt. Jedoch können im Plenum kurz die wichtigsten Aspekte genannt werden.

Materialien: Blatt und Stifte

Dauer: Abhängig von der Länge der vorangegangenen Informationseinheit, max. zehn Minuten plus drei Minuten für die Zusammenfassung

Abwandlung/Erweiterung:

Auch zur Textaneignung können Spickzettel eingesetzt werden. Hierbei wird der Text gelesen und die wichtigsten Inhalte auf einem Spickzettel zusammengefasst. Insgesamt dürfen jedoch nur zehn Wörter benutzt werden, Zeichen und Symbole können grenzenlos eingesetzt werden. Anschließend sollen die Studierenden mit einem Partner oder vereinzelt im Plenum den Text anhand des Spickzettels in freier Rede nacherzählen.

F. Methoden für Rückmeldungen zur Veranstaltung und eigenem Lernfortschritt

Materialien: Blatt und Stifte

Dauer: Abhängig von der Textlänge, max. zehn Minuten plus drei Minuten für die Nacherzählung pro Student

18. Wandzeitung

Siehe oben.   491

19. Zettelbox

Siehe oben.   492

F. Methoden für Rückmeldungen zur Veranstaltung und eigenem Lernfortschritt

1. Blitzlicht

Ziel: Rückmeldung zu den Inhalten und Methoden der Veranstaltung, Reflexion eigener Wahrnehmung, Formulieren von konstruktiver Kritik   493

Methode: Das „Blitzlicht" ermöglicht eine unkomplizierte, schnelle und individuelle Rückmeldung der Studierenden. Der Dozent erhält auf diese Weise ein vollständiges Stimmungsbild seiner Studenten. Am Ende der Veranstaltung geben die Teilnehmer eine Rückmeldung über deren Inhalt und Verlauf. Dies soll spontan, präzise und kurz (max. zwei Sätze) erfolgen. Der Dozent kann auch eine Frage vorgeben. Wichtig ist dabei, dass jeweils nur ein Student für sich spricht und die Aussagen nicht diskutiert oder kommentiert werden. Auch sollte die Teilnahme am Blitzlicht freiwillig sein.

Anwendungsbeispiele:

- Persönliche Meinung zu einem Thema
- Offene Fragen
- Wünsche für das weitere Vorgehen
- Vor allem bei längeren Blockveranstaltungen: Wunsch nach Pausen

Materialien: Keine

Dauer: Max. 10 Minuten

2. Brainstorming

Siehe oben.   494

3. Lern-/Inputstopp

Siehe oben.   495

4. Stimmungsbild

Ziel: Zügige Rückmeldung zum Stimmungsbild und zur Konzentrationsfähigkeit der Studenten   496

Methode: Der Dozent fertigt vorab ein Stimmungsbarometer auf einem Flipchart-Papier. Hierfür visualisiert er eine Skala für die Motivation und eine für die Konzentration. Zusätzlich beschriftet er die Skalen jeweils an den Enden mit „sehr hoch/sehr gut" und „sehr schlecht/sehr niedrig". Zudem wird die Mitte zur Orientierung markiert. Aufgabe der Studierenden ist es mit einem Klebepunkt ihr Befinden nach außen kund zu tun.

Materialien: Vorbereitete Flipchart, Klebepunkte

Dauer: Max. zehn Minuten

5. Vierschritt

Ziel: Differenziertes Feedback zur Veranstaltung, schriftliche Formulierung konstruktiver Kritik, Reflektieren der eigenen Meinung

Methode: Vor dem Ende der einzelnen Sitzung oder zur Semestermitte (besser als Semesterende, um ggfs. noch auf Kritik reagieren und Änderungen vornehmen zu können) geben die Studenten eine Rückmeldung zu folgenden Punkten:

- „Was war wichtig und interessant für mich? Was nehme ich für die nächste Stunde mit?"
- „Was setze ich vom Gelernten zuerst um?"
- „Was war für mich überflüssig? Was hat mir nicht gefallen? Was brachte mir nichts?"
- „Welche Inhalte haben gefehlt? Was könnte verbessert werden?"

Die Studenten können ihre Antworten auf Karten schreiben. Hierzu erhalten alle Studenten Karten in verschiedenen Farben (pro Punkt eine Farbe). Die Zahl der Karten kann dabei beschränkt werden (bspw. zwei Karten pro Farbe pro Person). Die Studenten sollen dabei pro Karte jeweils nur eine Antwort niederschreiben. Anschließend werden die Karten farbig sortiert und ggfs. angepinnt. Dann können Fragen geklärt und auch diskutiert werden.

Alternativ können kleine Gruppen gebildet werden, die mit großformatigem Papier die Fragen darauf niederschreiben. Dabei darf jeder Student seine eigenen Antworten formulieren. Auch nach diesem Format können die Antworten besprochen werden.

Material: Karten und Stifte, ggfs. Flipchart-Bögen und entsprechende Stifte, Klebeband oder Pinnwände und Nadeln

Dauer: Abhängig von der Gruppengröße zehn bis 30 Minuten

Abwandlung/Erweiterung:

In etwas größeren Gruppen (bis zu ca. 40 Studierende) bekommt jeder Student eine Karte, auf welcher er auf die obigen Fragen antwortet (je zwei Antworten pro Kartenseite). Die Karten werden vom Dozenten eingesammelt und eine Auswertung der Rückmeldungen kann in der nächsten Sitzung durch den Dozenten erfolgen.

6. Zettelbox

Siehe oben.

G. Digital unterstützte Methoden in der Veranstaltung

1. Werkzeuge für digitale Abfragen

Ziel: Erzeugen von Aufmerksamkeit, Wecken von Interesse, thematischer Einstieg, Rückmeldung, anonymes Stellen von Fragen

499

Methode: Eine Software, die darauf ausgelegt ist, dass der Dozent mit den Teilnehmern interagieren kann, bietet den Vorteil, dass während einer Veranstaltung konkrete und wenig Zeit beanspruchende Feedback-Runden möglich sind. Diese Software – auch unter der Bezeichnung Audience Response System (ARS) bekannt – gibt dem Dozenten die Möglichkeit, sich mit gezielten und (meist) geschlossenen Fragen an seine Hörer zu wenden. Im Gegensatz zu einer „normalen" Frage in einer Veranstaltung, bei der sich nur wenige Teilnehmer melden und meist nur ein oder zwei Personen eine Antwort geben, kann hier mit vielen eine Rückmeldung durchgeführt werden.

500

Denkbar sind zB folgende Situationen:

501

- Wiederholungsfragen zum vorherigen Veranstaltungstermin oder zum gerade behandelten Thema: „Ab welchem Streitwert ist das Amtsgericht nicht mehr zuständig?"

- Abstimmungen über eine sachverhaltsbezogene Frage: „Ist Ihrer Auffassung nach A strafbefreiend vom Versuch zurückgetreten?" oder „Ist hier die Anfechtungs- oder die Verpflichtungsklage die richtige Klageart?"

Daneben können auch Fragen ohne Bezug zu einem konkreten Inhalt gestellt werden. Das bietet sich zB an, wenn für eine Veranstaltung ein Ersatztermin gefunden werden soll. Ein weiteres Szenario besteht darin, zB zum Beginn eines Semesters die Teilnehmer nach ihrem Hintergrund zu befragen. So könnte im ersten Veranstaltungstermin die Frage gestellt werden, ob sich jemand im Hörsaal befindet, der mindestens 400 Kilometer von seinem Elternhaus entfernt studiert.

Neben den Fragen, die durch den Dozenten gestellt werden, bieten viele Audience Response Systeme die Möglichkeit, dass auch Teilnehmer konkrete Fragen in der Veranstaltung formulieren können. Das hat vor allem dann den Vorteil, wenn sie sich ansonsten nicht trauen würden, eine Meldung per Hand abzugeben. Dazu steht ihnen dann das System zur Verfügung, in der sie frei formulieren können, was für sie noch offengeblieben ist. Gleichzeitig müssen sich die fragenden Studenten nicht offenbaren; ihre Eingabe bleibt anonym.

Diese Systeme lassen ferner zu, in der Veranstaltung konkrete Stimmungsbilder abzufragen. Gerade wenn der Dozent der Auffassung ist, dass seine Hörer im Moment dabei sind abzuschweifen, bietet sich eine solche Frage an. Sie kann zB wie folgt formuliert werden: „Können Sie mir im Moment noch folgen?" oder „Bin ich gerade zu schnell?" Auch in diesem Fall erhält der Dozent nur ein anonymes Feedback.

Technik: Auf dem Markt befinden sich verschiedene Audience Response Systeme. Die meisten von ihnen können kostenlos und ohne großen technischen Aufwand genutzt werden. Ursprünglich befanden sich am Markt lediglich Systeme, die fest in den einzelnen Räumen installiert waren. Dazu erhielt jeder Teilnehmer eine Fernbedienung, mit der er bei einzelnen Fragen verschiedene Antwortmöglichkeiten auswählen konnte. Die Möglichkeit für die Hörer, konkrete Fragen an den Dozenten zu stellen, lassen diese Systeme nicht zu.

502

Mittlerweile wurden diese rein von der Hardware abhängigen Anwendungen durch cloudbasierte Software abgelöst. Sie beruhen darauf, dass für jede einzelne Abfrage eine neue Seite generiert wird, die über das Internet erreichbar ist. Somit spielt es keine Rolle, über welches Smartphone die Teilnehmer verfügen. Ausreichend ist es stattdessen, dass sie darauf einen Browser installiert haben. Wichtig ist allerdings, dass im Veranstaltungsraum entweder ein leistungsfähiges WLAN zur Verfügung steht oder zumindest das Mobilfunknetz erreichbar ist. Auch eine Anmeldung der Teilnehmer zum jeweiligen System ist regelmäßig nicht erforderlich. Lediglich der Dozent muss vorher ein Benutzerkonto anlegen. Teilweise ist noch notwendig, dass eine virtuelle Raumnummer vergeben wird, mit der die Hörer die konkrete Seite aufrufen müssen.

Um den Teilnehmern eine Abfrage stellen zu können, muss der Dozent diese zuvor vorbereiten. Die meisten Systeme sind aber so ausgestaltet, dass sie noch eine kurzfristige Eingabe während einer laufenden Veranstaltung ermöglichen. Regelmäßig gestaltet sich dies so, dass der Dozent eine konkrete Frage formuliert. Das System generiert daraus einen Link, der ausschließlich zu dieser einen Fragestellung führt. Meist wird zusätzlich noch ein QR-Code generiert. Mit diesem können die Teilnehmer ohne Eingabe des Links die Frage ebenso aufrufen. Dabei bietet es sich an, dass sowohl der Link als auch der QR-Code mittels eines Beamers oder in anderer Weise projiziert werden. Gerade in einer Veranstaltung haben die Teilnehmer regelmäßig ihr Smartphone zur Verfügung. So gestaltet es sich deutlich einfacher, lediglich den QR-Code abzuscannen, statt einen Link eingeben zu müssen, der sich meist noch kryptisch gestaltet.

Haben die Teilnehmer die Abfrage erreicht, können sie dort durch einen simplen Klick ihre Stimme abgeben oder eine Frage stellen. Im Hintergrund wertet das System dann die Stimmen aus und generiert daraus eine Grafik, meist ein Balken- oder Kreisdiagramm. Die meisten Systeme lassen weiterhin zu, dass diese Grafik ebenso projiziert werden kann.

Will ein Teilnehmer eine Frage stellen, kann der Dozent entscheiden, ob er diese den anderen Hörern über den Beamer an der Wand zeigt oder er sich diese für sich selbst behält und sie lediglich beantwortet.

Beispiele für Audience Response Systeme (in alphabetischer Reihenfolge): ARSNova (ars.particify.de), CLASSFLOW (www.classflow.com), Mentimeter (www.mentimeter.com), Pingo (pingo.coactum.de), slido (www.sli.do)

503 Dauer: Erstmalige Einrichtung und Probedurchlauf 5 bis 20 Minuten, Durchführung einer Abfrage 2 bis 5 Minuten, ggfs. bei einer Besprechung der Ergebnisse länger

2. Werkzeuge für die digitale Zusammenarbeit

504 Ziel: Eigenständige Bearbeitung von Inhalten, aktive inhaltliche Auseinandersetzung, strukturierter Austausch verschiedener Ansichten, auch Wiederholung und Vertiefung

505 Methode: Was in der analogen Welt die Wandtafel ist, das ist in der digitalen das Whiteboard. Dabei handelt es sich um leere, meist weiße Arbeitsflächen. Diese können beliebig gestaltet werden. Die Systeme stellen dafür meist eine Textfunktion und eine Zeichen-/Malfunktion zur Verfügung. Daneben können einzelne Beschriftungen wieder über eine weitere Funktion gelöscht werden.

Zusätzlich existieren einzelne Systeme, die eine Art Pinnwand zur Verfügung stellen, anhand derer die Studierenden ihre Anmerkungen mit digitalen Haftnotizen anbringen

G. Digital unterstützte Methoden in der Veranstaltung

können. Im weitesten Sinne lassen sich damit auch Wandtafeln durch die Teilnehmer erstellen.

Beide Varianten lassen sich entsprechend einer Wandtafel nutzen. Damit können nahezu alle Methoden, die dieses Medium voraussetzen, in der digitalen Welt durchgeführt werden. Denn eine Limitierung auf die Interaktion mit einem einzelnen Nutzer besteht hier nicht.

Technik: Damit die Teilnehmer gemeinsam an einem Whiteboard bzw. an einer Pinnwand arbeiten können, muss der Dozent im Vorfeld ein solches anlegen. Der dabei generierte Link dient gleichzeitig als Verbindung zu der jeweiligen Arbeitsfläche. 506

Problematisch bei diesen Systemen ist, dass sie nur für eine begrenzte Teilnehmerzahl genutzt werden können. Eine Vorlesung mit mehreren 100 Teilnehmern lässt sich darüber nicht abbilden. Deshalb bietet sich dessen Einsatz in erster Linie für kleinere Gruppen, insbesondere für Seminare an. Zwar können bei größeren Veranstaltungen verschiedene Whiteboards bzw. digitale Pinnwände genutzt werden. Sollen die dort publizierten Ergebnisse allerdings dem gesamten Plenum präsentiert werden, scheitert dies relativ schnell am mangelnden Überblick. Das ließe sich nur dadurch lösen, in dem die einzelnen Arbeitsflächen getrennt voneinander dargestellt werden. Das Problem besteht allerdings darin, dass diese aufgrund der Beschränkungen durch die Hardware meist nicht gleichzeitig in einem Raum präsentiert werden können.

Eine weitere Schwierigkeit besteht darin, dass der volle Funktionsumfang dieser digitalen Werkzeuge nur dann zur Geltung gebracht werden kann, wenn die Hörer sich nicht lediglich mit ihrem Smartphone beteiligen. Denn die Verwendung eines Whiteboards bzw. der Pinnwand verlangt regelmäßig nicht nur die Eingabe von kurzem Text. Zwar lässt sich auch auf einem Smartphone ein Zeichenwerkzeug verwenden. Dennoch stößt dieses aufgrund der Limitierung des Geräts schneller an die Grenzen als bei einem Desktop oder einem Laptop.

Aus technischer Hinsicht sollte der Dozent darauf achten, dass der Zugang zum Whiteboard bzw. zur Pinnwand entweder durch ein Passwort geschützt ist oder sich beides nach Ende der Veranstaltung wieder vollständig löschen lässt. Ansonsten läuft er Gefahr, dass Dritte darauf zugreifen können. Teilweise verlangen die einzelnen Systeme auch, dass sich die Teilnehmer dort über ein Konto anmelden.

Beispiele für Werkzeuge zur Zusammenarbeit (in alphabetischer Reihenfolge):
- Whiteboards: AWW Board (www.awwapp.com), Bitpaper (www.bitpaper.io), sketchboard (www.sketchboard.io)
- Pinnwände: Glogster (edu.glogster.com), padlet (padlet.com), Scrumblr (www.scrumblr.ca)

Dauer: Erstmalige Einrichtung und Probedurchlauf 5 bis 20 Minuten, ansonsten abhängig von der aktivierenden Methode 507

3. Werkzeuge für die digitale kollaborative Visualisierung

Ziel: Finden und Sammeln von Ideen, Aktivierung von Vorkenntnissen, Anregung zum Mitdenken, Wecken von Interesse, Hinführung zum Thema, Erkennen von Zusammenhängen 508

Methode: Ein Unterfall der kollaborativen Zusammenarbeit ist die kollaborative Visualisierung. Hierfür stehen verschiedene Methoden zur Verfügung. Dazu zählen zB 509 eine Concept-Map und eine Mind-Map. Bei einer Concept-Map werden verschiedene Begriffe mit ihren Beziehungen grafisch in Zusammenhang gebracht. Sie gestaltet sich ähnlich wie eine Mind-Map, unterscheidet sich aber darin, dass bei einer Mind-Map lediglich ein zentraler Begriff im Zentrum steht, von dem aus einzelne Begriffe abgeleitet werden. Die Concept-Map hat dagegen mehrere, gleichwertige zentrale Begriffe, die Bezug zueinander nehmen. Währenddessen ist die Mind-Map eher hierarchisch aufgebaut.

Die Teilnehmer können sich bei den digitalen Werkzeugen bei einem System anmelden und gemeinsam an einer Map arbeiten. Dabei kann der Dozent ihnen komplett freie Hand lassen, was bedeutet, dass sie sogar das zentrale Thema selbst bestimmen können oder aber er gibt ihnen zumindest dieses vor.

Genutzt werden können diese Systeme zB zu Beginn einer Veranstaltung mit dem Ziel, den Stoff aus dem letzten Semester oder dem letzten Termin zu wiederholen. So kann der Dozent seinen Hörern ein bestimmtes Thema vorgeben, anhand dessen sie eine Map erstellen. Er wählt zB den Begriff „Irrtum" und gibt ihnen damit die Möglichkeit, sämtliche im Zusammenhang stehende Aspekte zu visualisieren. Selbst wenn es sich hier um eine strafrechtliche Veranstaltung handelt, können zB auch Begriffe aus dem Zivilrecht auf der Map erscheinen. Das kann der Vortragende steuern, indem er das Thema auf einen konkreten Aspekt beschränkt.

Daneben kann den Teilnehmern die Möglichkeit gegeben werden, auch ohne die Vorgabe eines Begriffs die Map zu erstellen. Das kann vor allem dazu genutzt werden, wenn am Anfang einer Veranstaltung in ein neues Rechtsgebiet eingeführt werden soll. Dann können die Hörer gefragt werden, was ihnen alles dazu einfällt. In diesem Fall haben sie aber dennoch mittelbar ein vorgegebenes Thema, das sich aus der jeweils gestellten Aufgabe ergibt.

510 Technik: Für eine Concept-Map oder Mind-Map gelten dieselben technischen Rahmenbedingungen wie bei den Werkzeugen für die digitale Zusammenarbeit. Auch hier muss der Dozent im Blick behalten, dass die jeweiligen Systeme lediglich für eine bestimmte Anzahl an Teilnehmern sinnvoll einsetzbar sind. Ferner bietet sich ihre Nutzung in erster Linie da an, wo die Teilnehmer nicht nur über ein Smartphone verfügen.

Beispiele für Werkzeuge zur digitalen kollaborativen Visualisierung (in alphabetischer Reihenfolge):

- Concept-Maps: FLINGA (www.flinga.fi), MURAL (www.mural.co)

- Mind-Maps: MindMeister (www.mindmeister.com)

511 Dauer: Erstmalige Einrichtung und Probedurchlauf 5 bis 20 Minuten, ansonsten abhängig von der aktivierenden Methode

4. Werkzeuge für das digitale kollaborative Schreiben

512 Ziel: Wiederholung, Sammeln von Ideen, Fragen und Begriffen

513 Methode: Ebenso zur digitalen Zusammenarbeit sind die Formen des digitalen kollaborativen Schreibens zu zählen. Sie ermöglichen es, gemeinsam Text zu produzieren. Dabei geht es in erster Linie nicht um einen reinen Fließtext, sondern lediglich darum, dass die Teilnehmer gemeinsam auf einer Arbeitsfläche etwas schreiben. Dazu kann

G. Digital unterstützte Methoden in der Veranstaltung

der Dozent entweder einen konkreten Rahmen vorgeben oder den Teilnehmern die Möglichkeit einräumen, selbst Begriffe zu notieren.

Dieses Werkzeug lässt sich vor allem dort einsetzen, wo mit unterschiedlichsten Aspekten zu rechnen ist. Das kann zB zu Beginn einer Veranstaltung sein, wo die Teilnehmer konkrete Fragen formulieren können. Daneben kann es zB im Rahmen eines Brainstormings genutzt werden.

Im Vergleich insbesondere zu einer Mind-Map bietet das kollaborative Schreiben den Vorteil, dass zu einem Aspekt mehr Text produziert werden kann. So lassen sich ganze Sätze schreiben. Dagegen ist eine Mind-Map gerade darauf ausgelegt, dass die Anzahl der Worte auf einem Ast so gering wie möglich gehalten werden. Ansonsten besteht die Gefahr, dass die Map unübersichtlich wird, gerade wenn mehrere Personen daran arbeiten.

Technik: Auch im Rahmen des kollaborativen Schreibens sollten die Grenzen der Systeme beachtet werden. Zwar lassen diese aus technischer Sicht selbst Hunderte von Teilnehmern zu. Das Problem dabei ist allerdings, dass bei solch einer großen Anzahl der didaktische Nutzen gering wird. Stattdessen ist damit zu rechnen, dass die Unübersichtlichkeit stark zunimmt und der erstellte Text kaum noch einen Wert aufweist.

Die einzelnen Systeme zum kollaborativen Schreiben bieten aber die Möglichkeit, dass sich die Teilnehmer auch auf einem Smartphone beteiligen können. Denn hier ist regelmäßig nur Text einzugeben. Zeichnungen, die über ein Display mit dem Finger zu erstellen sind, werden hier regelmäßig nicht vorliegen.

Beispiele für Werkzeuge zur digitalen kollaborativen Visualisierung (in alphabetischer Reihenfolge): CryptPad (www.cryptpad.fr), EduPad (www.edupad.ch), ZUMPad (zumpad.zum.de)

Dauer: Erstmalige Einrichtung und Probedurchlauf 5 bis 20 Minuten, ansonsten abhängig von der aktivierenden Methode

Tool 6: Klausuren

A. Erstellen von Klausuren – Vom Gelehrten zum Geprüften

Um diese wichtigen Fragen geht es in diesem Abschnitt:
- Welche Aspekte sind bei der Erstellung von Klausuren zu berücksichtigen?
- Wie lässt sich der Stoff eines Semesters effektiv prüfen?

516 Die Ausbildung besteht nicht allein aus der Wissensvermittlung, sondern das Gelehrte ist einer Kontrolle durch Prüfungen zu unterziehen. Was konkret Gegenstand der einzelnen Prüfungsleistungen darstellt, ergibt sich auf universitärer Ebene aus den Prüfungs- und Studienordnungen sowie auf staatlicher Ebene aus den jeweiligen Juristenausbildungsgesetzen. Beide geben somit vor, was im jeweiligen Semester als Ausbildungsziel zu erreichen ist bzw. was in der Ersten oder Zweiten Juristischen Staatsprüfung abgeprüft werden darf. Dabei hat sich der Gegenstand der Prüfung am jeweiligen Ausbildungsziel zu orientieren.

517 Neben den Klausuren, die eine Prüfungsleistung darstellen, werden sowohl an den Universitäten als auch im Referendariat Übungsklausuren angeboten. Sie haben die Aufgabe, den Teilnehmern ohne eine direkte Auswirkung auf die Staatsprüfung und das Studium, die Gelegenheit zu geben, ihr Wissen anzuwenden. Mittels der entsprechenden Korrekturbemerkungen und der Vergabe einer Note soll gleichzeitig über den Leistungsstand eine Rückmeldung gegeben werden.

518 Bei der Erstellung von Klausuren sollte zunächst das jeweilige Ausbildungsziel ermittelt werden. Handelt es sich um eine Klausur, die das Semester abschließt, so sollten lediglich die Themen deren Gegenstand darstellen, die währenddessen behandelt wurden. Allerdings lässt sich in der Rechtswissenschaft nur schwer eine Klausur erstellen, die ausschließlich einen Aspekt abdeckt. Das hat seinen Grund in den Besonderheiten der Juristenausbildung, bei der die Wissenskontrolle nahezu ausschließlich in der Fallbearbeitung liegt. Daraus folgt das Dilemma, dass in einer (zweistündigen) Klausur meist nur ein Themenkomplex geprüft werden kann. Das hat den Nachteil, dass keine umfassende, das gesamte Semester abdeckende Rückmeldung an den Studenten stattfindet. Hat ein Teilnehmer in einer Klausur zufällig gerade das Thema vorbereitet, das abgeprüft wird, so vermittelt ihm das den (trügerischen) Eindruck, er würde auch die anderen Aspekte beherrschen.

519 Eine Setzung von Schwerpunkten gestaltet sich dabei auf den ersten Blick als schwierig. So wird sich bei einer Klausur zum Besonderen Schuldrecht nur schwer vermeiden lassen, dass keine Aspekte des Allgemeinen Teils des BGB relevant sind. Nichts anderes gilt im Öffentlichen Recht, wo die Verknüpfung von Allgemeinen Verwaltungsrecht und Prozessrecht mit dem materiellen Recht noch deutlicher hervortritt. Auch für das Strafrecht gilt nichts anderes, wirken sich dort doch ebenso Probleme aus dem Allgemeinen Teil bei der Fallbearbeitung aus.

520 Dennoch lassen sich in Klausuren Schwerpunkte bilden: Die Abhängigkeit von allgemeinen Regelungen kann dabei stark reduziert werden. Soll eine Klausur zum kaufrechtlichen Gewährleistungsrecht erstellt werden, so kann diese zwar so gestaltet werden, dass eine erhebliche Anzahl von Problemen aus dem Allgemeinen Teil des BGB relevant werden, wenn zB die Thematik der Stellvertretung eingeführt wird. Zwingend ist das allerdings nicht. Denn hierzu stehen verschiedene Möglichkeiten zur Verfügung:

A. Erstellen von Klausuren – Vom Gelehrten zum Geprüften

Zunächst kann zwar vom Prüfling verlangt werden, dass er sich mit dem Abschluss des Kaufvertrages auseinandersetzt. Dabei bietet sich allerdings eine wenig problemlastige Lösung an. Dazu reicht bereits die Feststellung des Vorliegens von zwei übereinstimmenden Willenserklärungen aus. Daneben kann vollständig auf die Prüfung des Vertragsschlusses verzichtet werden, in dem schlichtweg durch den Bearbeitervermerk hervorgehoben wird, dass vom Abschluss des Kaufvertrages auszugehen sei. Dieses Vorgehen ermöglicht, dass sich der Prüfling auf die Probleme aus dem Besonderen Schuldrecht, hier also dem kaufrechtlichen Gewährleistungsanspruch, konzentrieren kann. Damit wird sichergestellt, dass lediglich das im Semester behandelte Wissen abgefragt wird.

Eine solche „verkürzte" Klausur erlaubt gleichzeitig, dass – ohne dass es sich um rein punktuelle Fragen handelt – mehrere Komplexe aus einem Bereich abgefragt werden können. In einer (zweistündigen) Ausarbeitung können zwei Sachverhalte abgeprüft werden, was eine umfassendere Kontrolle des Gelehrten darstellt. Am Beispiel des Zivilrechts kann damit bei einem geschickten Entwurf der Klausur der kaufrechtliche Gewährleistungsanspruch ebenso abgeprüft werden wie ein Problem aus dem Deliktsrecht. Entsprechendes gilt für die anderen Rechtsgebiete: Im Öffentlichen Recht, in dem meist prozessuale Probleme der Prüfung des materiellen Rechts vorangeschaltet werden, kann auf diesen Aspekt vollständig verzichtet werden. Umgekehrt erlaubt dieses Vorgehen sogar, eine reine Prozessrechts-Klausur zu erstellen. Am einfachsten dürfte die Schwerpunktsetzung im Strafrecht sein, sofern bei der Prüfung der einzelnen Tatbestände auf Probleme aus dem Allgemeinen Teil gänzlich verzichtet wird.

521

Gegen diese Schwerpunktsetzung könnte man einwenden, dass dadurch ein gewisser Wiederholungseffekt verloren geht, der gerade im Jurastudium, das in der Staatsprüfung von seinen Teilnehmern das Wissen des gesamten Studiums verlangt, einen nicht unwesentlichen Effekt spielt. Dem kann durchaus stellenweise zugestimmt werden. Allerdings bringt eine Wiederholung nur dort etwas, wo bereits genügend Wissen angehäuft bzw. abgeprüft wurde. Sie ist dort eher kontraproduktiv, wo Wissenslücken vorhanden sind. Wird in jeder Klausur von den Studenten die Auseinandersetzung mit der Zulässigkeit einer verwaltungsgerichtlichen Klage verlangt, besteht damit zwangsläufig für materiellrechtliche Fragen weniger Raum. Zwar können die Teilnehmer nach acht Semestern die Prüfung der Zulässigkeit „im Schlaf". Ihnen fehlt allerdings das Gespür für Probleme des materiellen Rechts, die auch nicht durch den gesicherten Umgang mit den Zulässigkeitsvoraussetzungen kompensiert werden können. Nichts anderes gilt etwa bei Problemen aus dem Allgemeinen Teil. Aus diesem Grund spricht nichts gegen ein Interesse am Wiederholungseffekt, solange sichergestellt ist, dass die Studenten über ebenso detailliertes Wissen in den anderen Themenkomplexen verfügen.

522

Zusammenfassung der wesentlichen Aspekte dieses Abschnitts:

- Bei der Erstellung einer Klausur sollte versucht werden, mehrere Bereiche des behandelten Stoffes abzufragen.
- Eine gezielte Schwerpunktsetzung erlaubt eine breitergefächerte Klausur.

B. Korrektur und Bewertung von Klausuren

523 Um diese wichtigen Fragen geht es in diesem Abschnitt:

- Welche Rolle haben Korrektoren und Korrekturen?
- Wie können Korrektoren an die Bewertung am sinnvollsten herangehen?
- Welche Qualität sollten Korrekturanmerkungen aufweisen?
- Wie können den Studenten durch die Korrektur Hilfestellungen an die Hand gegeben werden?

1. Funktion der Klausurenkorrektur

524 Die Ableistung von Klausuren hat grundsätzlich zwei verschiedene Perspektiven: Einerseits dient sie dazu, die vom Studenten geforderten Prüfungsleistungen abzubilden. Als Kontrolle des Wissens und der juristischen Fähigkeiten haben sie ihre Aufgabe, die Prüflinge hinsichtlich der Qualität ihrer Arbeit zu beurteilen. Damit verfolgt die Klausur nicht einen reinen Selbstzweck, sondern weist eine gewisse Auslesefunktion auf. Zwischen „schlechten" und „guten" Studenten soll unterschieden werden. In der Konsequenz dienen die Prüfungen dazu, für die spätere Erwerbstätigkeit nur qualifiziertes Personal zur Verfügung zu stellen. Gerade bei der juristischen Ausbildung ist diese Überlegung unter dem Blickwinkel einer Legitimation zu verstehen: Nur wer ein gewisses Niveau erreicht, darf später zB Recht sprechen. Damit wird gleichzeitig sichergestellt, dass (staatliche) Handlungen von einer erwarteten Qualität geprägt sind. Daneben führt das Bestehen von Prüfungen dazu, ihre Teilnehmer in gewisser Weise zu sozialisieren: Sie sind dann nicht mehr nur „bloße" Studenten, sondern Juristen.

525 Neben diesen Aspekten, die lediglich zum Teil einen pädagogischen Charakter haben, dienen Klausuren einerseits dazu, dem Studenten eine Rückmeldung zu seinem aktuellen Wissensstand zu geben. Daneben gilt gerade im Jurastudium, dass ebenso das rechtswissenschaftliche Handwerk beherrscht werden muss. Damit ist in erster Linie die Subsumtionstechnik gemeint. Gleichzeitig zählen hierzu aber auch rein „praktische" Fähigkeiten, wie zB der Umgang mit dem Gesetzestext oder mit Kommentaren. Diese sind nicht nur auf die konkrete Prüfungssituation anwendbar, sondern ebenso im späteren Erwerbsleben.

526 Allerdings lässt sich anhand einer einzelnen Klausur noch nichts über den Erfolg eines Teilnehmers im gesamten Studium aussagen. Das ändert sich aber, wenn eine bestimmte Anzahl bestritten wurde und dabei die erzielten Ergebnisse unterdurchschnittlich sind. Dann erlaubt sich eine Prognose auf die Erfolgschancen des Studiums und der späteren beruflichen Tätigkeit. Damit geben die Ergebnisse für sich einzeln betrachtet zwar eine rein punktuelle Rückmeldung, bei einer Gesamtschau lässt sich doch eine Tendenz ablesen. Anhand dieser Rückmeldung hat der Student die Möglichkeit, sich über seinen Studien- und ggfs. späteren Berufswunsch Gedanken zu machen und nötigenfalls die daraus notwendigen Konsequenzen zu ziehen.

527 Die Rückmeldung an die Prüflinge im Hinblick auf ihre Klausurleistung stellt lediglich eine in die Vergangenheit gerichtete Perspektive dar. Die Studenten können für sich zunächst ablesen, ob ihre (Lern-)Bemühungen im Hinblick auf die Prüfung ausreichend waren. So erkennen sie uU, ob sie zu wenig oder das Falsche gelernt haben, denn nur eine schlechte Note bedeutet nicht zwangsläufig, dass der Student Schwierigkeiten mit dem Studium hat. So kann auch der Sachverhalt falsch verstanden worden, die

Zeiteinteilung falsch geplant gewesen oder dem Studenten ein formaler Fehler (unterschriebene Klausur trotz Anonymität) unterlaufen sein.

Neben dieser retrospektiven Sicht sollte die Korrektur den Studenten auch Motivation für die weitere Zeit des Studiums, insbesondere für die nachfolgenden Klausuren geben. Sinnvollerweise zieht er somit Schlüsse aus seinem bisherigen Handeln und passt es für die zukünftigen Prüfungssituationen richtig an. Allerdings kann diese Leistung durch die Korrektur nur mittelbar erreicht werden. Dennoch hat der Korrektor in einem gewissen Grad die Möglichkeit, hier – gerade den Studienanfängern – einzelne Hinweise an die Hand zu geben. Denkbar ist dies zB, wo erkennbar ist, dass der Prüfling in Zeitnot geraten ist. Das wird regelmäßig daran festgemacht werden können, dass unwichtige Prüfungspunkte in „epischer Breite" dargestellt werden, bei den wichtigen, punkteträchtigen Aspekten allerdings die Zeit fehlte. Hier kann schon der Hinweis auf eine bessere Zeitplanung helfen, die auch der Korrektor ausreichend mit einem einzigen Satz geben kann.

Aus pädagogischer Sicht muss es somit Ziel der Korrektur sein, den Studenten für die Folgezeit Hinweise zu geben, wie er sinnvollerweise sein Lernen effizienter gestaltet, die Ausarbeitung seiner Klausur weniger sowohl inhaltliche wie auch handwerkliche Fehler enthält und er somit – gewissermaßen als Meta-Ziel – ein „besserer" Jurist wird, der mit gutem Ergebnis seine beiden Staatsprüfungen besteht und damit dem Anspruch an sein Berufsbild gerecht wird.

2. Durchführung der Korrektur

a) Korrekturanmerkungen

Bei der Korrektur von Klausuren sind schon allein aus prüfungsrechtlicher Sicht zwingend Korrekturanmerkungen anzubringen. Erlauben doch nur diese, dass der Prüfling seine Note vollständig nachvollziehen kann. Doch abgesehen von diesem Aspekt haben die Anmerkungen noch einen weiteren, aus didaktischer Sicht wesentlich bedeutsameren Hintergrund: Anhand ihrer soll der Prüfling verstehen können, warum zumindest ein Teil seiner Ausführungen unzutreffend ist. Ihm soll die Möglichkeit gegeben werden, aus seinen Fehlern zu lernen und gleichzeitig zu erkennen, wo er noch über Wissenslücken verfügt. Somit haben diese Anmerkungen neben der rechtlich geforderten Begründung zugleich eine didaktische Aufgabe. Dieser werden sie allerdings nur in wenigen Fällen gerecht.

Die Korrektur-„Anmerkungen" in heutigen Klausuren bestehen meist lediglich in einer – geradlinig oder gewellt – unterstrichenen Passage, einem Haken oder einer Linie am Rand. Manchmal finden sich dort noch Formulierungen wie „abwegig", „vertretbar" oder „gut". Mit diesen kann der Student allerdings in den seltensten Fällen etwas anfangen. Im Gegenteil: Sie führen oft zur Verwirrung, weiß der Teilnehmer gar nicht, was er nun konkret falsch gemacht hat. Das ist vor allem dann ein großes Problem, wenn mehrere Sätze oder gar ganze Passagen mit einer gewellten Linie markiert werden. Dann ist nicht (mehr) nachvollziehbar, was konkret fehlerhaft war. Der Lerneffekt beim Studenten geht damit gegen Null.

Stattdessen sind Anmerkungen nötig, anhand derer der Prüfling seine Fehler nachvollziehen kann. Nur so ist sichergestellt, dass aus der Klausur und der Bewertung ein Lerneffekt entsteht. Hinzu kommt, dass gerade die Anfangssemester in der Subsumtionstechnik noch nicht ausreichend geübt sind. Deshalb sollte neben der Korrektur der

Ausführungen, also des Wissensteils, auch die Methodik auf ihre richtige Anwendung überprüft und mit entsprechenden Anmerkungen versehen werden.

533 Allerdings sind solche Korrekturanmerkungen mit einem erheblichen Zeitaufwand verbunden, der sich schlichtweg nur selten darstellen lässt. Dieser erhöht sich noch mehr, wenn individuell auf die Fehler der einzelnen Studenten eingegangen werden soll. Dann wird daraus eine Aufgabe, die sich zumindest aus zeitlicher Hinsicht nur noch schwer bewältigen lässt. Um dennoch zumindest auf einzelne Fehler detaillierter eingehen zu können, wird vielerorts schlichtweg auf die später stattfindende Besprechung der Klausur im Rahmen einer Veranstaltung verwiesen. Das ist jedoch mit einer Schwachstelle verbunden: Der Korrektor weiß nur in den seltensten Fällen, welche Inhalte die Besprechung aufweisen wird. Zwar werden die Hauptprobleme regelmäßig behandelt werden. Ob damit allerdings auch individuelle Probleme des einzelnen Studenten angerissen werden können, lässt sich nicht mit Sicherheit sagen und wird meist zu verneinen sein. Daneben sollte sich der Korrektor nicht darauf verlassen, dass Studenten konkrete Fragen adressieren werden, wenn sie überhaupt an der Besprechung teilnehmen.

b) Anfertigung eines Besprechungsblattes

534 Um dennoch nicht den Lerneffekt gänzlich zu verlieren, empfiehlt sich die Erstellung eines sog Besprechungsblattes in Form einer detaillierten Lösungsskizze. Gemeint ist damit ein Entwurf, der nicht nur Stichworte enthält, sondern zumindest bei den Hauptproblemen der Klausur vertieft auf die einzelnen Fragestellungen eingeht. Anhand ihr lassen sich zumindest die größten Fehlerquellen darstellen und entsprechende Hinweise geben. Im Vergleich zur Lösungsskizze, die vor der Korrektur entworfen wird, wird das Besprechungsblatt erst erstellt, nachdem alle Klausuren korrigiert wurden. Grundlage ist somit die Lösungsskizze, angereichert um die Aspekte, die von einem Großteil der Prüflinge falsch bearbeitet wurden. Die Erstellung eines solchen Besprechungsblattes erfordert bei mehreren Korrektoren die Weitergabe der relevanten Fehler zB an den Lehrstuhl. Dort werden die einzelnen Punkte gesammelt und daraus das Blatt entworfen.

535 Mit der Verwendung eines Besprechungsblattes können allerdings nur die häufigsten in der Klausur vorkommenden Fehler abgedeckt werden. Der Korrektor muss damit zusätzlich bei (gravierenden) individuellen Fehlern noch weitere Hinweise an den Prüfling geben. Diese kann er letztlich nur an der Ausarbeitung direkt anbringen, wird das Besprechungsblatt erst nach Abschluss der Bewertung aller Klausuren entworfen und stellt es doch nur dar, welche Fehler gehäuft auftraten. Letztlich wird ein solches Besprechungsblatt den Korrektor nicht davon entbinden können die – auch prüfungsrechtlich geforderten – Korrekturanmerkungen anzubringen. Nur anhand ihrer ist der Prüfling in der Lage, seine Fehler zu erkennen, von einer rechtmäßigen Korrektur auszugehen und die Gefahr einer Anfechtung stark gebannt. Das bedeutet allerdings nicht, dass der Prüfer die Besprechung der Klausur nochmals „am Rand" wiedergibt. Auch ist nicht erforderlich, dass ganze Passagen aus Lehrbüchern als Anmerkung umformuliert werden. Trotz aller Bemühungen um eine didaktisch ansprechende und pädagogisch sinnvolle Korrektur kann vom Studenten ein gewisses Maß an Eigenständigkeit und Selbstverantwortung verlangt werden.

536 Solche individuellen Korrekturanmerkungen sollten so präzise wie möglich gestaltet werden. Die bloße Aussage „Sehen Sie sich den Stoff nochmals an!" ist nichtssagend

und hätte weggelassen werden können. Stattdessen empfiehlt sich ein konkreter Hinweis darauf, was falsch gemacht wurde. Hatte der Prüfling zB den objektiven und den subjektiven Tatbestand vermischt, sollte ihm das verdeutlicht werden: „Sie vermischen hier objektiven und subjektiven Tatbestand." Sinnvollerweise könnte in diesem Zusammenhang noch kurz darauf eingegangen werden, welche einzelnen Aspekte welchem Tatbestand zuzuordnen sind: „Zum objektiven Tatbestand gehören ..., zum subjektiven Tatbestand ...". Mit solch einer Anmerkung dürfte der Lerneffekt der Klausur am höchsten sein, was allerdings vom Korrektor einen deutlich höheren Bearbeitungsaufwand fordert.

Zusätzlich zu den inhaltlichen Schwachstellen kann eine Klausur ebenso handwerkliche Fehler aufweisen. Hier sollte der Korrektor entsprechende Hinweise geben, anhand derer der Prüfling erkennen kann, warum seine Ausführungen falsch sind. Gerade in Prüfungen der Anfangssemester findet sich der Aufbau der Subsumtionstechnik nicht richtig umgesetzt. Das fängt bereits bei der Bildung des Obersatzes an, setzt sich über mangelhafte Definitionen fort und zeigt sich spätestens bei einer wenig überzeugenden Subsumtion. Gerade hier empfiehlt sich eine Hilfestellung, die ggfs. auch auf das Besprechungsblatt übernommen werden kann. Schon kurze Anmerkungen wie „Hier fehlt der Obersatz" oder die Richtigstellung der Definition statt der Anmerkung „Def. falsch" können für den Studenten bereits eine erhebliche Unterstützung darstellen.

537

c) Organisation der Korrektur

Neben dem Umfang und der Qualität der Korrekturanmerkungen muss sich der Korrektor auch mit der Frage auseinandersetzen, wie er praktisch den Korrekturvorgang umsetzt. So hat er irgendwann einen Stapel von 20, 30 oder gar deutlich mehr Klausuren vor sich liegen. Zunächst könnte er einfach mit der Bewertung der ersten Arbeit beginnen. Hat er diese begutachtet, seine Anmerkungen angebracht und die Note vergeben, so könnte er schlichtweg zur nächsten Ausarbeitung übergehen. Allerdings ist diese Herangehensweise mit erheblichen Nachteilen verbunden. Der Korrektor weiß anfangs nicht, ob die erste Klausur, die er aus dem Stapel greift, als gut oder als schlecht einzustufen ist. Er kann zu diesem Zeitpunkt noch nicht beurteilen, wie der durchschnittliche Leistungsstand innerhalb dieser einen Prüfung wirklich war. Diese Feststellung lässt sich erst nach der Korrektur einer gewissen Anzahl von Klausuren treffen. Würde der Prüfer bereits jetzt bei dieser allerersten Arbeit eine Note vergeben, so ist mit hoher Wahrscheinlichkeit davon auszugehen, dass diese nach oben oder unten im Vergleich zu den anderen deutlich abweichen würde. Aus diesem Grund empfiehlt es sich zunächst, stichprobenartig einzelne Ausarbeitungen aus dem Stapel zu picken und diese – ohne eine Korrektur durchzuführen – einfach zu lesen. Gleichzeitig kann dabei die Lösungsskizze verglichen werden. Dadurch bekommt der Korrektor ein Gefühl dafür, wo die Probleme bei der Formulierung der einzelnen Arbeiten waren, welche Punkte von mehreren Prüflingen übersehen wurden und ob der „rote Faden" erkannt wurde. Erst nachdem etwa zehn Klausuren gelesen wurden, sollte der Korrektor zur eigentlichen Bewertung übergehen. Gemeint ist damit allerdings nicht, dass die Korrektur an das Niveau der Ausarbeitungen angepasst werden soll. Stattdessen geht es lediglich darum, ein Gespür für die Klausur zu entwickeln.

538

Der Korrektor kann dieses Gespür für die Klausur auch dadurch erlangen, in dem er – ohne vorher die Lösungsskizze konsultiert zu haben – selbst eine Lösung erarbei-

539

tet. Hierzu nimmt er – mit den zulässigen Hilfsmitteln ausgestattet – lediglich die Klausurangabe und bearbeitet diese innerhalb der auch für die Teilnehmer geltenden Zeitvorgabe. Dieses Vorgehen hat allerdings den Nachteil, dass der Korrektor uU bei der späteren Bewertung sich an seiner eigenen Lösung orientieren könnte. Das kann dann zum Konflikt führen, wenn zwischen der vom Lehrstuhl erstellten und der eigenen Skizze Differenzen auftreten. In diesem Fall muss sich der Prüfer zwangsläufig an der „offiziellen" Lösungsskizze orientieren. Seine eigenen Überlegungen sollte er nur dann heranziehen, wenn der Prüfling einen alternativen Ansatz entwickelt hat. Möglicherweise ist der Korrektor auf eine ähnliche Variante gestoßen. Der Vorteil dieser eigenen Lösung besteht darin, etwaige Ungereimtheiten oder Unklarheiten auf Seiten des Prüfers zu erkennen und ggfs. zu hinterfragen. Er wird somit nicht „blindlings" mit der Korrektur beginnen und ohne sich gar mit dem Sachverhalt noch nicht vertieft auseinandergesetzt zu haben. Schlimmstenfalls entdeckt der Prüfer noch einen Fehler im Sachverhalt oder in der Lösungsskizze. Allerdings werden aus zeitlicher Sicht bei der Erstellung einer eigenen Ausarbeitung Grenzen bestehen.

540 Beginnt der Prüfer nun mit der ersten „richtigen" Korrektur, sollte diese wie bereits dargestellt – auch im Hinblick auf die Anmerkungen – durchgeführt werden. Allerdings sollte anfangs noch nicht dazu übergegangen werden, sofort die Note auf der Klausur zu vermerken. Stattdessen empfiehlt es sich, zunächst diese auf einer Haftnotiz auf der Ausarbeitung anzubringen. Nachdem etwa zehn Arbeiten so bearbeitet wurden, kann nochmals überprüft werden, ob die Notenwerte richtig eingeschätzt wurden. Sollte das der Fall sein, kann mit der regulären Korrektur für den Rest begonnen werden.

541 Sofern sich eine Korrektur über einen längeren Zeitraum hinzieht, wird dies zwangsläufig zu Verzerrungen bei der Notengebung führen. Eine gänzlich vom Anfang bis zum Ende durchgehend objektive Bewertung ist utopisch. Der Prüfer ist vielfältigen Einflüssen ausgesetzt, die seine Bearbeitung beeinträchtigen. Deshalb empfiehlt es sich, nach Abschluss der gesamten Korrektur nochmals die ersten zehn und die letzten zehn Klausuren zur Hand zu nehmen und zu überprüfen, inwiefern sich in der Zwischenzeit Abweichungen vom Votum ergeben haben. Nötigenfalls können einzelne Bewertungen justiert werden. Um hierfür den Aufwand gering zu halten, können – wie bereits dargestellt – gerade bei den ersten Klausuren Haftnotizen mit der Note angebracht werden.

542 Auch auf institutioneller (Lehrstuhl-)Ebene kann für eine Verbesserung der Klausurbewertungen gesorgt werden. Das fängt bereits bei der Erstellung einer Lösungsskizze an, die über die eigentliche Darstellung des richtigen Weges hinaus noch erläutert, auf welche weiteren alternativen Lösungen und „Fallen" zu achten sein wird. Auch sollte den Korrektoren aufgezeigt werden, inwiefern auf die Klausur vorbereitet wurde, welche Eingrenzungen stattfanden und zusätzlichen Hinweise gegeben wurden. Sitzen die Prüfer nunmehr vor ihrem Stapel, so empfiehlt sich, mit diesen in regelmäßigen Abständen zu kommunizieren. Das hat darüber hinaus den Vorteil, dass der eine oder andere nicht erst auf den „letzten Drücker" mit der Arbeit beginnt. In diesen Gesprächen sollte abgefragt werden, welche Schwachstellen sich insgesamt in der Klausur auftun. Sollten sich hier Schwerpunkte bilden, hat der Lehrstuhl die Möglichkeit, für eine einheitliche Bewertung erforderliche Hinweise auch für die anderen Korrektoren zu geben.

B. Korrektur und Bewertung von Klausuren

Sind alle Klausuren benotet, könnte am Lehrstuhl eine abschließende Besprechung stattfinden, in der nochmals erläutert wird, an welchen Punkten sich Fehler gehäuft haben und wo weitere Probleme entstanden sind. Mit diesen Informationen kann sodann gezielt in die Klausurenbesprechung gegangen und entsprechende Hinweise gegeben werden. Möglicherweise kann der Lehrstuhl außer diesen Informationen auch Schlüsse für die weitere Organisation ziehen. 543

3. Besprechung von Klausuren

Aus didaktischer Sicht verfolgt die Besprechung von Klausuren das Ziel, dass die Studenten aus ihren Fehlern lernen. Ihnen soll dabei die richtige Lösung dargestellt, häufige Fehler aufgezeigt und handwerkliche sowie methodische Hinweise gegeben werden. Das setzt zunächst voraus, dass bei der Korrektur bereits eine Erfassung von Fehlern vorgenommen wird. Dabei ist sinnvollerweise einerseits nach inhaltlichen, andererseits nach methodisch-handwerklichen Fehlern zu unterscheiden. Dadurch ist sichergestellt, dass in der Folge in der Besprechung eine strikte Trennung vorgenommen werden kann und keine Vermischung der beiden Fehlerkategorien stattfindet. 544

Die Dauer einer Besprechung richtet sich nach dem Umfang der Klausur. Die Lösung einer zweistündigen Klausur wird regelmäßig schneller dargestellt sein als die einer Examensklausur. Zwingend muss das allerdings nicht der Fall sein. Gerade bei Ausarbeitungen in den Anfangssemestern, wo sowohl der inhaltliche wie auch der methodisch-handwerkliche Aspekt ausreichend berücksichtigt werden müssen, kann die Besprechung deutlich mehr Zeit in Anspruch nehmen als in den späteren Semestern, wo es teilweise ausreichen kann, punktuell Probleme anzureißen. 545

Damit stellt sich die Frage, wie die Besprechung einer Klausur aufgebaut werden kann. Vorrangig sollte sie sich an der Struktur der Lösung orientieren. Damit können sowohl inhaltliche wie auch methodisch-handwerkliche Probleme erörtert werden. Der chronologische Aufbau sorgt zudem dafür, dass nichts vergessen wird und die Studenten aufgrund der vorgegebenen Struktur besser folgen können. 546

Weiterhin kann der Zeitpunkt der Besprechung variiert werden. Die Darstellung der Lösung nach Abschluss der Korrektur hat zwar den Vorteil, dass auf die einzelnen Fehler hingewiesen werden kann. Der dadurch entstehende Lerneffekt ist nicht zu unterschätzen. Allerdings kann sich – gerade bei Übungsklausuren – eine unmittelbare Besprechung nach dem Klausurtermin anbieten. Im Gegensatz zu einer späteren Veranstaltung, die teilweise einen Monat oder gar noch später stattfindet, haben die Teilnehmer bei einer unmittelbar folgenden Besprechung sowohl noch den Sachverhalt als auch ihre Lösung präsent. Das ist später nur noch in Ausnahmesituationen der Fall. Meist haben die Studenten den Sachverhalt nicht mehr parat. Selbst wenn sie diesen an ihre Lösung anheften, wird dieser erfahrungsgemäß nicht mehr vollständig zur Kenntnis genommen, stattdessen nur kurz überflogen. Nicht anders verhält es sich bei dessen Projektion im Veranstaltungsraum. 547

Eine unmittelbare Besprechung nach dem Klausurtermin hat weiterhin den Vorteil, dass den Studenten noch die Fragen präsent sind, die sich ihnen während der Ausarbeitung gestellt haben. So können sie ihre Überlegungen zB hinsichtlich des Aufbaus, der Prüfung bestimmter Anspruchsgrundlagen oder der Darstellung verschiedener Meinungen direkt adressieren. Damit wird neben der eigentlichen Lösung der Klausur die weitere Möglichkeit eröffnet, bei der Ausarbeitung auftretende Fragen, die sich nicht in der Lösung an sich niedergeschlagen haben, zu beantworten. 548

549 Dieses Vorgehen setzt allerdings eine deutlich detailliertere Vorbereitung des Dozenten voraus. Es reicht nicht, sich lediglich anhand der eigenen Lösungsskizze vorzubereiten. Stattdessen ist erforderlich, sich auch mit den Problemen im Umfeld der eigentlichen Lösung zu befassen. Das kann sich teilweise als schwierig erweisen, kommen Studenten in der Prüfungssituation doch auf die kreativsten Ansätze.

550 Letztlich stellt sich noch die Frage, ob die Lösungsskizze an die Studenten herausgegeben werden sollte. Aus prüfungsrechtlicher Sicht gibt es hierfür keine Notwendigkeit. Allerdings empfiehlt sich deren Herausgabe. Idealerweise sollte die Skizze im Falle einer Klausurbesprechung bereits vor deren Beginn verteilt werden, bietet sich dadurch für die Zuhörer die Möglichkeit, sich selbst Notizen direkt an der für sie relevanten Stelle zu machen. Gleichzeitig können sie sich an der Skizze orientieren. Denkbar ist auch, dass die Studenten ihre Klausur zuhause nachbearbeiten. Dafür wäre die Skizze zumindest ein guter Anhaltspunkt. Allerdings sollten die Erwartungen an diesen „Arbeitseinsatz" nicht allzu hoch angesetzt werden.

551 Zusammenfassung der wesentlichen Aspekte dieses Abschnitts:

- Die Korrektur von Klausuren sollte unter Einhaltung der prüfungsrechtlichen Vorgaben auch unter didaktischen Gesichtspunkten betrachtet werden.
- Um einerseits den Studenten ein Hilfsmittel zur Nacharbeit zur Verfügung zu stellen, andererseits aber den eigenen Aufwand zu reduzieren, empfiehlt sich die Erstellung eines Besprechungsblattes, das an die Studenten ausgegeben wird.
- Mit der Korrektur von Klausuren sollte nicht „überstürzt" begonnen werden, sondern zunächst ein Gespür für die Arbeiten entwickelt werden.
- Eine Besprechung von (Übungs-)Klausuren direkt nach dem Ende der Bearbeitungszeit kann sinnvoll sein.

Tool 7: Digitale Hochschullehre

A. Begriffsklärung und (aktuelle) Entwicklungen in der digitalen (juristischen) Hochschullehre

Um diese wichtigen Fragen geht es in diesem Abschnitt: 552

- Was versteht man unter dem Begriff der „digitalen Hochschullehre"?
- Welche aktuellen Entwicklungen gibt es?

1. Der Begriff der „digitalen Hochschullehre"

„Digitale Hochschullehre" erfasst bereits den vereinzelten Einsatz moderner Technologien in Lehrveranstaltungen. Die Einbindung digitaler Medien in den Hochschulalltag kann demnach schon beim Erstellen von Lehr-/Lernmaterialien, bei der Auswahl von Methoden oder in der Schaffung einer optimalen Lernumgebung erfolgen. Digitale Ressourcen werden hier also zu bloßen Unterstützungszwecken der Präsenzlehre eingesetzt. Sie können aber auch in einer Kombination von Präsenz- und Onlinephasen bestehen. Lehrveranstaltungen können aber auch vollständig digital abgehalten werden, indem ein zeit- und ortsunabhängiges synchrones (gleichzeitig virtuell anwesend) und/oder asynchrones (zeitlich versetzt virtuell anwesend) Lehren und Lernen im Gegensatz zu einer Präsenzveranstaltung ermöglicht werden. 553

2. (Aktuelle) Entwicklungen in der digitalen (juristischen) Hochschullehre

Bestrebungen eine Digitalisierung in bzw. der allgemeinen Hochschullehre zu fördern gibt es in Deutschland schon seit einigen Jahren.[1] Das mag unterschiedliche Hintergründe haben: Sei es ganz allgemein der gesellschaftliche Wandel und der Wandel in der Arbeitswelt hin zu (mehr) digitalen Medien, sei es veränderte Lebensbedingungen oder unerwartet eintretende Gegebenheiten wie der Beginn der Corona-Krise im Jahr 2020. 554

Auch auf dem Gebiet der Rechtswissenschaften werden seit Jahrzehnten digitale Ressourcen wie beispielsweise Overheadprojektor, PowerPoint-Präsentationen, E-Learning-Module, juristische Datenbanken unterstützend herangezogen. Mit der Zeit entwickelten sich sogar reine Online-Kurse, die der reinen Wissensvermittlung dienen.[2] 555

Allerdings hat erst und gerade die Corona-Pandemie dazu geführt, dass Präsenzveranstaltungen von heute auf morgen nicht mehr möglich waren und die Hochschulen plötzlich vor der Herausforderung standen, ihre Präsenzveranstaltungen durch eine reine digitale Lehre zu ersetzen, um auf die aktuellen Gegebenheiten zu reagieren und um ein ununterbrochenes Studieren der Studierenden weiterhin zu gewährleisten. Das Umstellen der gesamten Lehrveranstaltungen auf digital verlangte insbesondere den Lehrpersonen einiges an Aufwand, zeitlichen und technischen Ressourcen sowie digitalen Kenntnissen und Fähigkeiten ab. Die Schwierigkeit bestand insbesondere auch darin die bisher bestehenden Präsenzveranstaltungen nicht einfach in eine On- 556

---

[1] Siehe hierzu u.a. die Webseite des Bundesministeriums für Bildung und Forschung (BMBF) unter https://www.bildung-forschung.digital/de/digitale-hochschullehre---der-hoersaal-der-zukunft-1820.html (Stand: 14.12.2020).

[2] Vgl. Zwickel, Digitaler Wandel und das Selbstverständnis der Rechtsdidaktik, 2020, S. 1 unter: urn:nbn:de:bvb:29-opus4-133714 (Stand: 14.12.2020).

line-Lehre umzuwandeln, sondern eine Online-Lehrveranstaltung zu konzipieren und durchzuführen, in der vor allem Lernziele, Lehrinhalte, Lehrmethoden, Lehrmedien digital und zeitlich aufeinander optimal und zielgruppengerecht abgestimmt sind.

557 Zusammenfassung der wesentlichen Aspekte dieses Abschnitts:

- Die „digitale Hochschullehre" ermöglicht in seiner weitesten Form ein zeit- und ortsunabhängiges synchrones und/oder asynchrones Lehren und Lernen.
- Insbesondere aufgrund der aktuellen Entwicklungen gewinnt die Digitalisierung der Hochschullehre und damit auch von juristischen Lehrveranstaltungen an großer Bedeutung, welche als Chance für das zukünftige Gestalten der juristischen Lehre genutzt werden sollte.

B. Vor- und Nachteile der Digitalisierung

558 Um diese wichtigen Fragen geht es in diesem Abschnitt:

- Worin bestehen die Chancen der Digitalisierung?
- Welche möglichen Nachteile gibt es?

1. Die Vorteile

559 Ein wesentlicher Unterschied und auch ein Vorteil zur klassischen Präsenzveranstaltung ist das soeben genannte **zeit- und ortsunabhängige synchrone und/oder asynchrone Lehren und Lernen**.

So eröffnen sich folgende Möglichkeiten, je nach Art der Auswahl des digitalen Einsatzes, sowohl für die Dozierenden als auch für die Studierenden:

- Weder die Lehrenden noch die Lernenden müssen vor Ort persönlich erscheinen, weil die Teilnahme an der Lehrveranstaltung von überall aus möglich ist. Auf diese Weise kann zum einen Zeit (ua An- und Abreise) sowie Reise- und Übernachtungskosten/ggfs. Miete eingespart werden. Diese Art von Lehrveranstaltungen fördert auch ein internationales Studieren aus aller Welt (Stichwort: internationale Hochschulbildung bzw. heterogene Studierendenschaft).
- Durch digitale Lehrveranstaltungen können etwaige räumliche Kapazitätsengpässe der Hochschulen entschärft werden.
- Auch werden die digitalen Kompetenzen der Lehrenden und auch der Studierenden gefördert, da beide Gruppen sich mit der Digitalisierung auseinandersetzen (müssen) und entweder selbst oder durch die Teilnahme an Schulungen/Fortbildungen sich in dieser Hinsicht Wissen und Übung aneignen können.
- Mittlerweile gibt es eine große Auswahl an digitalen Tools, welche effektiv und effizient zur Lehrveranstaltungsgestaltung eingesetzt werden können.
- Die Lehrveranstaltungen können an den Wissensstand und die Bedürfnisse der Studierenden ggfs. leichter angepasst werden (Stichwort: individuelles, adaptives, inklusives, aber auch diversitätsorientiertes Lehren und Lernen).
- Überdies werden die Selbstständigkeit und die Eigenverantwortung der Studierenden umso mehr gefördert, da diese sich vollkommen selbst organisieren und mehr Verantwortung für ihr eigenes Vorankommen im Studium übernehmen müssen.

B. Vor- und Nachteile der Digitalisierung

- Ferner haben die Studierenden jederzeitigen Zugriff auf die Lehrmaterialien, wenn die Lehrperson diese beispielsweise im Intranet oder auf der E-Learningplattform der Hochschule für die Zeit der Veranstaltung bzw. bis zum Ableisten einer etwaigen Prüfungsleistung zur Verfügung stellt.
- Weiterhin bringen asynchrone Lehrveranstaltungen folgende Chancen mit sich:
  - Die Lehrveranstaltung selbst bzw. die Lehrinhalte sind jederzeit für die Lernenden abrufbar (Stichwort: leistungsfähigere und flexible Hochschullehre).
  - Dadurch entstehen auch keine zeitlichen Kollisionen mit anderen Lehrveranstaltungen, da die Studierenden beim Abrufen zeitlich nicht gebunden sind. Sie haben so die Möglichkeit, an allen Veranstaltungen teilzunehmen und verpassen keine wichtigen Lehrinhalte.
  - Durch diese freie und flexible Gestaltung ihres Stundenplans haben die Studierenden die Chance, ihr Studium mit etwaigen familiären Verpflichtungen sowie mit Nebenjobs zum Finanzieren ihres Lebensunterhaltes leichter zu vereinbaren.
- Auch synchrone Lehrveranstaltungen haben ihren Nutzen:
  - Über Livestreams oder virtuelle Meetings hat die Lehrperson die Möglichkeit, den Kontakt zu seinen Studierenden herzustellen und aufrechtzuerhalten.
  - Durch den Einsatz von digitalen Tools kann die Lehrperson nicht nur die Interaktion zwischen sich und ihrer Studierenden, sondern auch zwischen den Studierenden untereinander ermöglichen und steuern.

2. Mögliche Nachteile

Folgende Nachteile können angeführt werden: 560

- Hier kann zunächst der zeitliche Aufwand angeführt werden. Digitalisierung heißt nicht, einfach die Präsenzveranstaltung nur digital zu machen. Digitalisierung heißt auch, bestimmte Abläufe und Prozesse neu zu überdenken und zu verändern. Der Umfang des zeitlichen Faktors ist abhängig von den technischen Vorerfahrungen sowie der Handhabe mit digitalen Tools. Je weniger Vorkenntnisse in diesem Bereich bedeutet mehr Engagement sowohl in zeitlicher als auch in digitaler Hinsicht bei der Vorbereitung einer Lehrveranstaltung.
- Hieran anknüpfend kann sogleich das Erfordernis von digitalen Fähigkeiten genannt werden. Um eine digitale Lehrveranstaltung vorbereiten, durchführen und nachbereiten zu können, bedarf es digitaler Kompetenzen. Hierzu zählen ua folgende Aspekte:
  - Die Lehrperson muss sich zunächst einen Überblick über die Digitalisierungsmöglichkeiten verschaffen.
  - Sie muss je nach Lehrveranstaltung eine Entscheidung treffen, ob sie diese synchron und/oder asynchron abhält.
  - Sie muss sich mit den verschiedenen Medien und digitalen Werkzeugen vertraut machen, damit ihr Einsatz sicher und souverän erfolgen kann.
  - Ferner muss sie eine Auswahl aus der Fülle digitaler Tools treffen und diese zweckgerichtet in der Lehrveranstaltung einsetzen. Digitale Werkzeuge sollen das Lernen und Lernverhalten der Studierenden steuern und unterstützen.
- Natürlich ist auch eine entsprechende technische Ausstattung erforderlich und das nicht nur der Lehrenden, sondern auch der Studierenden. Im Blick sollten die Hoch-

schulen hier auch die Studierenden aus finanziell und sozial schwachen Haushalten haben, um einer etwaigen Benachteiligung dieser Studierendengruppen und eines Wachsens der Chancenungleichheit im Bildungssystem entgegenzuwirken.
- Eine weitere Schwäche, insbesondere einer völligen Digitalisierung der Lehrveranstaltung, ist die Anfälligkeit der Technik. Zwar kann das Nichtfunktionieren eines digitalen Tools durch Flexibilität und Improvisation noch aufgefangen werden. Allerdings ist ein Totalausfall der Technik, im Besonderen in synchronen Lehrveranstaltungen, spontan kaum kompensierbar, sofern die Technik nicht wieder mitspielt. Daher ist es hier ratsam, sich vorab schon Gedanken zu machen wie im Falle der Fälle vorgegangen werden kann, damit die Lehrperson nicht in Panik verfällt bzw. die Studierenden über ein etwaiges Vorgehen in einem solchen Falle schon vorab informiert werden.
- Wie bereits oben schon erwähnt kann nicht jede Präsenzveranstaltung eins zu eins" einfach in eine digitale Lehrveranstaltung umgewandelt werden. Dies gilt nicht nur in didaktischer, sondern auch in rechtlicher Hinsicht (zB urheberrechtliche Vorgaben; Datenschutz; Recht am eigenen Bild; Prüfungsrecht). Die Lehrperson muss hier insbesondere die Wechselwirkung von Zielgruppe-Lernziele-Lehrinhalte im Auge behalten und diese den digitalen Werkzeugen und Methoden anpassen.
- Ein wirklich großer Nachteil der Digitalisierung sind die eingeschränkten oder kaum vorhandenen realen sozialen Kontakte und die reelle Kommunikation bzw. der reelle Austausch zwischen der Lehrperson und den Studierenden, aber auch zwischen den Studierenden untereinander, welche im Alltag der Präsenzhochschulen so elementar sind. Ein informeller Dialog bzw. ein Smalltalk mit der Lehrperson am Ende der Lehrveranstaltung oder eine Kaffeepause mit den Mitstudierenden gehören an sich zum gängigen Studierendendasein dazu.

561 Zusammenfassung der wesentlichen Aspekte dieses Abschnitts:

- Die Vorteile von digitalen Lehrveranstaltungen auf einem Blick:
  - zeit- und ortsunabhängig
  - synchron/asynchron durchführbar
  - zeitökonomisch
  - keine Reise- und Übernachtungskosten
  - internationales Studieren möglich
  - keine räumlichen Kapazitätsprobleme
  - Förderung der digitalen Kompetenzen der Lehrenden und auch der Studierenden
  - große Auswahl an digitalen Tools für einen effektiven und effizienten Einsatz
  - individualisierbares Lehren und Lernen
  - Förderung der Selbstständigkeit und Eigenverantwortung der Studierenden
  - jederzeitiger Zugriff auf die Lehrmaterialien
  - jederzeitiges Abrufen der Lehrveranstaltung/der Lehrinhalte
  - keine zeitliche Kollision mit anderen Lehrveranstaltungen
  - leichtere Vereinbarkeit mit Familie und Nebenjob
  - virtuelle Treffen zur Kontaktherstellung und -aufrechterhaltung
  - Interaktion durch den Einsatz digitaler Tools

C. Die juristischen Lehrveranstaltungen und ihre Digitalisierung

■ Die Nachteile von digitalen Lehrveranstaltungen auf einem Blick:
- ggfs. zeitaufwändige (erstmalige) Vorbereitung
- Erfordernis digitaler Kompetenzen
- technische Ausstattung der Lehrenden und Studierenden
- Nichtfunktionieren der digitalen Tools oder Totalausfall der Technik
- Umwandlung der Präsenzveranstaltung „eins zu eins" in eine digitale Lehrveranstaltung
- weniger reale soziale Kontakte und Kommunikation bzw. Austausch

C. Die juristischen Lehrveranstaltungen und ihre Digitalisierung

Um diese wichtigen Fragen geht es in diesem Abschnitt: 562

■ Was muss bei der Gestaltung von digitalen Lehrveranstaltungen beachtet werden?
■ Welche digitalen Lehr-Lernformate gibt es?
■ Welche Möglichkeiten der Gestaltung gibt es für die verschiedenen juristischen Lehrveranstaltungen?

1. Lernziele und Rahmenbedingungen

Wie bei der Vorbereitung und Erstellung einer Präsenzveranstaltung müssen auch bei 563
digitalen Lehrveranstaltungen in der Phase der Vorbereitung die Lernziele und Rahmenbedingungen der jeweiligen Veranstaltung geklärt werden (vgl. hierzu auch Tool 3: Planung von Lehrveranstaltungen). Denn nach dem Festlegen der Lernziele sowie nach dem Bestimmen der Rahmenbedingungen, kann das passende digitale Lehr-Lernformat ausgewählt werden bzw. zu besseren Lernwirksamkeit sogar ein Wechsel verschiedener Lehrformate angebracht sein.

a) Lernziele

Auch in der digitalen Lehre bestimmen insbesondere die Lernziele die Auswahl der di- 564
gitalen Lehr-Lernmethoden, die Medien und das weitere Vorgehen, damit die Lernziele erreicht werden können. Die Lernziele richten sich nach der Art der abzuhaltenden Lehrveranstaltung: Mit einer juristischen Vorlesung, welche vorrangig der Wissensvermittlung dient, werden beispielsweise andere Lernziele verfolgt als bei einer Propädeutischen Übung, die es zum Ziel hat, den Studierenden die Fallbearbeitungstechnik näher zu bringen. Die Lehrperson überlegt sich folglich welche Lernziele im Vordergrund stehen und die Studierenden am Ende der Lehrveranstaltungseinheit wissen müssen. Die Lernziele der juristischen Lehrveranstaltungen verändern sich nicht zwangsläufig durch die Digitalisierung.

b) Rahmenbedingungen

Hinsichtlich der Rahmenbedingungen sollte sich die Lehrperson zunächst über folgen- 565
de Punkte Gedanken machen:

■ Um welche juristische Lehrveranstaltung (Vorlesung; Propädeutische Übung; Tutorium; Proseminar; Examenskurs) handelt es sich?

- Wie viele Studierende werden aller Voraussicht nach an der Veranstaltung teilnehmen?
- Welche technische Ausstattung steht sowohl der Lehrperson als auch den Studierenden überhaupt zur Verfügung?

2. Medien und technische Voraussetzungen

566 In einem weiteren Schritt muss geklärt werden welche Medien und technischen Voraussetzungen für die erfolgreiche Durchführung der Lehrveranstaltung benötigt werden. Eine Grundausstattung für Dozierende und Studierende sollte zumindest folgende Punkte umfassen:

- PC oder Laptop, ggfs./notfalls auch Tablet oder Smartphone
- (stabile) Internetverbindung
- Webcam
- Headset (integrierte Mikrofone und Lautsprecher haben meist keine gute Qualität und beeinträchtigen das Hörverständnis)
- Präsentationssoftware wie zB PowerPoint oder Prezi
- Elektronische Lernplattformen der Hochschulen wie Moodle, Studon, Ilias usw
- Videokonferenzplattform wie zB Zoom, Cisco Webex, Big Blue Button uvm

Der Dozierende sollte allerdings im Blick haben, dass nicht alle Studierenden über einen eigenen PC oder Laptop verfügen und diese ggfs. auf ihr Smartphone zurückgreifen müssen, so dass dies auch Auswirkungen für die Teilnahme und Interaktion der Studierenden während der Lehrveranstaltung haben kann. Selbiges gilt auch für die Qualität der Internetverbindung, welche zur Folge haben kann, dass die Lernenden während einer synchronen Lehrveranstaltung ihre Videokameras ausschalten (müssen), so dass der Dozierende sich vor „schwarzen Bildschirmen" wiederfindet.

3. Mögliche digitale Lehr-Lernformate

567 Der Dozierende kann sich verschiedenster digitaler Lehr-Lernformate bedienen, um seine Lehrveranstaltung effektiv und effizient zu gestalten. Folgende Möglichkeiten sollen im Folgenden beispielhaft aufgezeigt werden:

- Livestream über Videokonferenzsysteme
- Videoaufzeichnungen
- Lehrvideos
- Screencasts
- Audio/Podcast/Hörbuch
- E-Learning über elektronische Lernplattformen
- Hybridveranstaltungen: Kombination aus Präsenz- und Onlinephasen
  - Blended Learning:
    In einem engen Verständnis bedeutet Blended Learning ein Wechsel aus selbstgesteuerten Online-Lernphasen und fremdgesteuerten Präsenzlernphasen.
  - Flipped/Inverted Classroom:
    Flipped/Inverted Classroom im engeren Sinne bedeutet, dass die Studierenden die Lernphasen außerhalb der Präsenzzeit zum Aneignen von Wissen nutzen und die

C. Die juristischen Lehrveranstaltungen und ihre Digitalisierung

Anwendung dieses neu erworbenen Wissens dann in der Präsenzveranstaltung erfolgt.

4. Juristische Lehrveranstaltungen im Konkreten[3]

Je nach Art der juristischen Lehrveranstaltung und orientiert an den Lernzielen erfolgt die Auswahl der richtigen digitalen Lehr-Lernformate.

a) Vorlesungen

Im Rahmen der juristischen Vorlesung soll innerhalb einer begrenzten Zeit eine Fülle an Wissen an eine große Zahl der Studierenden vermittelt werden. Sie dient also vorrangig der reinen Wissensvermittlung und zeichnet sich durch eine eher frontal ausgerichtete Darstellung aus. Daher bieten sich hier folgende Formate an:

Digitales Lehr-Lernformat	Ablauf	Voraussetzungen
Livestream	Die gesamte Vorlesungseinheit wird mithilfe eines Videokonferenzsystems online durchgeführt.	▪ Videokonferenzsystem ▪ PC/Laptop mit Webcam und Headset ▪ PowerPoint
Aufzeichnung	Die Vorlesungseinheiten werden auf Video aufgezeichnet und auf E-Learningplattformen hochgeladen.	▪ Videolabor ▪ E-Learningplattform zum Bereitstellen
Audio/Podcast/Hörbuch	Die Vorlesungseinheiten werden jeweils nur im Audioformat aufgezeichnet. Eine Erweiterung ist dadurch möglich, dass auch Folien aufgezeichnet werden, welche vom Dozierenden als Audio erklärt werden.	▪ Audioaufnahmegerät, zB Smartphone ▪ E-Learningplattform zum Hochladen ▪ Bildschirmaufzeichnungssoftware/ggfs. Webcam ▪ Mikrofon ▪ Headset ▪ PowerPoint
E-Learningeinheiten	Neben den digitalen Werkzeugen kann auch durch E-Learningplattformen in Ergänzung zu obigen Formaten Interaktion erzeugt werden. E-Learningplattformen eignen sich auch sehr gut für Nachfragen der Studierenden, zum Feedbackgeben und zum Bereitstellen von Lehr-Lernmaterialien.	▪ E-Learningplattform

---

[3] Angelehnt an Zwickel, Juristische Lehre in Zeiten von Corona – Ein Griff in die digitale Trickkiste, 2020, S. 9 f. unter: urn:nbn:de:bvb:29-opus4-133732 (Stand: 14.12.2020).

b) Propädeutische Übungen, Tutorien, Examensklausurenkurse

570 Ziel von Propädeutischen Übungen, Tutorien, Examensklausurenkursen ist das Erlernen der Fallbearbeitungstechnik. Die Gruppengröße ist hier wesentlich kleiner als in Vorlesungen.

Digitales Lehr-Lernformat	Ablauf	Voraussetzungen
Livestream	Die Veranstaltung läuft auch hier vollständig digital ab.	▪ Videokonferenzsystem ▪ PC/Laptop mit Webcam und Headset ▪ PowerPoint
Lehrvideos	Diese bieten sich vor allem zur Wissensvermittlung an. Sie werden auf einer E-Learningplattform hochgeladen.	▪ Videolabor ▪ E-Learningplattform zum Bereitstellen
Hybridformat	In einem Video, welches auf einer E-Learningplattform bereitgestellt wird, erfolgt eine Sachverhaltsanalyse durch die Lehrperson. Im nächsten Schritt werden die Studierenden angehalten, über ein Kollaborationstool gemeinsam eine Gliederung zu erstellen und das Gutachten zu formulieren. Der Dozierende kann hier jederzeit korrigierend eingreifen und Erklärungen abgeben.	▪ Videoaufzeichnungssoftware ▪ E-Learningplattform ▪ Mikrofon oder Headset ▪ Kollaborationstool wie zB Etherpad ▪ PowerPoint
	Alternative: Der Sachverhalt kann auch ohne Videoerklärung den Studierenden auf einer E-Learningplattform bereitgestellt werden, welchen sie gemeinsam über ein digitales Werkzeug bearbeiten sollen. Die Studierenden sollen sodann ihre Ergebnisse auf dieser E-Learningplattform hochladen. Dann erfolgt erst eine Korrektur seitens des Dozierenden. In der nächsten Einheit erfolgt ein Feedback über Livestream.	▪ E-Learningplattform ▪ Mikrofon/Headset ▪ Kollaborationstool wie zB Etherpad ▪ Videokonferenzsystem ▪ PowerPoint

C. Die juristischen Lehrveranstaltungen und ihre Digitalisierung

c) Proseminare

Proseminare laufen in kleineren Gruppen ab und dienen neben der Wissensvermittlung zu den Grundsätzen guter wissenschaftlicher Praxis auch der Einübung der wissenschaftlichen Arbeitsmethodik und der Abhaltung von Referaten durch die Studierenden.

571

Digitales Lehr-Lernformat	Ablauf	Voraussetzungen
Hybridformat	Die Grundsätze guter wissenschaftlicher Praxis können entweder über Livestream oder durch sog Erklärvideos vermittelt werden. Die Anwendung dieses Wissens kann wiederum in einer Selbstlernphase im Rahmen dieser Lerneinheit mithilfe von Übungsaufgaben, welche sich auf einer E-Learningplattform befinden, oder über ein gemeinsames Lösen und Schreiben über eine Kollaborationssoftware erfolgen. Eine Rückmeldung durch den Dozierenden geschieht dann synchron über Livestream oder, bei Anfertigung von kleinen Ausschnitten einer Seminararbeit, auch per Video. Die Referate können entweder von den Studierenden digital live abgehalten werden oder als Video- oder Audioreferat auf einer E-Learningplattform hochgeladen werden. Ein Feedback des Dozierenden erfolgt dann entweder direkt in der Liveveranstaltung oder in der nächsten Einheit im Falle der Video- oder Audioreferate.	▪ Videokonferenzsysteme ▪ PC/Laptop ▪ Mikrofon/Headset ▪ PowerPoint ▪ E-Learningplattform ▪ Kollaborationstool wie zB ZUMpad ▪ PowerPoint ▪ Videoaufzeichnungssoftware ▪ Audiorecorder

Zusammenfassung der wesentlichen Aspekte dieses Abschnitts:

572

- Bei der Gestaltung von digitalen Lehrveranstaltungen müssen insbesondere die Lernziele festgelegt, die Rahmenbedingungen bestimmt sowie die benötigten Medien und technischen Voraussetzungen vorliegen.

7 Tool 7: Digitale Hochschullehre

- Es gibt zahlreiche verschiedene digitale Lehr-Lernformate in Form von Livestreams der Veranstaltung, Aufzeichnungen von Lehrveranstaltungen, Lehrvideos, Screencasts, Audio/Podcast/Hörbuch, E-Learningplattform, Hybridveranstaltungen.
- Obige digitale Lehr-Lernformate können in den juristischen Lehrveranstaltungen eingesetzt werden. Die Auswahl hängt jedoch von der Art der juristischen Lehrveranstaltung ab.

Stichwortverzeichnis

Die Angaben verweisen auf die Tools des Buches (**fette Zahlen**) sowie die Randnummern innerhalb der einzelnen Tools (magere Zahlen).
Beispiel: Tool 9 Rn. 10 = **9** 10

Aktives Verarbeiten der Inhalte **4** 338
Aktivierende Methoden **3** 155 ff., **5** 437 ff.
- Blitzlicht **5** 493
- Brainstorming **5** 448, 494
- Brainwriting **5** 449
- Bronze – Silber – Gold **5** 447
- Einspruch **5** 478
- Eins weiter nach rechts **5** 474
- Entscheidungsraum **5** 459
- Faktenpräsentation **5** 483
- Fishbowl **5** 460, 469
- Gemeinsamkeiten **5** 442
- Geografische Reihe **5** 440
- Gruppenlösung **5** 480
- Gruppenpuzzle **5** 455, 484
- Impulsbegriffe **5** 451
- Inputstopp **5** 470, 495
- Jura-Alphabet **5** 456
- Kategorien **3** 155 ff.
- Kreuzwörter **5** 457
- Lawinengespräch **5** 461
- Leitfragen **5** 439
- Lernstationen **5** 462
- Lernstopp **5** 470, 495
- Losglück **5** 454, 471, 485
- Lückentext **5** 482
- Mind-Map **5** 450
- Murmelgruppe **5** 463, 486
- Partnerinterview **5** 441
- PQ4R-Methode **5** 467
- Pro-/Contra-Debatte **5** 458, 468, 487
- Probeklausur **5** 489
- Prüfungsfragen **5** 475
- Resümee **5** 481
- Schätzen **5** 453
- Schriftliches Gespräch **5** 452
- Schwärzen **5** 464
- Selbstkontrolle **5** 479
- Spickzettel **5** 490
- Stichwort-Bingo **5** 476
- Stichwort-Picker **5** 446
- Stimmungsbild **5** 496
- Strukturen **5** 488
- Thesen-Ergänzung **5** 477
- Think-Pair-Share **5** 465
- Vierschritt **5** 497
- Visitenkarte **5** 444

- Vorwissensaustausch **5** 445
- Wandzeitung **5** 466, 472, 491
- Zettelbox **5** 473, 492, 498
- Zuruffrage **5** 443
Ankommen **4** 327
Ausland **1** 14
Ausstieg aus der Arbeit **4** 339

Beamer **3** 212 ff.
Betonung **4** 402 ff.
Blended Learning **3** 192 ff.
Blickkontakt **4** 374

Digitalisierung
- Lehre **1** 16 ff.
- Rechtsmarkt **1** 21 ff.
Diskussion **3** 130 ff.

Einfachheit des Ausdrucks **3** 122
Einzelarbeit **3** 141 ff.
E-Learning **3** 192 ff.
Erwartungsabfrage **4** 331
Examenskurs **3** 190 f.
Exkursion **3** 148 ff.
Expertengespräch **3** 151 ff.

Feedback **3** 109 f.
- Regeln **3** 110
Flipchart **3** 220 ff.
Funktion, Lehrveranstaltung
- Organisatorisches **4** 330
Funktionen, Lehrveranstaltung **4** 325 ff.
- Aktives Verarbeiten der Inhalte **4** 338
- Ankommen **4** 327
- Ausstieg aus der Arbeit **4** 339
- Erwartungsabfrage **4** 331
- Inhalte vermitteln **4** 336 f.
- Interesse wecken **4** 332 ff.
- Kennenlernphase **4** 328

Gesetzestext
- Visualisierung **4** 430 ff.
Gestik **4** 383 ff.
- Störungen **4** 385
Gliederung und Ordnung **3** 123

Stichwortverzeichnis

Gruppenarbeit 3 136 ff.
Handmikrofon 4 393
Hinführungsphase 4 332 ff.
Hochschuldidaktik 1 11, 2 42 ff.
- Aufgabe 2 44 f.
- Begriff 2 43
- Reduktion 3 70 ff.

Informationsphase 4 336 f.
Informationsverarbeitungsphase 4 338
Inhalte vermitteln 4 336 f.
Inhalte verständlich vermitteln 3 121 ff.
- Einfachheit des Ausdrucks 3 122
- Gliederung und Ordnung 3 123
- Kürze und Prägnanz 3 124
- Stimulanz, zusätzlich 3 125

Interesse wecken 4 332 ff.
Kennenlernphase 4 328
Klausur 6 516 ff.
- Besprechung 6 544
- Besprechungsblatt 6 534 ff.
- Erstellung 6 518 ff.
- Korrektur 6 524 ff.
- Korrekturanmerkungen 6 530 ff.
- Korrekturorganisation 6 538 ff.
- Lösungsskizze 6 534 ff., 550
- Probeklausur 5 489
- Schwerpunktsetzung 6 519 ff.
- Übungsklausur 6 517

Kommunikation
- Begriff 3 95
- Beziehungsebene 3 97 f.
- Feedback 3 109 f.
- Fragen 3 103 ff.
- Sachebene 3 97 f.
- Störungen 3 107 f.
- Studentenbezogen 3 95 f.
- Zuhören 3 100 ff., 106

Kürze und Prägnanz 3 124
Legal Clinic 1 9
Lehrender
- Betonung 4 402 ff.
- Bewegung 4 377 ff.
- Gestik 4 383 ff.
- Herausforderungen 1 24 ff.
- Lautstärke 4 392 ff.
- Mimik 4 388 f.
- Positionierung 4 361 ff.
- Raumanker 4 380
- Rollenverständnis 2 47 ff.

- Sprache 4 390 f.
- Sprechgeschwindigkeit 4 398 ff.
- Sprechpausen 4 405

Lehrgespräch 3 127 ff.
Lehrinhalte 3 65 ff.
- Bestimmung 3 66
- Festlegung 3 66
- Schwerpunkte 3 67 ff.

Lehrmedien 3 198 ff.
- Beamer 3 212 ff.
- Flipchart 3 220 ff.
- interaktives Whiteboard 3 224 ff.
- Overheadprojektor 3 205 ff.
- Pinnwand 3 220 ff.
- Visualizer 3 218 f.
- Wandtafel 3 199 ff.
- Whiteboard 3 204

Lehrmethoden 3 115 ff.
- Auswahl 3 116 f.
- Begriff 3 115
- Diskussion 3 130 ff.
- Einzelarbeit 3 141 ff.
- Exkursion 3 148 ff.
- Expertengespräch 3 151 ff.
- Gruppenarbeit 3 136 ff.
- Lehrgespräch 3 127 ff.
- Lehrvortrag 3 118 ff.
- Partnerarbeit 3 136 ff.
- Präsentation 3 118 ff.
- Rollenspiel 3 144 ff.

Lehrstile 3 79 ff.
- Anwendung 3 88 ff.
- autoritär 3 83 ff.
- kollegial 3 86
- Laissez-faire 3 87
- Lehrendenpersönlichkeit 3 90
- Prüfungen 3 92
- Rahmenbedingungen 3 89
- Umsetzung 3 91 ff.
- Vorlesung 3 91

Lehrveranstaltung
- Ablaufplan 3 321 ff.
- Ansteckmikrofon 4 394
- Betonung 4 402 ff.
- Blended Learning 3 192 ff.
- Blickkontakt 4 374
- Bügelmikrofon 4 395
- Dauer 3 317
- E-Learning 3 192 ff.
- Examenskurs 3 190 f.
- Funktionen 4 325 ff.
- Gestik 4 383 ff.

Stichwortverzeichnis

- Handmikrofon 4 393
- Interaktion 4 372 ff.
- Lautstärke 4 392 ff.
- Lernstile 4 407 ff.
- Lerntypen 4 407 ff.
- Mimik 4 388 f.
- Nachbereitung 4 435 f.
- Namensschilder 4 375
- Pausen 3 318 ff.
- Phasen 4 325 ff.
- Präsentationstechnik 4 358 ff.
- Probleme 4 353 ff.
- Propädeutische Übung 3 179 ff., 4 341 ff.
- Proseminar 3 188 ff., 4 346 ff.
- Raumanker 4 380
- schwierige Situationen 4 353 ff.
- Sozialformen 3 113 f.
- Sprache 4 390 f.
- Sprechgeschwindigkeit 4 398 ff.
- Sprechpausen 4 405
- Tutorium 3 183 ff.
- Veranstaltungsraum 4 359 f.
- Visualisierung 4 412 ff.
- Vorlesung 3 160 ff.
- Zeiten 3 316

Lehrveranstaltungen
- Arten 3 159

Lehrvortrag 3 118 ff.

Leistungsbeziehungen
- Visualisierung 4 419 ff.

Lernprozesse
- Förderung 4 351 ff.

Lernpsychologie 2 38 ff.
- technische Hilfsmittel 2 41
- Übertragbarkeit 2 40

Lernstile 4 407 ff.

Lerntypen 4 407 ff.

Lernziele 3 53 ff.
- Aufgaben 3 54 ff.
- Eigenverantwortlichkeit 3 61
- Jurastudium 3 56 ff.
- Referendariat 3 63
- Taxonomie 3 55
- Umfang 3 59 ff.

Lösungsskizze 6 534 ff., 550

M-Blick 3 173

Methodenlehre 1 4

Mikrofon
- Ansteckmikrofon 4 394
- Bügelmikrofon 4 395

- Handmikrofon 4 393
- Mimik 4 388 f.

Nachbereitung 4 435 f.
Namensschilder 4 375

Organisatorisches 4 330
Overheadprojektor 3 205 ff.
- Nachteile 3 209 f.
- Vorteile 3 206 f.

Partnerarbeit 3 136 ff.
Pausen 3 318 ff.
Phase Cool down 4 339
Phasen, Lehrveranstaltung 4 325 ff.
- Hinführungsphase 4 332 ff.
- Informationsphase 4 336 f.
- Informationsverarbeitungsphase 4 338
- Phase Cool down 4 339
- Transparenzphase 4 329 ff.
- Warm up-Phase 4 326 ff.

Pinnwand 3 220 ff.
Präsentation 3 118 ff.
Präsentationstechnik 4 358 ff.
Propädeutische Übung 3 179 ff., 4 341 ff.
Proseminar 3 188 ff., 4 346 ff.

Raumanker 4 380
Rechtdidaktik
- Zeitschriften 1 12

Rechtsdidaktik 1 5
- Ausland 1 14
- Begriff 1 2 f.
- Fachdidaktik 1 10
- Herausforderungen 1 24 ff.
- Hochschuldidaktik 1 11
- Lehrmethoden 3 115 ff.
- Prüfungsvorbereitung 2 46
- Reduktion 3 70 ff.
- Referendariat 1 29 ff.
- Selbststudium 3 76 f.
- Stand 1 6 ff.
- Zukunft 1 15 ff., 16 ff.

Reduktion
- Didaktisch 3 70 ff.
- Prioritätensetzung 3 72 ff.
- Selbststudium 3 76 f.

Referendariat 1 29 ff.
- Lernziele 3 63
- Praxisbezug 1 32 ff.

Rollenspiel 3 144 ff.

179

Stichwortverzeichnis

Selbststudium 3 76 f.
Situationen
– schwierige 4 353 ff.
Sprache 4 390 f.
– Betonung 4 402 ff.
– Lautstärke 4 392 ff.
– Sprechgeschwindigkeit 4 398 ff.
– Sprechpausen 4 405
Sprechgeschwindigkeit 4 398 ff.
Sprechpausen 4 405
Stimulanz, zusätzlich 3 125
Struktur-Diagramm 4 427 ff.
Studenten
– Interaktion 4 372 ff.
– Selbstmotivation 2 50 ff.
Transparenzphase 4 329 ff.
Tutorium 3 183 ff.
– Aufgabe 3 183
– Fallbearbeitung 3 185
– Probleme 3 186 f.
Veranstaltungsraum
– Bewegung 4 377 ff.
– Positionierung 4 361 ff.
– Raumanker 4 380
– Wahl 4 359 f.
Visualisierung 4 412 ff.
– Anwendung 4 413 ff.
– Farben 4 418
– Gesetzestext 4 430 ff.
– Leistungsbeziehungen 4 419 ff.
– Struktur-Diagramm 4 427 ff.
– Symbole 4 421
– Zeitstrahl 4 422 ff.
Visualizer 3 218 f.
Vorlesung 3 160 ff.
– Akustik 3 177
– Aufrufen 3 174
– Blickkontakt 3 173
– Einführende Fragen 3 167 ff.
– Fallbearbeitung 3 171
– Fragen 3 166 ff.
– Herausforderungen 3 161 ff.
– Interaktionsmöglichkeiten 3 165 ff.
– M-Blick 3 173
– Störungen 3 163 ff.
– Technikeinsatz 3 164
– Teilnehmerfragen 3 176
– Verständnisfragen 3 166
– Z-Blick 3 173
Wandtafel 3 199 ff.
– Nachteile 3 202 f.
– Vorteile 3 200 f.
– Whiteboard 3 204
Warm up-Phase 4 326 ff.
Whiteboard 3 204
– interaktiv 3 224 ff.
Wissenschaftliches Arbeiten 4 346 ff.
Z-Blick 3 173
Zeitschriften 1 12
Zeitstrahl 4 422 ff.